新法科·法学核心课程系列教材

华东政法大学
教材建设和管理委员会

主　　任　郭为禄　叶　青
副 主 任　韩　强
部门委员　虞潇浩　杨忠孝　洪冬英
　　　　　　屈文生　陆宇峰
专家委员　王　迁　孙万怀　杜素娟
　　　　　　余素青　任　勇　钱玉林

本书受上海市高水平地方高校（学科）建设项目资助

Crime Prevention
犯罪预防学

王瑞山 著

图书在版编目(CIP)数据

犯罪预防学/王瑞山著. —北京:北京大学出版社,2022.9
ISBN 978-7-301-33318-1

Ⅰ.①犯… Ⅱ.①王… Ⅲ.①预防犯罪—教材 Ⅳ.①D917.6

中国版本图书馆 CIP 数据核字(2022)第 160200 号

书　　　名	犯罪预防学 FANZUI YUFANGXUE
著作责任者	王瑞山　著
责 任 编 辑	尹　璐
标 准 书 号	ISBN 978-7-301-33318-1
出 版 发 行	北京大学出版社
地　　　址	北京市海淀区成府路 205 号　100871
网　　　址	http://www.pup.cn　新浪微博:@北京大学出版社
电 子 邮 箱	zpup@pup.cn
电　　　话	邮购部 010-62752015　发行部 010-62750672　编辑部 021-62071998
印 刷 者	北京溢漾印刷有限公司
经 销 者	新华书店
	730 毫米×980 毫米　16 开本　14.75 印张　273 千字 2022 年 9 月第 1 版　2025 年 1 月第 2 次印刷
定　　　价	52.00 元

未经许可,不得以任何方式复制或抄袭本书之部分或全部内容。
版权所有,侵权必究
举报电话: 010-62752024　电子邮箱: fd@pup.cn
图书如有印装质量问题,请与出版部联系,电话: 010-62756370

目　　录

第一章　绪论 (1)
第一节　犯罪预防的定义与特征 (1)
第二节　犯罪预防的类型 (9)
第三节　犯罪预防的原则和步骤 (13)

第二章　古代中国的犯罪预防 (19)
第一节　古代中国的社会预防 (19)
第二节　古代中国社会的情境预防 (30)
第三节　古代中国家庭的犯罪预防 (37)

第三章　现代西方犯罪预防思想 (48)
第一节　古典学派：刑罚威慑 (48)
第二节　实证学派：矫治、隔离及刑罚替代措施 (52)
第三节　犯罪的社会学理论：反贫困与社会改造 (61)
第四节　环境犯罪学：抑制犯罪机会 (69)

第四章　当代中国犯罪预防的综治战略 (79)
第一节　社会治安综合治理的内涵及其发展 (79)
第二节　社会治安综合治理的构成与工作范围 (85)
第三节　社会治安综合治理的运行机制和原则 (93)

第五章　初级预防策略 (101)
第一节　一般威慑 (101)
第二节　环境设计以预防犯罪 (105)
第三节　邻里预防 (111)

第六章　次级预防策略 (117)
第一节　情境预防 (117)
第二节　发展式预防 (128)

第七章　三级预防策略 …………………………………………… (143)
第一节　特别威慑 ………………………………………… (143)
第二节　剥夺犯罪能力 …………………………………… (148)
第三节　罪犯矫正 ………………………………………… (157)

第八章　犯罪预测 ………………………………………………… (174)
第一节　犯罪预测的特征、类型和流程 ………………… (174)
第二节　个体的犯罪预测与重复被害 …………………… (179)
第三节　犯罪热点 ………………………………………… (187)

第九章　犯罪预防的评估 ………………………………………… (193)
第一节　犯罪预防评估的类型与方法 …………………… (193)
第二节　犯罪转移和预防利益扩散 ……………………… (203)

主要参考文献 …………………………………………………………… (212)

后　记 …………………………………………………………………… (231)

第一章 绪 论

【本章学习目标】

准确理解犯罪预防的定义和特征，了解犯罪预防的分类和一般步骤，把握犯罪预防的原则，形成对犯罪预防的基本认识，为进一步学习犯罪预防理论奠定基础。

简言之，犯罪预防就是对犯罪发生的预先防范。犯罪行为最大的特征是其对个体和社会的严重危害性，因此它是人类社会力求避免和减少的对象。在应对犯罪的策略中，预防是最佳选择。老子曰："为之于未有，治之于未乱。"[①] 它告诫人们要在治安问题发生之前采取措施，只有在问题"未兆""微"之时，才能"易谋""易散"。唐律确立了犯罪预防的立法目的，即"惩其未犯，而防其未然"[②]。古典犯罪学派先驱贝卡里亚认为，"犯罪预防比惩罚犯罪更高明，这乃是一切优秀立法的主要目的"[③]。犯罪预防成为人类社会活动的重要内容，人类历史也已经证明了犯罪是可以预防的，而且犯罪预防的成功正为众多更为科学、精细的评估所证明。本章拟对犯罪预防的定义、特征、类型加以梳理，并进一步阐述犯罪预防的步骤和原则。

第一节 犯罪预防的定义与特征

正确理解犯罪预防的概念是立论的基础。本节重点讨论犯罪预防的定义，并总结其特征。

一、犯罪预防的定义

从字面上看：预，即预先；防，即防备；预防，即预先做好防备；犯罪预防，即为预先防备犯罪而发生的活动。简言之，犯罪预防就是对犯罪发生的预先防范。

---

① 《老子》第六十四章。
② 《唐律疏义·名例》。
③ 〔意〕贝卡里亚：《论犯罪与刑罚》，黄风译，中国大百科全书出版社1993年版，第104页。

学术界将犯罪预防分为广义的犯罪预防和狭义的犯罪预防。

(一) 广义的犯罪预防

广义的犯罪预防,是指与犯罪做斗争的一切方法和手段。"从广义上来说,犯罪预防包括对社会领域与自然领域预先做出的所有的介入措施,这些措施的目的至少是改变行为或事物的发展趋向,以减少犯罪的可能性或它的危害后果。"①"犯罪预防包括用来减少实际的犯罪水平或可预见的犯罪恐惧的任何措施。"②广义的犯罪预防定义源自这样一种逻辑,即犯罪的多因性导致犯罪预防的综合性。"预防犯罪乃是一个综合多种力量,运用多种手段,采取多种措施,以防止和减少犯罪及重新犯罪的举措体系。"③我国犯罪预防中所推行的综合治理策略也证明了这一点。

社会治安综合治理就是"在各级党委、政府的统一领导下,各有关部门充分发挥职能作用,协调一致、齐抓共管,依靠广大人民群众,运用政治、经济、行政、法律、文化和教育等多种手段,整治社会治安,打击和预防犯罪,完善社会管理,化解社会矛盾,维护人民权益,保障社会稳定,促进社会和谐,为改革开放和社会主义现代化建设创造良好的社会环境,推进中国特色社会主义事业深入发展"。它是"建立和保持良好的社会治安秩序、维护社会稳定的基本方针,是解决社会治安问题的根本途径"④。显然,我国犯罪预防实践中使用的犯罪预防概念是广义的。

广义的犯罪预防有如下特点:一是涉及面广。预防活动贯穿于犯罪发生全过程,无论犯罪发生之前、之中或之后,既包括事前的预防活动,又包括事中、事后的控制和处理。二是措施综合。既包括通过社会政治、经济、教育、文化等多项建设和宏观社会管理来不断改良社会,培养人格健全的社会成员,减少社会中的犯罪原因,又包括通过中观环境的即时管理来减少犯罪机会,还包括通过刑事司法系统,对犯罪进行惩罚和改造,以减少再犯。三是依赖政府。无论是社会建设和管理,还是刑事司法系统对犯罪人的追诉、矫治,都依靠政府力量进行。

---

① 〔英〕麦克·马圭尔等:《牛津犯罪学指南(第四版)》,刘仁文、李瑞生等译,中国人民公安大学出版社 2012 年版,第 671 页。
② Steven P. Lab, *Crime Prevention: Approaches, Practices and Evaluations*, 7th edition. Anderson Publishing, 2010, p. 26.
③ 冯树梁:《论预防犯罪》,法律出版社 2008 年版,第 22 页。
④ 中央社会治安综合治理委员会办公室编著:《社会治安综合治理工作读本》,中国长安出版社 2009 年版,第 4—5 页。

(二) 狭义的犯罪预防

"自20世纪80年代以来,在当地犯罪预防研究及预防实践中,一种更为谨慎的严格限定预防活动范围的预防概念正日益受到重视。"①犯罪预防的外延逐渐明晰,一个与广义犯罪预防概念相比较小的概念形成,即狭义的犯罪预防。狭义的犯罪预防也被称为"狭义性预防","指一切旨在'防患于未然'的措施,其特点是措施本身立足于防,以防为目的"②。例如,美国犯罪预防联盟(Crime Prevention Coalition of America)认为,"犯罪预防,是指一种目的在于减少犯罪威胁,增强安全感,确实能改善人们的生活质量并且有利于培育一种能够遏制犯罪的环境的态度和行为"③。法国学者西蒙·加桑(Raymend Gassin)认为"预防,是指国家、地方组织及社会团体,通过消除或限制致罪因素及孕育着利于犯罪机会的物质及对社会环境的恰当管理,以达更好地控制犯罪的目的而采用的一种手段"④。我国有的犯罪学教科书认为,"犯罪预防是指对犯罪的事先防范活动和措施"⑤。这些定义强调犯罪预防的事前性,把基于刑罚之确定及执行的惩罚性及威慑性预防排除在预防范畴之外,并将犯罪预防仅视为实现刑事政策的一种手段,而区别于刑事政策的其他手段,如犯罪受害人援助,对犯罪人的重新社会化,非刑罚化及个性化治疗,扩大剥夺自由刑的替代措施,等等。可见,狭义的犯罪预防概念可以界定为:着眼于犯罪发生之前,消除或抑制犯罪诱发因素、实施机会的活动。换句话来讲,犯罪预防就是犯罪风险管理,是消除或抑制犯罪发生各种风险的发现、决策、实施和控制过程。

对狭义的犯罪预防的理解要把握以下几个方面:一是预防措施上排除了犯罪发生后的刑事司法应对,尽管也要求提升刑事司法效率,其目的是增加犯罪被发现的风险,通过理性选择机制影响潜在犯罪人对犯罪机会的认知;二是犯罪风险抑制和民众安全感提升,其目的是消除或抑制犯罪风险的社会诱因或机会因素,减少民众的犯罪恐惧,增进社会公众安全感;三是措施非强制性,尽管有些措施会对个人的行为进行一定的限制,但这些限制一般不具有直接的威慑性,而且被认为是个人自由为了公共安全而做出的必要让渡。

对于这两种定义,有学者认为狭义的犯罪预防概念更具可操作性。"事实

---

① 张远煌:《犯罪学原理(第二版)》,法律出版社2008年版,第438页。
② 冯树梁:《论预防犯罪》,法律出版社2008年版,第15页。
③ 〔美〕Kenneth J. Peak、Ronald W. Glensor:《社区警务战略与实践(第五版)》,刘宏斌等译,中国人民公安大学出版社2011年版,第97页。
④ 转引自张远煌:《犯罪学原理(第二版)》,法律出版社2008年版,第439页。
⑤ 许章润主编:《犯罪学(第三版)》,法律出版社2007年版,第301页。

上,传统的包罗万象的犯罪预防概念,不仅无助于建立可操作性的理论体系,而且实践中必然导致预防活动方向的模糊性和范围的不确定性,从而难以保证预防活动真正发挥出其应有的社会效益和对预防活动的实绩进行科学评估。其结果往往是跳不出表面重预防、实际轻打击的刑事政策运行机制。"[1]广义的和狭义的犯罪预防概念,表达了不同的犯罪预防理念,对刑事政策的制定和犯罪防治实践具有重要的意义。在深受新管理主义影响的英美社会的犯罪预防政策中,非常注重犯罪预防的效果,使得传统犯罪学所提倡的通过宏观社会改革来预防犯罪的策略离刑事政策日渐疏远,而以犯罪机会管理为内容的情境预防很受欢迎。改革开放四十多年来,我国经济上取得了巨大的进步,但相配套的社会建设还需要完善,社会原因还是犯罪发生的主要原因,同时,经济发展也为犯罪,特别是侵财型犯罪提供了更多的犯罪目标和犯罪机会。因此,我国的犯罪预防要同时重视犯罪的宏观原因和情境近因。

二、犯罪预防的特征

特征是一事物区别于其他事物的方面,对特征的探讨有利于加深对事物本质的理解。无论是广义的理解,还是狭义的理解,犯罪预防均以减少犯罪发生和提升公众安全感为目标。犯罪预防与其他社会活动相比有着鲜明的特征,这里主要讨论其阶级性、社会性和有限性。

(一)犯罪预防的阶级性

从功利角度来看,犯罪预防的成功是以规范意义上的犯罪减少为评价依据。规范意义上的犯罪是法律规定的产物,而法律是统治阶级意志的体现。统治阶级通过各种法律建构社会秩序的主要部分,违反法律的行为可以通过多种途径来解决,只有违反了刑法的行为才被认定为犯罪。统治阶级只有对犯罪作出应对,减少或控制其发生,才能维护自身的统治秩序。所以,预防犯罪显然体现着统治阶级的利益,具有鲜明的阶级性。

国家是阶级矛盾不可调和的产物。只要有国家存在,就有阶级存在,统治阶级就要不遗余力地维护自己的利益,维护秩序,预防犯罪就是维护统治的重要内容。不同的犯罪对统治阶级利益的侵犯程度不同。例如,颠覆国家政权罪直接指向统治阶级的政治安全,从性质上来讲对统治阶级的威胁比较大;其他一般的犯罪,哪怕是很常见的盗窃,如果不能得到很好的预防和控制,也会影响民众的

---

[1] 张远煌:《犯罪学原理(第二版)》,法律出版社 2008 年版,第 441 页。

安全感,进而影响民众对执政者的满意度。因此,对所有犯罪的预防都是维护统治阶级利益的,有着鲜明的阶级性。

(二)犯罪预防的社会性

犯罪预防的社会性包括两个层面:一是犯罪预防需要全社会各种力量的参与,而非仅由政府管理来实现;二是犯罪预防活动促进了社会的完善和进步,包括每个社会成员自身的完善和社会环境的完善。历史已经证明,尽管政府承担着为社会大众提供公共安全的契约责任,这种责任的履行必须有社会力量的广泛参与,包括各种非政府的组织和个人。犯罪预防比治安执法有着更为广泛的内涵和外延,政府力量主要是公共执法与监督指导非政府力量的犯罪预防活动,更多工作需要社会力量的参与。犯罪预防实现的直接目标是犯罪数量的减少(或犯罪行为危害变轻)和人们安全感的提升,但其具体措施是指向犯罪发生的原因和机会。这些原因和机会则是当前个人和社会存在的缺陷,个人方面如就业技能缺乏、贫困、吸毒等;社会方面如失业率高、贫富差距大、社会保障薄弱等。通过针对性的犯罪预防措施,如对失业人员进行就业培训、完善戒毒医疗服务、创造就业机会、缩小贫富差距、完善社会保障制度等,不仅可以促进社会成员个人的完善(如就业技能提升、摆脱毒瘾等),而且可以促进社会的完善(如社会制度的完善和治理水平的提升)。因此,"预防犯罪应当首先着眼于人与社会的自我完善,而不应当单纯或过分地依赖于强硬的社会控制手段"①。

犯罪预防促进社会的完善明显地体现在对社会政策的评估上。20 世纪 70 年代以来,英美社会面临犯罪高发困境,在政治、社会、文化等领域过度强调犯罪与不安全,导致了以前用其他结果来定义的政策与战略,被越来越多地根据它们可能有的犯罪预防效果进行重新界定。从这个视角出发,国家所提供的教育、医疗、环境、住房等一般性的社会保障的质量,不仅被看作有其自身正当性的重要的社会"善",而且被视为个人犯罪的影响因素。这种犯罪预防泛化的结构,导致了"社会政策的刑事化",由此生活日渐"通过犯罪与不安全进行调节",或至少使人们认为社会政策的唯一正当性就是其具有减少犯罪的可能。②

(三)犯罪预防的有限性

"我们要注意可能性与现实性的辩证关系,不能用乐观烂漫主义的观点去预

---

① 许章润主编:《犯罪学(第三版)》,法律出版社 2007 年版,第 253 页。
② 参见〔英〕麦克·马圭尔等:《牛津犯罪学指南(第四版)》,刘仁文、李瑞生等译,中国人民公安大学出版社 2012 年版,第 672 页。

防犯罪。"① 从犯罪预防的可能性向现实性转化不是一蹴而就的事情,受到诸多主、客观条件的制约,这就是犯罪预防的有限性。犯罪预防的有限性是我们认识犯罪预防的应有理性,即在尊重犯罪的必然性前提下,科学研究、规划和实施犯罪预防,把犯罪的发生频率和危害控制在社会经济正常发展所能容忍的范围之内。

从犯罪预防主体来看,无论是政府的专门犯罪预防人员,还是一般社会成员,其预防意识和能力是不均衡的,并非处处都能做到"魔高一尺、道高一丈",预防决策并非总是完美无瑕,预防措施的执行也非一定能发挥出百分之百的效果。从犯罪互动理论来看,不少多发性犯罪,如诈骗、盗窃、抢劫、强奸、伤害、凶杀等,正是在被害人不同程度的参与下,才得以发生或实施。而以增强被害预防意识和提高自我防范技能为基本内容的犯罪被害预防,其实际效果存在与预防社会成员形成犯罪思想同样因人而异的困难。

从犯罪对象来看,不同的犯罪人由于人格、知识水平、专业技能等方面的差异,对同一种预防措施的对抗能力差别较大,难以产生相同的预防效果。对于一个会开锁的盗贼来说,一般的门锁形同虚设。我们说,一些简单的预防措施"防君子不防小人",就是这个意思。不同的犯罪人逃避抓捕的能力也不同,俗话说,"被抓的都是笨贼",显然是在说有许多犯罪人逃脱了法律的制裁。虽然犯罪的发生遵循一定的规律,但是每个犯罪行为又是具体的、不同的,犯罪预防理论所研究、制定的方法不可能对所有的犯罪行为都具有同等的预防作用。同时,不同的犯罪行为的预防难易程度也有一定差异,有些犯罪的预防就较为困难,如恐怖主义犯罪活动具有突然性、不确定性、秘密性等特征,又如有组织犯罪具有隐秘性、组织性、与官员勾结等特征,预防这些犯罪的难度较大。

从社会现实来看,犯罪预防会受到利益相关方或无可归责的客观事实的限制。人们在追求某一价值目标时,常常在价值体系内部和实践活动方面出现与其他的价值目标相互冲突的情形,从而影响所追求的价值目标的实现。这既是社会的常态,也是社会发展过程中难以避免的一种无奈现象。例如,被频繁的大规模枪击伤害案折磨的美国人民强烈呼吁禁枪,但美国全国步枪协会却为拥枪而辩护,背后不仅是时过境迁的宪法故事,还涉及枪支制造业的庞大利润。同时,现实生活中的某些价值观念及实践活动,也不利于犯罪预防目标的实现。例如,犯罪学研究表明,因离婚而导致家庭结构的解体是青少年犯罪的一个重要诱

---

① 谭志君、沈志民:《论犯罪预防的哲学基础》,载《国家检察官学院学报》2005年第2期。

因,因为它会使得青少年人格发育不健全、降低其对社会不良影响的抵抗力,从而更容易犯罪。因此,维系作为社会细胞的家庭的团结和稳定,无疑是预防青少年犯罪的根本性举措。然而,结婚与离婚又是公民的一项正当权利,并且随着婚姻、家庭方面价值观念的变化,离婚率上升在一定程度上已成为现代社会的一个标志。由此导致的家庭教育功能的弱化和情感满足功能的欠缺,是当代青少年犯罪率高居不下的一个重要原因。

另外,预防措施的科学性与经济性制约着该措施是否有效或是否能被广泛实施。① 犯罪预防措施的科学性取决于多方面的因素,如犯罪预防决策者的理论水平、犯罪预防经验、犯罪情况复杂程度、犯罪调查是否科学等。犯罪预防措施的科学性决定着其是否完全切合实际,以及其有效程度。即使犯罪预防措施是正确的、科学的,也并不能保证其是最经济的,许多犯罪预防措施往往因为实施代价过高而束之高阁。例如,家庭安装报警设施增加了犯罪被发现的可能,对于降低社区内的犯罪率的确有效,但可能多数的家庭把报警设施视为昂贵的开支而不愿接受这种犯罪预防形式。

三、犯罪预防与相近概念比较

把犯罪预防与其内容、性质相近的概念进行比较,有利于准确理解犯罪预防的内涵和特征。这里主要将犯罪预防与治安管理、犯罪控制、刑事政策进行比较。

(一)犯罪预防与治安管理

犯罪预防与治安管理两者是交叉关系。"治安管理是治安行政管理的简称,是指公安机关依照国家法律和法规,依靠群众,运用行政手段,维护社会治安秩序,保障社会生活正常进行的行政管理活动。"② 同时,治安管理所维护的治安秩序,是国家统治阶级维护和巩固统治所需要的,并由有关法律所规范。治安管理包括治安秩序积极因素的建构和治安秩序消极因素的抑制。前者如治安行政指导、治安行政规范、治安行政许可等管理活动;后者如违法犯罪的预防、违反治安管理行为的查处、治安灾害事故的预防和查处等活动。治安管理包含公安机关依法进行的主要限于公共领域的犯罪预防工作,不包括其他国家机关、企事业单位、社区、家庭和个人进行的犯罪预防活动。可见,犯罪预防是治安管理工作的

---

① 参见张远煌:《犯罪学原理(第二版)》,法律出版社2008年版,第461—464页。
② 熊一新等主编:《治安管理学概论(修订本)》,中国人民公安大学出版社2007年版,第4—5页。

重要内容,但不是全部;公安机关进行的犯罪预防是社会治理中犯罪预防的主要部分,也不是全部。治安管理与犯罪预防是交叉关系,政府的犯罪预防功能大部分通过治安管理来实现,治安管理通过对治安问题要素的行政管理来抑制其形成犯罪,犯罪预防理论指导和支配着治安管理的相关工作内容。

(二)犯罪预防与犯罪控制

犯罪控制就是使犯罪不超出社会所容忍的一定范围。"犯罪控制以犯罪无法消灭为前提,也是一种不得已的理性选择。"①关于犯罪控制与犯罪预防的关系,有学者认为,犯罪控制,是指在犯罪行为发生过程中或发生后采取的不使犯罪行为继续发生或再次发生,并防止犯罪现象的数量和质量超出正常范围(或社会所能容忍的范围)的硬性措施和手段;而犯罪预防是指对犯罪的事先防范活动和措施,两者具有不同的内涵,其根本区别在于犯罪预防是对犯罪的积极避免和主动出击,而犯罪控制是对犯罪的被动防守和事后处置。② 有学者认为,"从某一方面讲,'犯罪控制'比'犯罪预防'更贴切一些。犯罪预防在实际上是指'控制'或'管制'犯罪的发生"③。也有学者认为,区分犯罪预防与犯罪控制的理论意义和实践意义均不大,而且两者也难以区分,犯罪事先预防措施同时也是在控制犯罪,犯罪的事后控制也是在预防犯罪。前述两者的区别可以视为狭义上的区别。在广义上,犯罪预防可以包括犯罪控制,犯罪控制亦可以包括犯罪预防。④ 本书较为认同后者的观点,概念的区别是以概念的界定为前提的,从广义上来看,犯罪预防与犯罪控制两者所指没有区别。

(三)犯罪预防与刑事政策

欲将犯罪预防与刑事政策进行比较,需先明确刑事政策的含义。对刑事政策的理解也有广义的和狭义的观点,两者均以抑制犯罪为目的。狭义的刑事政策以刑罚的运用为核心内容;广义的刑事政策不仅包括刑罚策略,还包括社会政策。刑事政策从内容上可以分为刑事惩罚政策和社会预防政策两种,前者是运用刑事法律对已经发生的犯罪进行惩罚,后者是对犯罪发生前的防范,是非刑事惩罚措施。其中,"与惩罚相对立的'预防'是刑事政策的核心"⑤。可见,犯罪预

---

① 储槐植:《任重道远:犯罪学基础理论研究》,载肖剑鸣、皮艺军主编:《罪之鉴(上)》,群众出版社2000年版,第11页。
② 参见许章润主编:《犯罪学(第三版)》,法律出版社2007年版,第301页。
③ 〔英〕约翰·格拉海姆、特雷弗·白男德:《欧美预防犯罪方略》,王大伟译,群众出版社1998年版,第64—65页。
④ 参见刘广三:《犯罪控制宏论》,载《法学评论》2008年第5期。
⑤ 王牧主编:《新犯罪学(第三版)》,高等教育出版社2010年版,第281—282页。

防与刑事政策两者在内容上有很多共通之处。从广义的角度来理解犯罪预防,无论是广义的还是狭义的刑事政策指向内容均属于犯罪预防的范围。从狭义的角度来理解犯罪预防,则无论是广义的还是狭义的刑事政策,所包含的刑事惩罚部分也会影响犯罪人的理性选择,进而影响狭义的犯罪预防。当然,必须明确的是,刑事政策是从政府决策角度对犯罪抑制或治理的一种考量,往往会涉及一种利益的取舍,虽然建立在社会调查等科学认识的基础上,但决策时并非完全遵照科学理论,而是参照社会现实进行选择;犯罪预防研究则是按照犯罪发生规律进行的科学论证,它可能成为刑事政策的决策基础。

第二节　犯罪预防的类型

分类研究是常用的科学研究方法之一,无论在自然科学领域还是在社会科学领域都发挥着重要的作用。从不同的角度可以对犯罪预防进行分类,这里就常见的犯罪预防分类进行梳理。

一、社会预防、情境预防与发展式预防

根据犯罪预防措施的着眼点不同,通常将犯罪预防分为社会预防和情境预防。社会预防对应的是犯罪发生的社会因素,其过程是对社会各方面的完善,使社会健康发展,防止社会失调和解组,从而达到预防和减少犯罪现象发生的目的。组织和实施社会预防的预备活动或前提条件包括:其一,必须分析和确定影响犯罪的社会因素的性质及范围,筛选出这些因素,并判断对其可控制的程度;其二,提出旨在排除或疏导这些因素的具体行动方案,以提升预防的组织性和针对性,并利于预防效果的评估。从理论上来看,社会预防能够从根源上减少犯罪,但是它在宏观层面,涉及面广、受现实条件制约大、产生效益的周期较长,只能伴随着社会的整体改革而逐步推进。

作为一种新的犯罪预防理念,情境预防具有更强的灵活性和可操作性。"犯罪情境预防,主要是指犯罪机会的减少,如在公共场所(停车场、商场等)安装监控设施,以减少车辆被盗或被害人遭受损失的机会。犯罪社会预防则主要关注于另一方面,即集中精力改变社会环境和改变犯罪者的动机。"[①]从犯罪的生成

[①] 〔英〕戈登·休斯:《解读犯罪预防:社会控制、风险与后现代》,刘晓梅、刘志松译,中国人民公安大学出版社2009年版,第11页。

规律来看,无论是犯罪动机的产生还是犯罪行为的实施,都不是仅由犯罪行为人单方面实现的,都要受制于犯罪行为人当时所处的情境。因此,通过有针对性地采取减少诱发犯罪动机的情境因素、限制实施犯罪的工具条件和机会的措施,可以立竿见影地避免或减少具有多发性特征的犯罪(如盗窃、诈骗、抢劫、强奸及一些职务犯罪等)的发生。"可以说,情境预防正是基于对犯罪发生规律的揭示,力图掌握直接诱发犯罪动机和由犯罪动机转化为实际侵害行为的外部环境的控制权,切实减少犯罪发生的概率,或者减轻犯罪的危害程度。"[①]社会预防认为坚持良好的社会治理是减少犯罪的根本途径,情境预防重视通过限制日常生活环境中的犯罪机会和犯罪条件来现实地减少犯罪。这种分类是建立在对传统犯罪原因理论的发展和对犯罪生成机制取得新的突破认识基础之上的。虽然两者都是针对影响犯罪存在和变化的社会因素所采取的措施,但较之社会预防,情境预防的目的性和针对性更强。

迈克尔·唐瑞(Michael Tonry)和大卫·法林顿(David Farrington)将社会预防分为发展式预防和社区预防。前者基于人类发展和犯罪生涯研究的成果,针对潜在犯罪人风险因素进行干预,可以称为"犯罪性预防"(criminality prevetion);后者则是针对社区环境中影响犯罪环境的社会条件的改变。[②]他们认为,将刑罚惩罚留待更为专业的刑事司法学进行研究,将犯罪预防严格限定为专业领域的研究会使其更容易"发展"为一个新的研究领域。他们虽将犯罪预防策略分为法律制裁、发展式预防、社会(社区)预防和情境预防四种类型,但只关注后面三种。[③] 发展式预防也是一种方法论,它承认犯罪的发生是一个复杂的社会、经济和文化过程。[④] 它"旨在通过对潜在犯罪人的行为发展进程进行有计划的干预从而达到阻止犯罪的目的,尤其是对在人类发展研究中发现的危险对象以及对其进行的保护性干预"[⑤]。发展式预防致力于把刑事司法政策或项目与对于个人、家庭或社区的社会支持联结起来,其主要内容是处理违法犯罪的风险诱因,这些诱因是可以通过修正措施来改变的。这种观点为犯罪预防提供了一

[①] 张远煌:《犯罪学原理(第二版)》,法律出版社2008年版,第446页。
[②] See Adam Crawford, *Crime Prevention and Community Safety: Politics, Policies and Practices*, Addison Wesley Longman Limited, 1998, p. 17.
[③] 参见[英]戈登·休斯:《解读犯罪预防:社会控制、风险与后现代》,刘晓梅、刘志松译,中国人民公安大学出版社2009年版,第12页。
[④] See Crime Prevention Through Social Development, http://www.crimeprevention.nsw.gov.au, visited on 2015-04-25.
[⑤] Michael Tonry, David Farrington, What Works in Evaluation Research, *British Journal of Criminology*, 1995(34), pp. 291-306.

个更为广阔的概念,成为当前犯罪预防的一个新兴领域。

二、犯罪预防和被害预防

根据犯罪预防的指向不同,将其分为犯罪预防和被害预防。长期以来,犯罪预防都是针对犯罪人展开的,而作为犯罪人侵害对象的犯罪被害人(crime victims)则处于被遗忘状态。"自从门德尔逊(B. Mendelsohn)于1948年发表有关'犯罪及其被害者'一文以来,犯罪被害者之研究始渐受世界各国重视。"[1]随着被害人学的兴起,犯罪预防开始将目光投向被害人,并产生了一种新的预防理论,即犯罪被害预防。犯罪被害人学是研究被害现象、被害人及其与犯罪人的相互作用、被害补偿和被害预防的科学。犯罪被害人,是指因他人的犯罪行为而受到伤害或损失的个人或群体。被害预防,是指采取各种措施抑制各种被害性原因和条件的产生和存在,以防止、减少潜在被害人初次受害或被害人再度被害的活动。被害预防是减少犯罪的途径之一,相对于以犯罪人(或潜在犯罪人)为中心的犯罪预防来说,被害预防是根据易被害个人或群体的被害特征而采取的相应措施,以抑制犯罪,进而避免被害(或再次被害)。

被害预防与犯罪预防有着明显的不同。首先,两者着眼点不同。被害预防侧重于调整潜在被害人的行为,通过减少高被害危险人群来减少犯罪的发生或减轻犯罪侵害的程度,其最直接目的是保护各种被害人免遭犯罪侵害;犯罪预防关注潜在犯罪人犯罪倾向及行为,其最直接的目的是防止犯罪人犯罪或已犯罪者再次犯罪。其次,被害预防与犯罪预防的内容也不同。被害预防是基于犯罪是犯罪人与被害人相互作用这一基本认识,依据被害规律所采取的各种消除或控制易被害条件和环境的措施;犯罪预防是基于对社会成员犯罪原因的探索,采取旨在抑制社会成员产生犯罪动机、限制社会成员犯罪能力的各种措施。最后,两者在具体策略、措施上也有所不同。被害预防通过潜在被害人的认知而自行决定采取安全措施,而犯罪预防则更多是政府主导;尽管后者会对前者提供帮助。被害预防更倾向于保全潜在被害目标,往往不追求对犯罪的遏制,如采用回避的策略,尽管它客观上减少了犯罪发生机会;而犯罪预防则以犯罪的抑制为目的。被害预防的实施应该是以潜在受害人为主体,当然,在某种意义上,从个人到国家都会采取措施避免自己成为被害人。在现实中,围绕个人和社会组织来开展的具体被害预防措施与犯罪预防有重合之处,如小区安装监控摄像头既是

---

[1] 黄富源、张平吾:《被害者学新论》,台湾铭传大学出版社2008年版,第9页。

小区业主的犯罪预防措施,也是小区业主的被害预防措施。

三、初级预防、次级预防和三级预防

对犯罪预防做出层次划分古已有之。例如,西汉贾谊认为,备患于未然是治安治理的上策,但如果做不到"绝恶于未萌",就要"起教于微眇",对发生的轻微违法行为进行惩罚,使违法者"日迁善远罪",这种做法在贾谊看来是"智禁于微",是治安防范的"次"策。① 这里所讨论的层级预防是1976年保罗·布兰廷汉姆(Paul J. Brantingham)与弗雷德里克·福斯特(Frederic Faust)借鉴医学上的流行病理学理论将犯罪预防分为初级预防、次级预防和三级预防。初级预防,旨在改变整个物质和社会环境中的犯罪条件;次级预防,旨在及早查明和干预处于犯罪环境中的个人或群体的生活;三级预防,旨在防止再次犯罪。② 这是当前西方犯罪预防学中较为常用的一种分类方法。

初级预防指向一般人群和场所,是在犯罪发生之前针对潜在的致罪因素而采取的各种措施。初级预防所采用的策略应包括宏观的社会政策、中观的环境管理和微观的社会心理干预。正所谓最好的社会政策就是最好的刑事政策。如上文所论及的社会预防,它包括"失业、缺乏教育、贫困及其他社会病症所导致的异常行为等之预防;初级犯罪预防意图减低初次之犯罪及受害,并降低犯罪所产生之恐惧感"③。中观的环境管理,例如,环境设计以预防犯罪理论正是通过城市社区中街区的规划和建筑设计来抑制犯罪并增强居民的安全感。心理因素是微观层面,除了通过家庭、学校、社区等各种途径来培养健全的人格,还要通过各种制度安排和现实运行,来促进社会公平,提升社会成员的幸福感,减少犯罪,增进和谐。

初级预防旨在使犯罪问题不会发生,是针对一般状况而言;次级预防则针对已有症候之特殊人群及情境,通过找出潜在性的犯罪风险因素,并加以干预,以达到避免犯罪的目的。因此,次级预防的干预措施是针对被确定为具有特定违法犯罪倾向性的社会人群或场所。在布兰廷汉姆和福斯特的概念中,次级预防指向的仅是那些具有较高犯罪风险的人群,并没有包括高风险的场所。随着环境犯罪学的发展,犯罪热点场所已经成为警务战略中的重要参考因素。相对于

---

① 参见《新书·审微》。
② See Paul Brantingham, Frederic Faust, A Conceptual Model of Crime Prevention, *Crime and Delinquency*, 1976(22), pp. 284-296.
③ 许春金:《犯罪预防与私人保全》,三民书局2004年版,第5页。

一般场所而言,犯罪热点场所受到更多的关注,采取特别的干预措施,应纳入次级预防的范畴。次级预防亦包含偏差行为所导致的犯罪,如针对酗酒者或吸毒者所产生的异常偏差行为,适时给予该类发展倾向者一个目标指引,以避免其犯罪。学校也可扮演重要角色,以解决青少年所遭遇的问题,同时,父母、专家及邻里也可提供指导与帮助。

三级预防则是通过重新适应社会的个别化措施使犯罪人回归社会,或至少使犯罪人与社会得以隔离,防止其再实施严重危害社会的行为。犯罪预防活动指向已知犯罪形态中的犯罪人、被害人和场所。三级预防和次级预防都是对犯罪行为本身所进行的关注。三级预防主要是刑事司法体系内的工作,它关注的是切断犯罪进程或减少犯罪行为的危害程度,如对已知的潜在犯罪人进行的治疗和矫正。

当然,犯罪预防的分类不限于上述几种。例如,可以根据预防活动指向的群体不同,将犯罪预防分为青少年犯罪预防与中老年犯罪预防;根据犯罪预防所保护和针对的对象地位、重要程度与犯罪预防的作用不同,将犯罪预防分为普遍预防、重点预防和特定预防;① 根据针对不同的犯罪种类所采取的不同预防措施,将犯罪预防分为杀人犯罪的预防、盗窃犯罪的预防、诈骗犯罪的预防等;根据在不同犯罪发生阶段采取的犯罪预防措施,将犯罪预防分为罪前预防、罪中预防和罪后预防;等等。

第三节　犯罪预防的原则和步骤

原则是事物的基本规范,犯罪预防的原则是犯罪预防活动的内在规定性,贯穿于犯罪预防全过程。犯罪预防必须坚持一定的原则,遵循科学的程序进行,才能保证其科学性。

一、犯罪预防的原则

早在1988年,美国犯罪预防联盟就整理出其成员组织在犯罪预防方面的"关键概念和信念",作为犯罪预防实践者的指导思想,主要包括:(1)犯罪预防需要个人、社区、刑事司法系统的积极合作;(2)犯罪预防能提高生活的质量,减少对犯罪的恐惧,在改善社区的过程中增进归属感和参与度;(3)犯罪预防涉及

---

① 参见李春雷、靳高风主编:《犯罪预防学》,中国人民大学出版社2016年版,第13页。

面广,包括个人、家庭、社区等不同层面的保护;(4)犯罪预防人人有责;(5)犯罪预防因地制宜,可以根据不同的社区需求采取不同的策略;(6)犯罪预防是警察工作的核心;(7)犯罪预防是政府的责任,各级政府要为社区犯罪预防提供政策、指导和资源;(8)犯罪预防与相关教育要并行,通过媒体助力犯罪预防教育,聚焦青少年;(9)犯罪预防要有前瞻性,一个有远见的方法就是解决贫穷、失业、吸毒及其消极影响;(10)犯罪预防不能停留在表面,要通过分析犯罪模式、预测犯罪趋势、实施研究、评估已有经验等方式深入理解犯罪预防规律;(11)犯罪预防要注意成本效益。[①]这些原则虽历经30多年,仍具有现实意义。这里仅结合当前我国犯罪预防实践,论述几个非常重要的原则,包括科学原则、系统原则和适度(法治)原则。

(一)犯罪预防的科学原则

犯罪预防的科学原则,是指犯罪预防以对犯罪规律的科学认识为前提。犯罪预防活动本身具有一定的对抗性,它以潜在的犯罪人为对手。因此,它要以对犯罪运行规律的科学把握为前提。把握犯罪运行规律主要包括两个层面:一个是犯罪现象的运行规律,既包括特定社会(或社区)犯罪整体结构和运行情况,也包括特定类型犯罪和犯罪人的活动规律;另一个是犯罪现象背后的各类影响因素,既包括社会政治、经济、文化等宏观因素,也包括家庭、学校、同伴等微观环境因素,还包括个人的生理、心理等因素。对犯罪规律及其影响因素的认识为犯罪预防决策提供重要基础。犯罪预防就是针对现存的、影响犯罪动机和犯罪机会形成的各种因素采取相应抑制措施。

要科学认识犯罪运行规律,就要加强犯罪学的研究,特别是对最新出现的犯罪类型和犯罪手段进行研究,使犯罪预防理论与实践不断创新。我国改革开放以后,犯罪数量迅速增加,有学者曾将犯罪增长看作随着经济发展的"沉默伙伴"[②]。在这个背景下,国家在1986年对犯罪问题进行全国调查,《中国现阶段犯罪问题研究》成为国家"七五"期间重点社科项目之一,由时任公安部副部长俞雷牵头,中国人民公安大学和多省课题组负责实施。这次调研在摸清立案底数

---

① See Robert L. O'Block, Joseph F. Donnermeyer, and Stephen E. Doeren, *Security and Crime Prevention*, 2nd edition, Butterworth-Heinemann, 1991, pp. 10-11.

② See Borge Bakken, Introduction: Crime, Control, and Modernity in China, in Borge Bakken (ed.), *Crime, Punishment, and Policing in China*, Lanham, MD: Rowman & Littlefield, 2005, pp. 1-28.

的基础上,对犯罪原因、犯罪趋势和犯罪对策进行了科学分析,取得了丰硕的成果。① 这次调查出版了一些著作和文章,向社会披露了一些数据,为当时的犯罪学研究提供了新鲜素材,使犯罪学学者有依据向当时的犯罪预防工作建言献策,推进犯罪预防的科学性。当然,学者们对不同区域、不同时期内、不同类型犯罪规律的认识,也是犯罪规律研究的重要内容。

(二)犯罪预防的系统原则

犯罪预防的系统原则,是指犯罪预防目标的实现需要各犯罪预防要素有机结合,对犯罪形成一个整体应对。犯罪的发生并非单一原因所致,而是多种原因作用的结果。以特定犯罪人的犯罪行为为例,其之所以犯罪,可能是内在的(个人的)、外在的(社会的)原因综合作用的结果。因此,犯罪预防并非通过某一措施或途径进行有效预防,需要一个多因素相结合的系统应对。

社会治安综合治理的理论依据即在于此,它通过政府执法力量、社会组织、个人等多种主体,采用政治的、经济的、法律的、文化的、教育的多种手段来预防犯罪,构建社会治安防控体系。犯罪预防实践中,从负责公共领域犯罪预防的政府执法力量,到负责社区、企业、单位内部的保安保卫力量,再到自我防范的家庭、个人,这些力量不是孤立的,而是互相补充、互相配合的。例如,警察会对社区、单位、企业的内部犯罪预防进行指导、监督,对家庭、个人的被害预防进行指导、宣传等,形成对社会的宏观、中观、微观三个层面的全覆盖,构成犯罪预防的主体系统。犯罪预防的措施也是系统的,政治、经济、法律、文化、教育等各领域的手段也不是孤立的,要互相结合,在不同社会层面实现预防目标。同时,在整个社会的犯罪预防工作的大系统中,一个城市、一个地区的犯罪预防是一个小系统,这些小系统之间不是孤立的,而是互相影响的。

(三)犯罪预防的适度(法治)原则

犯罪预防的适度原则,主要是指犯罪预防活动对社会成员或组织造成的消极影响应控制在一定的范围之内。个人和组织为了公共安全利益可能要做出适当的权利让与,如乘坐飞机接受安全检查带来的不便,因进行反恐演习导致的商场暂停营业所带来的损失等。这种让与是有限的,不能因为理由的正当性就不考虑民众的合法权益;因为犯罪预防本身就是为了民众的福祉,两种利益相互冲突,只能衡量哪种损失最少。一方面,社会管理者或犯罪预防组织进行犯罪预防

---

① 参见冯树梁:《〈中国现阶段犯罪问题研究〉综述》,载《中国人民公安大学学报(社会科学版)》1989年第1期。冯树梁:《〈中国现阶段犯罪问题研究〉综述(二)》,载《中国人民公安大学学报(社会科学版)》1990年第2期。

决策时,要坚持适度性原则。衡量适当与否的最好尺度是现行法律法规,在法律法规授权内决策,依法执行各项措施。另一方面,尽量减少因犯罪预防而对民众或社会组织造成的消极影响,应依法补偿受犯罪预防影响的民众或组织的合法权益。可见,犯罪预防的适度原则,在某种意义上就是指犯罪预防的法治原则。

犯罪预防的适度原则在我国现行治安体制下,尤其值得注意。根据中共中央社会治安综合治理委员会 1991 年出台的《关于实行社会治安综合治理一票否决权制的规定》和该委等五部委 1993 年出台的《关于实行社会治安综合治理领导责任制的若干规定》,我国地方治安实行地方责任制,并在组织工作中采取一票否决,这就使得地方把维护地方治安作为首要目标之一。地方"一把手"权力最大,掌握社会动员权力和社会管控权力,很容易导致为了追求治安效果而忽视民众或社会组织合法利益的情况。因此,更需要注意犯罪预防中公共权力对私人合法权利的侵犯。

二、犯罪预防的步骤

从某种意义上来说,犯罪预防是一项管理活动。它以犯罪不发生、少发生为目标,以犯罪发生风险的抑制为内容,并需要以科学的方法来实施,才能保证其应有的效果。管理活动主要是决策、实施、反馈、评估,从而实现控制的过程。从犯罪预防的操作流程来看,一般有以下几个步骤:

(一)目标区域的犯罪形势调查

"知己知彼,百战不殆。"只有详细地了解拟预防计划实施区域的犯罪形势,才有可能做好犯罪预测和决策,进而拟定犯罪预防计划并实施。犯罪形势调查包括区域犯罪现状调查和犯罪风险调查两个方面。区域犯罪现状调查主要包括[①]:区域内犯罪整体情况及时空分布情况;区域内犯罪结构情况,包括犯罪数量特征、类型结构、犯罪人构成及受害人构成;影响本区域犯罪情况的主要因素;已经采取的针对性犯罪预防及效果。犯罪风险调查指向区域犯罪趋势,包括目标区域存在的犯罪诱发因素(主要包括犯罪高发的人、物、事、时、空等要素),可能发生犯罪的类型、热点场所、重点人群及严重情况。

(二)犯罪预防目标的设定

预防本身就是一个目标,但预防到何种程度,需要一个科学、合理的具体目标。比如,一个商场最近两年每年发生顾客盗窃现象,损失约 50 万元人民币,现

---

① 参见张远煌:《犯罪学原理(第二版)》,法律出版社 2008 年版,第 451 页。

在确定下一年的针对顾客盗窃商品的预防计划,把预防目标定为盗窃案件数量和损失均减少50%以上,这就是一个具体的目标。一个商场如此,一个社区、一个城市亦是如此。只不过有时候犯罪预防目标并不仅仅指向单一某种犯罪,如一个社区可能高发的有入室盗窃、盗窃非机动车和诈骗,这就要分解成一个个具体目标。犯罪预防目标的确定要有一定的科学依据,要根据现有情况和以往经验,并非凭空想象。

(三) 犯罪预防计划

在确定好具体的预防目标后,应当制订预防计划,明确相应的人员组织、预防措施、物质条件等。犯罪预防措施的选择要与预防的对象相适应。例如,预防人员的组织,有社区警察、自建保安组织、购买保安服务、邻里联防以及多种方式的结合等,具体需要多少岗位,每个岗位具体实现哪项功能、需要多少人等;在预防方式上,仅仅采用人力防范,还是结合技术防范,人员的资格证书、技防设备的规格有何要求,等等。这些都要在计划中明确,如有的单位的预防工作通过购买保安服务的方式来实现,预防计划则由保安公司来完成。犯罪预防计划设计的预防措施应形成一个完整的预防体系,预防措施要具有针对性、综合性及与预防目标的统一性。

(四) 犯罪预防计划的实施

犯罪预防活动的实施包括人力、物力的运筹,以贯彻执行计划设定的各种举措。当前公共领域的犯罪预防由国家执法机关来主导实施,执法机关的犯罪预防功能越来越受重视。但社会组织和公众是实施犯罪预防的基础力量,特别是专业保安行业的兴起,为犯罪预防的实施提供了更为专业的力量。在中观层次,主要是一些单位、企业、社会组织、居民小区,保安的犯罪预防功能非常明显。民众的邻里守望和治安志愿者的巡逻也是犯罪预防的民众参与形式。要积极、科学地鼓励和引导民众参与社区犯罪预防计划的实施,使国家力量和社会力量有效结合,发挥更好的效果。

(五) 犯罪预防的评估

在犯罪预防实践中,预防活动的开展有时候轰轰烈烈,倡导者和参与者对实施预防活动满怀希望和热情,但往往忽视对预防活动效果的评估。往往存在发过文、开过会就算做过了,至于做得怎么样,则不去管。缺乏科学的评估机制来检验预防的效果,既不利于原来工作经验的总结,也不利于下一步预防工作的开展。建立犯罪预防评估机制可以有效地掌握犯罪预防工作的主动权,增强犯罪预防工作的针对性和预见性,及时了解犯罪问题的客观变化情况并作出快速、灵敏、准确的反应和形成科学的决策,及时改进和加强犯罪预防工作。犯罪预防评估的主要内容包括:所进行的预防活动是否达到了预期目标,是否存在犯罪转移现象;现有条件下,采取其他措施和方法是否能获得同样或更好效果;预防中存在的问题及原因。犯罪预防评估是犯罪预防科学化的标志,评估的实施可以在犯罪预防计划实施后一段时间(一般6个月以上)或犯罪异常情况发生(如某种被列入预防的犯罪连续发生、危险人员活动异常)时进行。通过评估,可以对已经实施的预防计划所存在的问题或该区域新出现的犯罪问题进行调查分析,以便进一步改进、提高犯罪预防的效率,作出新的犯罪预防决策,然后再实施、再评估、再调查、再决策,形成犯罪预防风险循环圈。

【本章复习要点】

(1)犯罪预防的定义;(2)犯罪预防的阶级性;(3)犯罪预防的社会性;(4)犯罪预防的有限性;(5)犯罪预防的分类;(6)犯罪预防的原则;(7)犯罪预防的流程。

第二章 古代中国的犯罪预防

【本章学习目标】

从犯罪预防史的角度了解古代中国犯罪预防的内容,包括古代中国犯罪预防的基本策略和方法,理解其对于犯罪原因的认识;传承和借鉴古代中国犯罪预防的智慧,理解和完善当前犯罪预防实践。

为了更好地理解和发展犯罪预防,对其理论与实践进行历史考察是非常必要的,尤其是对中国的犯罪预防做历史考察。"古代中国的社会是早熟的,中国的社会思想也是早熟的。"① 对作为社会问题之一的犯罪问题,古代中国的先贤们有非常成熟的认识,形成了丰富的犯罪预防思想。尽管相隔约两千年,中国古代的一些犯罪原因理论也可以与现代犯罪学理论相媲美,例如,儒家荀子与法家关于人性趋利避害的论断与古典犯罪学派的功利主义假设,墨家关于犯罪受环境影响的论述与美国犯罪学家埃德温・萨瑟兰(Edwin H. Sutherland)的差异接触理论等都颇有相通之处。基于此,中国古代犯罪预防理论也是如此,孟子的求放心、荀子的化性起伪、董仲舒的教化、王阳明的致良知等都是追求人性教化,养性成善,培养百姓健全的品格,这与西方犯罪学中古典学派强调的教育预防、实证学派强调的社会改良、当代犯罪社会学理论中的学习理论一样,都强调人的社会化效果。中国古代犯罪预防思想与实践受到特定的社会经济、政治条件的影响,所形成的犯罪治理传统对当下中国社会犯罪之应对仍有着深远的影响,也是中国犯罪预防学研究不可忽视的内容。本章将中国古代的犯罪预防思想分为宏观的社会预防、中观的情境预防和微观的家庭预防三个层面展开分析。

第一节 古代中国的社会预防

古代中国对犯罪的社会预防集中表现在三个方面:一是重视社会成员的人格养成;二是改善民众的社会经济状况;三是任用贤吏。

---

① 王处辉:《中国社会思想早熟轨迹》,人民出版社1996年版,第2页。

一、养性成善：抑制犯罪发生的个人因素

尽管对人性的认识不同，古代思想家们都要思考一个问题，即如何使人做出"善"（符合统治者倡导或要求）的行为。他们均认为首先要培养个体"善"的品性，即养性成善，消除人的犯罪性，从源头上解决犯罪问题。

（一）礼刑结合的儒家教化

1. 教化防罪的思想

儒家的教化思想建立在对人性与犯罪的关系的认识上。孔子言"上智"与"下愚"，后来董仲舒发挥为"圣人""中人""斗筲"，圣人之性是至善的，斗筲之性则是作奸犯科的，中人之性是混沌的、可善可恶的，但可以通过教化达圣人之性，也会因不学而堕落到斗筲之性。孟子所谓"人性善"是指人有向善的本质，"善"为欲所溺而为恶（宋明理学发展为天理为人欲所蔽而为恶），荀子等所谓"人性恶"实则为人欲之恶，人无止境地追求欲望的满足导致争、乱。至于从人性的培养和改造预防犯罪的方法，儒家推崇以"礼"为核心的教化。

《礼记》曰："故礼之教化也微，其止邪也于未形。使人日徙善远罪而不自知也。"[①]这里的礼就是儒家正统思想所信奉和推崇的社会规范。孔子认为用道德来引导人们，用礼义规范来约束民众，而不是用政令引导、用刑罚规范，这样民则不仅有廉耻之心，而且会心悦诚服，社会才能安定。[②]孟子主张"人性善"，所以个体只要抵御人欲的诱惑，保持"善"的本心即可，但如何才能"存心"而使之"勿丧"呢？孟子提出的方法是"寡欲"，即"养心莫善于寡欲"[③]，寡欲的标准是"礼"，以礼节欲。荀子认为，通过教化而"化性起伪"，去恶致善，"涂之人可以为禹"[④]。董仲舒对教化防罪的论述较为完备。他认为，通过教化达到"止奸邪"的作用，教化成为防性恶的"堤防"，"教化行而习俗美"，如果教化废则"堤防"坏，犯罪就会猖獗，以至于刑罚罚不胜罚。[⑤]

同时，儒家之教化并不否认刑的功能，只不过把教作为刑的前提。"不教而杀谓之虐；不戒视成谓之暴；慢令致期谓之贼。"[⑥]荀子也认为仅有教化是不足以

---

① 《礼记·经解第二十三》。
② 参见《论语·为政》。
③ 《孟子·尽心下》。
④ 《荀子·性恶》。
⑤ 参见《汉书·董仲舒传》。
⑥ 《论语·尧曰》。

止奸,还要有刑罚,但"不教而诛,则刑繁而邪不胜"①。董仲舒继承了孔子的教而后诛的思想,并从天人合一的角度来考察德刑关系,②他认为"庆赏刑罚之不可不具也,如春夏秋冬不可不备也"③。儒家认为,刑罚是德的必要补充,即"德教者,人君之常任也,而刑罚为之佐助焉"④。且强调先德后刑,所谓"礼者禁于将然之前;而法者禁于已然之后"⑤。当然,只有采取各种教的措施以后,才能确认不可救药,从而对其进行惩罚,就像农夫拔去"无用之苗"一样。⑥

2. 教化防罪的途径

在中国传统社会,教化的主要途径有以下几种:

一是君王教化。历代皇帝在正统的社会宣传中都是完美无缺的,至孝、至德、至善,是遵礼的楷模。这使得皇帝有了"以上化下"的资本,臣民们"不令而行"⑦也就理所当然。臣民应在其感召下遵守其所宣扬和"代言"的道德伦理规范,表现优异者还会受到统治者的表彰。例如,汉朝选拔以"孝"或"廉"知名的人做官,后世统治者还制作《二十四孝图》。再如,历代统治者旌表贤德妇女,为这些女性树立贞节牌坊,"孝子顺孙廉夫节妇旌表闾门"⑧,并载入官方史书。⑨

二是学校教化。中国历代均重视儿童教育,从幼儿开始便注意培养符合封建伦理道德的品质、习惯。颜之推提出"早教"的思想并强调其预防功能,"当及婴孩""便加教诲","比及数岁,可省笞罚"⑩。程颐强调教育的犯罪预防功能,并描绘了一幅理想景象:"民生八年则入于小学,是天下无不教之民也;既天下之人莫不从教,小人修身,君子明道,故贤能群聚于朝,良善成风于下,礼义大行,习俗粹美,刑罚虽设而不犯,此三代盛治由教而致也。"⑪至于教的内容,明代王守仁的《训蒙教约》指出,"今教童子,惟当以孝、弟、忠、信、礼、义、廉、耻为专务"⑫。汉代以后设立的官学,隋唐以后围绕科举制度开展的教育,均以儒家经典为内容,把"三纲五常"作为德育的主要内容,不仅把儒家思想意识形态化,而且赋予

---

① 《荀子·富国》。
② 参见《汉书·董仲舒传》。
③ 《春秋繁露·四时之副》。
④ 《昌言》。
⑤ 《大戴礼记·礼察第四十六》。
⑥ 参见《盐铁论·后刑篇》。
⑦ 《论语·子路》。
⑧ 《魏书·宣武帝纪》。
⑨ 如《魏书》卷92《河东孝女姚氏传》。
⑩ 《颜氏家训·教子》。
⑪ 《河南程氏文集》卷第9《伊川先生文五·为家君请宇文中允典汉州学书》。
⑫ 《王阳明全集》卷1《知行录之二·传习录中·训蒙大意示教读刘伯颂等》。

德育以政治性。

三是乡里教化。中国传统社会中,各级地方政府都承担着一定的教化功能,尤其是乡里基层组织,通过教化实现社会秩序的维护。秦汉时期乡里组织中"年五十以上、有修行、能帅众"的"三老"承担者乡里教化功能;①唐代有"耆老"负责乡里礼仪教化;②宋以后,民间基层自治承担着乡里教化的功能,如宋神宗时陕西蓝田的吕氏兄弟创立了"吕氏乡约";③明清地方延续了这种做法,"清代非常重视乡里教化,乡约成为官方统治乡里的有力工具,因之,清政府对选任乡约正等也有具体规定"④。

四是家庭教化。孟子曰:"天下之本在国,国之本在家,家之本在身。"⑤宗法家族制度在中国传统社会承担着重要的教化功能:一方面,家族成员在家庭塾师、家长(族长)的训导和影响下完成社会化,家族矛盾在家长(族长)的主持下化解或解决,避免了该矛盾激化而破坏社会秩序;另一方面,国家惩治不法子弟以维护宗法家庭(家族)的稳定与延续,为家庭(家族)权力提供支撑;两者相辅相成。古代中国社会还形成了家训文化,其内容的核心是修身、治家、立业,是家族子弟社会化教育的重要途径。家训"教家立范,品行为先"⑥,注重人格塑造,对社会秩序的建构是积极的,也受到统治者的重视,所谓"一家之教化,即朝廷之教化"⑦。《礼记》把家庭教化的地位提高到国家兴亡的高度,认为:"其家不可教,而能教人者,无之。故君子不出家而成教于国……一家仁,一国兴仁;一家让,一国兴让。"⑧

五是个人修身。针对人性之善的养成,除外在教化之外,统治者还强调个人修身,从社会个体角度强调个人的内在控制。《礼记》云:"古之欲明明德于天下者,先治其国;欲治其国者,先齐其家;欲齐其家者,先修其身;欲修其身者,先正其心;欲正其心者,先诚其意;意诚而后心正,心正而后身修,身修而后家齐,家齐而后国治,国治而后天下平。"⑨通过格物致知,达诚意正心,方具备一个合格人

---

① 参见《汉书·高帝纪第一》。
② 参见《通典》卷33《职官十五·乡官》。
③ 参见张哲郎:《乡遂遗规—村社的结构》,载刘岱主编:《吾土与吾民》,生活·读书·新知三联书店1992年版,第205页。
④ 赵秀玲:《中国乡里制度》,社会科学文献出版社1998年版,第90页。
⑤ 《孟子·离娄上》。
⑥ 《孝友堂家训》,转引自徐少锦、陈延斌:《中国家训史》,陕西人民出版社2003年版,第14页。
⑦ 《寒松堂集·奏疏》。
⑧ 《礼记·大学第四十二》。
⑨ 同上。

才(君子)所应有的社会修养。"自天子以至于庶人,壹是皆以修身为本。"①修身注重的是道德品行,通过修身,使自己一言一行皆符合社会道德法律规范的要求,从源头上抑制人的扰乱社会秩序的行为。金其高教授对修身的犯罪预防功能作出了诠释,提出"修性自防"的概念,他认为"修性自防是依靠通过修身养性形成的自我控制来约束自己的行为,以不作为为防范特征"②。

在教化的同时,为了保证社会思想的统一,历代统治者通过科举笼络和打击"异端"双管齐下以控制民众的思想。科举考试是隋唐至明清的选士手段,也是笼络士人、安定社会的方法。唐太宗看着新进的进士们进入朝堂,得意地说:"天下英雄,尽入吾彀中也!"到了明朝,科举考试内容确定为四书五经,应答越来越追求形式和文采,自明宪宗以后逐渐形成八股文的应答格式,应考者专心于格式,而轻于反思,不利于思想的活跃和发展。顾炎武认为:"愚以为八股之害,等于焚书,而败坏人才,有甚于咸阳之郊,所坑者但四百六十余人也。"③清初统治者明知八股文起不到考察人才的客观效果,但还继续采用,究其原因,康熙一语道破其中奥妙,"非不知八股文为无用,特以牢笼人才,舍此莫属"④。同时,从秦始皇的焚书坑儒到明清时期的禁毁书院、文字狱等,无不是为了打击"异端"思想者,实现思想的钳制,使百姓不敢违反统治者意志,使其行为符合统治者倡导的"善"。

这样,在中国传统社会治安思想中,从最高统治者到每个社会个体,方法上有说教、有示范、有规劝、有惩戒,形成了一个系统的教化工程,每个社会个体周围像同心圆一样被层层教化之网包围。在这样一个教化体系中,统治者自然希望每个人都能遵守以礼为核心的伦理规范,随心所欲而不逾矩,苟安免罪。

(二)赏罚并用的法家教化

法家主张以刑罚来使人向"善",以建构符合统治者利益的社会秩序,是一种另类的教化,其中亦有其价值追求,不妨称之为"法教"。《管子》主张在一定的物质基础上,以法来设置赏罚导民向善,"申之以宪令,劝之以庆赏,振之以刑罚。故百姓皆说为善,则暴乱之行无由至矣"⑤。《管子》也强调"刑罚"的预防功能,即"治国使众莫如法,禁淫止暴莫如刑,故贫者非不欲夺富者财也,然而不敢者,

---

① 《礼记·大学第四十二》。
② 金其高:《社会治安防控经略》,群众出版社2004年版,第77—78页。
③ 《日知录》卷一六。
④ 张晋藩:《中华法制文明的演进》,中国政法大学出版社1999年版,第552页。
⑤ 《管子·权修》。

法不使也;强者非不能暴弱也,然而不敢者,畏法诛也"①。商鞅提出"壹教",即"圣人之为国也:壹赏,壹刑,壹教。壹赏则兵无敌,壹刑则令行,壹教则下听上"②。这是统一教化内容,把民众统领到一个价值轨道上来,其内容不是儒家的礼,而是以奖励农战为中心的法家路径。

法家主张设立农战为获得奖赏的特定途径,③利用法的引导功能从正面进行"教化",指引民众遵守法律;同时,通过严刑峻法的手段来预防犯罪,即"禁奸止过,莫若重刑,刑重而必得,则民不敢试,故国无刑民"④。韩非否定了儒家通过教化使人向善的方法,认为更多的人"服于势"而"寡能怀于义",像被天下人尊为圣人的孔子,以仁、义闻名四海,但追随他的人只有七十余人。⑤ 在否定儒家的道德教育同时,韩非大力倡导以"法"设教,认为以"法"设教才符合人的"自为""自私"的本性:"人情者有好恶,故赏罚可用",所谓人情"好恶"就是"好利恶害"。韩非和商鞅一样提出利用严刑峻法来预防人性之恶,以成人性之善的目的。他说:"夫严刑者,民之所畏也;重罚者,民之所恶也。故圣人陈其所畏以禁其邪,设其所恶以防其奸,是以国安而暴乱不起。"⑥

以"法"设教是发挥法的指引功能,引导人们的行为遵守法律规范,从而避免对法律秩序的违反,减少犯罪问题。与德教一样,都是告诉人们不要违反法律所设定的社会秩序,只不过一个是告诉人们怎样做是值得称赞的,从而去这样做,避免了违法;一个是告诉人们怎样做会遭到严厉惩罚,从而不去这样做,避免了违法。

(三) 自然无为的道家教化

与儒家和法家不同,道家的教化思想主张治者无为,万物自化。中国古代社会中的无为思想首推老庄,汉末魏晋也有无为之观念,特点鲜明的有两种:一种是老子的自然无为,以无为达无不为的积极境界;另一种是王充的宿命无为,以天数决定治乱而否定人事之功的消极境界。这里以前者论之。老子主张"道法自然",其主张无为实则是不做那些违反"道"的事情,一切顺道而行,则"道常无为而无不为,侯王若能守之,万物将自化"⑦。因此,有修养的统治者应该通过对

---

① 《管子·明法解》。
② 《商君书·赏刑》。
③ 农战即耕战,是指从事农业生产和参军为国征战。
④ 《商君书·赏刑》。
⑤ 参见《韩非子·五蠹》。
⑥ 《韩非子·奸劫弑臣》。
⑦ 《老子》第三十七章。

"道"的体认,依据自然规律来作为,即"处无为之事,行不言之教"①,"我无为,人自化;我好静,人自正;我无事,人自富;我无欲,人自朴"②。庄子也说:"古之畜天下者,无欲而天下足,无为而万物化,渊静而百姓定。"③因此,"无为"的思想以使百姓返璞归真为其最终价值目的,同时,也很注重百姓自身对道的体悟。"无为"的思想成为中国古代社会道家的思想内核,但这个"无为"的目标是"无不为",是依靠自然规律这个"看不见的手"来安排人间秩序。那些在"利""名"的驱动下所制造的"奸巧""盗贼"等犯罪问题,在"绝圣弃智""绝仁弃义""绝巧弃利"等"无为"举措下得到消解。

(四)刑礼道相结合的思想

中国古代思想家们结合人性的不同影响因素,对人性善的养成给出了不同的策略,形成不同的犯罪治理思想,其中,儒家为代表的德礼教化思想成为中国古代社会的正统思想。当然,各家观点并不是孤立的,白居易通过对唐朝中期政治形势的深刻洞察,以极为务实的态度提出了具有现实主义色彩的"刑、礼、道迭相为用"的犯罪预防思想,至于刑、礼、道三者的功能,他说:"夫刑者可以禁人之恶,不能防人之情;礼者可以防人之情,不能率人之性;道者可以率人之性,又不能禁人之恶。循环表里,迭相为用。"④针对人性善的养成,不是单靠某一种手段就可以实现,要将儒、道、法综合运用。道家的无为可以给小民宽松的生存空间,解决人的经济问题;儒家的教化则在人足衣食的基础上方得以实施并取得较好的效果;对于教化的失败者,通过刑禁来吓阻;从而实现人性的善的养成。所以,他重申儒家的富而后教的思想,"刑之繁省,系于罪之众寡也;教之废兴,系于人之贫富也。圣王不患刑之繁,而患罪之众;不患教之废,而患人之贫。故人苟富,则教斯兴矣;罪苟寡,则刑斯省矣。是以财产不均,贫富相并,虽尧舜为主,不能息忿争而省刑狱也;衣食不充,冻馁并至,虽皋陶为士,不能止奸宄而去盗贼也"⑤。

二、足民弥盗:抑制犯罪发生的经济因素

从社会控制来说,古代中国社会的教化与当时的小农经济是相适应的,在某

---

① 《老子》第二章。
② 《老子》第五十七章。
③ 《庄子·天地第十二》。
④ 《全唐文》卷 671。
⑤ 同上。

种程度上是成功的,这种教化的力量创造了一个"社会秩序恒自尔维持,若无假乎强制之力"的奇迹,被梁漱溟先生称为"中国文明的一大异彩"①。然而,人的行为选择还受到生存本能的制约,思考中国传统社会"盗贼"丛生的原因时,先贤们还注重百姓的社会经济条件,认为百姓的贫困是"盗贼"发生的最主要原因。这种贫困不是"一箪食,一瓢饮,居陋巷"②,而是饥寒致死的威胁。宋建炎三年(1129年)给事中胡进修上疏曰:"昔人常谓甑中有麦饭数升,床上有一故絮被,虽仪、秦说之于先,韩、彭驱之于后,不能使之为盗。惟其冻饿无聊,日与死迫,然后忍以父母妻子所仰之身,而弃之于盗贼。"③面临死亡威胁,合法的途径又不能解决生存问题,只有铤而走险。因此,足民弥盗的思想自然而然地出现,即满足百姓的基本温饱需求,以预防犯罪。所以,"为治之本,务在于安民;安民之本,在于足用"④;"衣食饶益,奸邪不生"⑤。先秦儒家或秦汉以降正统思想均把满足百姓的基本温饱作为安民的前提,而且认为统治者应轻徭薄赋、怀保小民,保证民生,方能维护自己的统治。即"人君之治,莫先于养民"⑥。这也是古代中国统治者民本思想的逻辑所在。

从"足民""富民"的策略来看,主要包括以下几个方面:一是为民制产,即解决农民的土地问题,使耕者有其田。这在农业立国的古代中国社会是非常重要的。为民制产的主要措施就是抑制豪强的土地兼并。自西汉以来,抑兼并不绝于书。汉武帝时董仲舒提出"限民名田",以"塞兼并之路"⑦;北宋王安石变法时也采用"摧制兼并之术"⑧;明代张居正的"料田"曾取得一定积极效果⑨。二是统治者节用裕民,薄取于民。小农经济非常薄弱,如果统治者聚敛太过,则容易导致农民难以为继,流离失所。皇帝及各级官吏均要节俭,尽量减轻百姓的负担,给百姓留下尽可能多的生产、生活资料。孟子认为"薄其税敛,民可使富也"⑩。"人君能俭,则百官化之,庶民化之,于是官不扰民,民不伤财。"⑪三是救助灾荒,建立社会保障。《礼记》有载:"国无九年之蓄,曰不足;无六年之蓄,曰急;无三年

---

① 梁漱溟:《中国文化要义》,上海人民出版社2005年版,第175页。
② 《论语·雍也》。
③ 《鸿庆居士集》卷42《胡公行状》。
④ 《淮南子·诠言训》。
⑤ 《淮南子·齐俗训》。
⑥ 《大学衍义补·总论朝廷之政》。
⑦ 《汉书·食货志(上)》。
⑧ 《续资治通鉴长编》卷221《熙宁四年(1071年)》。
⑨ 参见李洵:《明史食货志校注》,中华书局1982年版,第178页。
⑩ 《孟子·尽心上》。
⑪ 《潜书》下篇上《富民》。

之蓄,曰国非其国也。"①中国历代仓储备荒制度延续不衰,名称和具体做法也各有不同,统治者重视粮食储备,并就灾荒建立相应社会保障制度。四是安置流民。流民问题是令中国传统社会历代统治者头疼的大问题。往往因灾荒导致大量流民出现,而流民是盗贼甚至是起义军的主要来源。因此,安置流民不仅是保障其基本生活的人道救助,更是预防其成为"盗贼"的重要环节。

上述这些措施都是节流,是统治者"向内用力",即向自己下手,通过节衣缩食、轻徭薄赋、量入为出、救济灾荒等措施减少向民的索取,结果是减少统治者的收入。这是与儒家重义轻利的传统相符的。梁漱溟先生认为,中国文化的特色,即重在解决"安"的问题,并且过分地把"保"和"养"两个问题亦当作"安"的问题来解决了。"中国人这样偏在安上作功夫,而不知对三问题分别处理,其结果当然就在养和保两问题上有很大失败。如人口繁增,即感土地不足以养。一切自然灾害(水旱疫病)来了,皆无法应付。"②将养的问题归于安的问题来解决,其目的在于求安,并非真正地解决养的问题,更为注重的是求均,反对求利,所谓"正其谊不谋其利,明其道不计其功"③。当然,中国传统社会也有开源、节流并重的思想,如荀子曰:"明主必谨养其和,节其流、开其源,而时斟酌焉。潢然使天下必有余,而上不忧不足。如是,则上下俱富,交无所藏之,是知国计之极也。"④后世功利主义者如宋代李觏、叶适等人,均主张真正地富民,然后国富。但是,秦汉以降,承认人的求利正当性的功利主义思想始终没有得到统治者的赏识,知识分子并不致力于谋取生产力的发展。"二千多年来就在这一直不变的划分(劳心、劳力之分)之下,把生产之事(养的问题)划出劳心者注意圈外。然而这一部分人,恰是比较有心思聪明的,又有暇运用其心思聪明的,更且有其工具设备(文字图书等)以助其心思聪明之用的。把生产之事划出他们的注意圈外,就等于划出这伟大优秀民族的意识圈外。因在劳力者们,本是劳力,自少用心;兼以其聪明不高,空暇有限,工具设备缺乏,尽管天天在对付这些事,亦属徒然。特别是他们不易超开了眼前需用而用心思,就杜绝了理智之深入与开展,杜绝了科学之路,偶有心得,却绝开不出什么前途。"⑤社会生产力发展缓慢,而人口不断增长,解决饥饿问题的办法只能是让每个人都有块土地安身立命,从皇帝、官吏到农民都要

---

① 《礼记·王制》。
② 梁漱溟:《中国文化要义》,上海人民出版社2005年版,第202页。
③ 《汉书·董仲舒传》。
④ 《荀子·富国》。
⑤ 梁漱溟:《中国文化要义》,上海人民出版社2005年版,第209页。

节约,有困难大家互相帮助,但不能从根本上解决问题。

三、任官以贤:抑制犯罪发生的政治因素

明儒丘濬总结"盗贼"发生的原因时认为"盗寇之生发,固有民穷而为之者,亦有官吏激发而致之者";犯法"非迫于不得已,则陷于不自如";"民之所以为盗,不在朝廷则在官吏"。① 张居正认为"盗"本于吏治不修,他说:"广中数年多盗,非民之好乱,本于吏治不清,贪官为害耳。夫官贪则良民不怀,奸民不畏,而盗贼利足以啗之,威足以慑之,何惮而不为盗!"②明清律设置"激变良民"罪条,规定:"凡牧民之官,失于抚字,非法行事,激变良民,因而聚众反叛,失陷城池者,斩。"③该条既说明了官员在良民聚众反叛中的作用,官吏不贤导致民不聊生,激民为贼,成为犯罪发生的一个主要原因,也说明事实的严重性与发生可能性。所以,"致理之道,莫急于安民生;安民之要,惟在核吏治"④。治民在于治吏,治吏在于任贤。管子曰:"闻贤而不举,殆"⑤,"举贤良,而后可以废慢法鄙贱之民"⑥。孔子答仲弓问政,提出对策之一就是"举贤才"⑦。荀子认为"尚贤使能"是"先王之道","治必由之,古今一也"。⑧ 墨子也认为"尚贤者,政之本也"⑨,如果"王公大人明乎以尚贤使能为政,是以民无饥而不得食,寒而不得衣,劳而不得息,乱而不得治者"⑩。秦汉以降,关于任贤使能的言论俯拾皆是。如何保证任官以贤,使小民安居乐业?历代思想家和统治者都做出了观察和总结,主要有以下途径:

一是培养贤人。古代先贤善于从根本上解决问题,对于如何保障官员的贤能,他们仍然考虑的是教育,从培养每一个善良的个体开始。这与培养每一个社会成员道理一样。在"学而优则仕"的中国古代社会,⑪"古者帝王育人材、正风俗,莫先于学校"⑫。

---

① 《大学衍义补》卷137《遏盗之机(中)》。
② 《张太岳集》卷30《答两广刘凝斋条经略海寇四事》。
③ 《大明律·兵律·军政》"激变良民"条;《大清律例》继承了大明律中各种官注,如卷十九"兵律·军政·激变良民"条规定:"凡(有司)牧民之官,(平日)失于抚字,(又)非法行事,(使之不堪),激变良民,因而聚众反叛,失陷城池者,斩!"
④ 《张太岳集》卷38《请定面奖廉能仪注疏》。
⑤ 《管子·法法》。
⑥ 《管子·中匡》。
⑦ 《论语·子路》。
⑧ 《荀子·强国》。
⑨ 《墨子·尚贤中》。
⑩ 同上。
⑪ 参见《论语·子张》。
⑫ 《明太祖实录》卷46。

二是为官择人，进贤不拘一格。"自古国家存亡之本，治乱之机，在于明选而已矣。"①古代先贤提出了选择官吏要以贤能为依据。例如，墨子推崇古代圣王"尚贤使能"而"不党父兄，不偏贵富，不嬖颜色"的做法②；孟子认为任"贤"可以不拘一格，但强调对贤才的谨慎考察③；诸葛亮提出"为官择人"的原则，即"为人择官者乱，为官择人者治"④。

三是正风俗。这也是德教的内容，强调君王做好官员的榜样，营造良好的官场氛围，以免上梁不正下梁歪。董仲舒曰："为人君者，正心以正朝廷，正朝廷以正百官，正百官以正万民，正万民以正四方。"⑤认为只有这样，才能改变社会上的不良习俗，净化社会风气，上下和洽，国家安定。

四是高薪养廉。高薪养廉的思想自古有之。汉宣帝甘露三年（公元前51年），为防止小吏俸禄薄而侵渔百姓，诏"益吏百石以下俸十五"⑥。汉末仲长统提出高薪养廉，以免官吏"以廉举而以贪去"⑦。为抑制官吏对民的剥夺，白居易提出了"厚其禄、均其俸"的办法，以达"禄厚则吏清，吏清则俗阜"⑧的目的。清代史学家赵翼从"历代以来，捐躯殉国者，惟宋末独多"证明宋代高薪养廉的"养士之报"。⑨可谓是古代中国高薪养廉的一例实证研究。

五是以法止奸。东汉王符认为，"吏之所以无奸者，官有法"⑩，强调了刑罚在治吏中的作用。唐太宗曾告诫臣下不要贪财陷罪，如果臣下远离贪贿，不但百姓安乐，自己也免于因贪贿担心被治罪而生活在惶恐之中。⑪宋太祖赵匡胤以文治国，优待文士，有罪杀之甚少，但对贪墨之官处罚却不宽贷。⑫他把赃罪与十恶之罪一样严惩，即使是在大赦期间，"十恶、杀人、官吏受赃者不原"⑬。明太祖朱元璋重典治吏的实践印证了他"不禁贪墨，则民无以为生"⑭的思想。

---

① 《古今图书集成·铨衡典》卷17。
② 参见《墨子·尚贤中》。
③ 参见《孟子·梁惠王下》。
④ 《诸葛亮集·便宜十六策》。
⑤ 《汉书·董仲舒传》。
⑥ 《汉书·宣帝纪》。
⑦ 《后汉书·仲长统传》。
⑧ 《全唐文》卷671。
⑨ 《廿二史劄记》，第356页。
⑩ 《潜夫论·衰制》。
⑪ 参见《贞观政要·贪鄙》。
⑫ 参见《宋史纪事本末》卷7。
⑬ 《宋史·太祖本纪》。
⑭ 《明太祖实录》卷38、25。

第二节 古代中国社会的情境预防

培养"善"的人格，满足民众的温饱，抑制官吏的剥削，主要目的是减少民众产生犯罪的动机。犯罪的发生需要潜在行为人的心理动机，还需要一定的能力和机会。例如，潜在"盗贼"行为人所需要的能力，除了自身的自然条件外（如手脚灵巧、善于攀援，或膀大腰圆、善于技击），还可以通过刀具、弓弩等工具来增强自身的能力，也可以通过纠集民众形成团伙增加能力。如果要控制潜在犯罪人为"盗贼"的能力，就要进行人身控制、刀具管制、集会管制等。当然，还要对重点目标如王宫、官仓等加强保卫；在农村地区，政府有定期的巡防和捕盗，而日常治安防范主要由民众担当，如一家一户的守卫、社区民众联合的守卫等。可见，在中国传统社会的犯罪预防实践中，有人身、工具、时间、场所等治安要素的控制，亦有国家、社区、家庭等不同层面的安全防范，两个方面均集中体现在对犯罪机会的控制，这里称之为古代中国社会的情境预防。

一、邻里联防

邻里联防是当代各国警务都非常重视的治安防范途径。中国传统社会中，治安防范实现的主要途径是统治者依托乡里基层组织开展邻里联防，并以国家强制力作为保障来实现。

闻钧天先生用"保甲制度"来概括中国传统社会中邻里联防制度，他说："保甲制度，为共同担保、共同责任之制度。""自广义方面言之，即吾国之地方自治制度。自狭义方面言之，即农村之保卫政策。"[①] 王安石言："保甲之法，起于三代丘甲，管仲用之齐，子产用之郑，商君用之秦，仲长统言之汉，而非今日之立异也。"[②] "共同担保、共同责任"既体现了联防的内涵，又总结了联防的义务。以先秦时期商鞅为例，他在秦国推行邻里纠告，强化什伍制度的治安职能，"令民为什伍，而相牧司连坐。不告奸者腰斩，告奸者与斩敌首同赏，匿奸者与降敌同罚"[③]。这一做法把普通民众绑架在国家治安的大车上，其背后所督促者，不仅有赏罚，还有"连坐"。秦汉以后的基层治理基本延续了这种邻里纠察制度。这些制度都规定了民众参与社区安全防范、纠举犯罪的义务，又规定连坐制度进行

---

① 闻钧天：《中国保甲制度》，直学轩 1933 年版，第 1 页。
② 《王临川文集》卷 41《上五事札子》。
③ 《史记·商鞅列传》。

严酷的督责,使民众在沉重的赋税徭役之外,又多了一道枷锁。仅从治安防范的角度来看,邻里联防制度是有效的,它增加了对犯罪人的被发现风险,它不仅适用于以个体农民为主要社会构成的中国传统社会,当今社会仍在使用。只不过随着自由民主、社会分工和商品经济的发展,当下已不能将联防作为法律义务来强制民众参与。

二、武器管制

对武器的管理是中国传统社会抑制民众对抗社会能力的主要措施之一,历代统治者因各自的政治和社会经济条件不同,对武器的规定不大相同,即使同一朝代也因时而异。

秦汉对兵器的管制非常严格,以免流散民间,为违法犯罪行为人所利用,危害社会秩序。从秦简记载来看,当时武器的生产和发放都有"库啬夫"管理,武器上有官府名称,士兵入伍时登记领取,退伍时归还。① 汉朝兵器只准官造官藏,禁止民间私造私藏兵器。汉武帝时丞相公孙弘奏请禁止民众携带弓弩,因为如果犯罪人持有弓弩会增加抓捕的难度,遭吾丘寿王驳斥未果,②说明当时民众是可以携带兵器的。弓弩杀伤范围较大,在当时属于比较高级的武器,西汉昭帝严禁十石以上的强弩出境,王莽时则禁止民众携带弩和铠。

南北朝时,民众外出携带武器是禁止的。宋孝武帝大明八年(464 年)因东境荒歉,下诏"远近贩鬻米粟者,可停道中杂税,其以仗自防,悉勿禁"③。说明当时如果不是特许,携带兵仗是被禁止的。

隋开皇九年(589 年)平陈后,隋文帝分别在 589 年和 595 年两次颁布销毁兵器甲仗的诏令,并禁止"关中、缘边"之外地区私造兵器。④ 隋炀帝大业五年(609 年)又诏令"民间铁叉、搭钩、(矛赞)刃之类,皆禁绝之"⑤,这超出了常规兵器的范围,反映了当时政权的危险和统治者的恐慌。

唐代兵器分为两类:一类是弓、箭、刀、楯、短矛 5 种普通兵器;另一类是甲、弩、矛、矟、具装等禁兵器。普通兵器允许私人制造、保存、交易、携带,禁兵器则不许。在京师地区,普通兵器也在禁止之列,安史之乱后社会动乱加剧,禁令更

---

① 参见《睡虎地云梦秦简》,第 71 页。
② 参见《汉书·吾丘寿王传》。
③ 《南史·宋本纪中》。
④ 参见《隋书·高祖纪下》。
⑤ 《隋书·炀帝纪上》。

严。贞元元年(785年),唐德宗下《禁私家藏枪甲诏》:"枪甲之属,不蓄私家,令式有闻,宜当遵守。"①《宋刑统》关于"私有禁兵器"的规定沿袭《唐律》。宋朝的皇城内除了卫兵,不准带入任何武器,"祖宗著令,寸铁入皇城者,皆有常刑",甚至连可能成为凶器的物品也严加防范,如定窑生产的瓷器,因其"有芒",也不准进皇宫。② 同时,宋朝还禁止贩卖兵器原材料。

元朝对民间拥有兵器的管制是最为严格的。蒙古统治者将各地汉人的弓箭、刀枪、甲胄等强行拘收入官,旋即又收缴了汉地的铁尺、"古朵又带刀子拄棒"、弹弓等可作为兵器的物械。供神时也不能使用真兵器,要用"土木纸彩假物"加以代替。甚至有人提出要没收"两股铁禾叉",后被刑部驳回,原因是"铁禾叉系农家必用之物,既非军器,难以禁治"③。《元史》记载,在都城中,民造弹弓及持有者都是犯罪,在外郡县制造或持有弹弓并不在禁止之列。还禁止非军人的汉人持有兵器。民间有藏铁尺、铁骨朵、私藏甲兵、含刀铁拄杖者,甚至零散甲片但可以穿系御敌者,都是犯罪。④ 这些足以说明蒙古统治者的防民之心。

明清大量使用兵器、火器,常规冷兵器不再是管制的重点。根据《大明律》卷14《私藏应禁军器》规定,明代也禁止民间私造和私藏军器,但对于常用的弓、箭、枪、刀、弩及鱼叉、禾叉等器械,则不在禁限之内。同时,明朝对可以制造火药的硫磺、焰硝禁止贩卖。

可见,中国传统社会对民众拥有武器的管制一直是很严格的,特别是对一些杀伤力比较大的,如弩、火器等。

三、社会活动管制

中国传统社会对民众的日常活动也有较大的管制,特别是群聚、夜行,甚至旅行,都有专门、细致的管理规定,以防止犯罪发生。

一是夜禁制度。中国传统社会中,民众日出而作、日落而息,夜间的活动是被严格管制的。先秦至西汉时期,官方白天对民众的控制也很严格,例如,管仲曾提出利用里尉、闾司对民众进行出入管制。⑤《汉书》描述周朝的闾里管理:"春,将出民,里胥平旦坐于右塾,邻长坐于左塾,毕出然后归,夕亦如之。"⑥可

---

① 《全唐文》卷52,年代依据《唐会要》卷72《军杂录》。
② 参见(宋)陆游:《老学庵笔记》卷2。
③ 《元典章》卷35《兵部二·军器》。
④ 参见《元史·刑法志》。
⑤ 参见《管子·立政》。
⑥ 《汉书·食货志上》。师古曰:"门侧之堂曰塾,坐于门侧者,督促劝之,知其早晏,防怠惰也。"

见,汉时民众按时出入闾门,活动是严格控制的。夜间的管制比白天更严格。汉代实行夜禁制度,薄暮之后,城门关闭,居民不得无故夜行。治安官员率卒巡夜,碰到夜行者,即呵止之,盘查可疑即抓捕。据《二年律令》所载,里门关闭后,出行和作田都要停止,若行动则要有通行证"传""节",救灾追盗除外。① 三国两晋时的城邑普遍实行禁夜制度,夜晚禁止无故行走,否则以奸人对待。西晋末年,司马睿要逃离邺城,开始"夜月正明,而禁卫严警,无由得去",但不久"雷雨暴至,徼者皆弛",他才得逃脱。② 南齐武帝时萧嶷陪从皇帝夜归,皇帝说:"今夜行,无使为尉司所呵也"③,足见夜巡官吏执行夜禁之严。

唐宋以后,城市夜禁已经制度化,根据唐代《监门式》的规定:京城每夕分街立铺,持更行夜。鼓声绝则禁人行,晓鼓声动即听行。④ 宋以后历代都有夜禁,只有元宵节根据帝王诏令放假、驰夜禁。其中,元代也实行更为严格的"夜禁"制度,连夜间点灯都要受到审查。根据《马可波罗游记》对杭州的记载,夜间点灯就被会巡逻士兵在门上做记号,天亮会被带到有关部门说明原因,无正当理由将受到处罚。⑤ 明代京城夜禁时间是"一更三点,钟声已静之后,到五更三点,钟声未动之前"⑥。清代延续了夜禁做法,"定更后,禁止夜行,如生产急病请稳延医之类,经保甲长验明给予夜行牌,方准放行"⑦。

二是禁止聚众。秦代就有法律规定禁止聚饮酒的法令,"三人以上无故群饮酒,罚金四两"⑧。这种禁令需要皇帝"天下大酺"诏令才能打破,⑨特许民众畅饮。汉朝沿袭了这一规定,汉文帝十六年(前164年)秋九月,得玉杯,刻曰:"人主延寿","令天下大酺"。⑩ 宋朝禁止"夜聚晓散"的集体活动。《宋史》载:"凡传习妖教、夜聚晓散与夫杀人祭祀之类,皆著于法,诃察甚严,故奸轨不逞之民,无以动摇愚俗,间有为之,随辄报败。"⑪宋朝还不准结集社众练习武艺(包括学习杆、棒),违者,教师、为首之人徒二年,其余各杖一百(乡兵不在此列);僧、道以外

---

① 参见《张家山汉简〈二年律令〉集释》,第194页。
② 参见《晋书·元帝纪》。
③ 《南史·齐高帝诸子传上》。
④ 参见(唐)长孙无忌:《唐律疏议》,刘俊文点校,中华书局1983年版,第172页。
⑤ 参见朱绍侯主编:《中国古代治安制度史》,河南大学出版社1994年版,第551页。
⑥ 《明律》卷14《兵律二·军政》,"夜禁"条。
⑦ (清)黄六鸿:《福惠全书》卷1。转引自赵秀玲:《中国乡里制度》,社会科学文献出版社1998年版,第54页。
⑧ 《汉书·文帝纪》注引文颖语。
⑨ 参见《史记·秦始皇本纪》。
⑩ 《汉书·文帝纪》。
⑪ 《宋史·刑法志》。

的人不准结集经社,不准聚众布道,违者杖一百;连聚众竞渡也要处一年徒刑。①元朝统治者唯恐汉人聚众滋事,危及自己统治,对公共场所人们的活动进行严格控制。元世祖至元年间(1264—1294年),大都街上有"夜聚晓散"的跳神师婆都会被治罪。②元武宗至大年间(1308—1311年),陕西行省安西路(今陕西省西安市)修建万僧水陆资戒大会,聚集僧众一万多人,元朝统治者惊慌失措,认为"安西地面别无镇守军户,中间倘有乘间窃发或为奸盗,或拘异谋何以备之?所系非轻,不可不虑"③。遂下令将这些僧众驱散,以后又多次重申这一禁令。元朝政府还禁止民间祭神活动,不准百姓祭祀,如有违反,许人告发。甚至百姓为交换有无而设立的集市也被统治者加上"妨碍农务,滋长盗贼"的理由加以取缔。④后来推而广之,凡是大众聚集的地方,都加以禁止,甚至连演唱词话、教习杂戏也不允许。⑤

三是出行管理。对于民间的"客舍""逆旅",为防止"奸宄"寄宿其中,实行严格的符验簿记制度。符既是通行证件,也是住宿的官方证明文件,凭此在食宿的旅店登记,就是符验簿记。居延汉简有一实物,载明:"□书佐忠时,年廿六,长七尺三寸,黑色。牛一,车乘。第三百九十八,出。"⑥该"符"把旅客的身份、姓名、身高、年龄、肤色、交通工具都记录得很清楚,说明当时对民众的出行管理之严格、细致。唐代官府给出行的人发放公验和过所,《唐六典》卷6"司门郎中"条规定:凡度关者,先经本部本司请过所,在京,则省给之;在外,州给之。虽非所部,有来文者,所在给之。有研究者发现,在现存的敦煌吐鲁番文书中,保存了唐人申请公验、过所的公文卷宗。⑦宋代民众的出行也采用类似的通行证制度。

明清对人口的流动,制度建设和管理更加严格。明朝推行路引作为居民身份凭证的制度。路引的内容格式为:某州(县)为远行,照得本州(县)某里(卫所某百户)某人,年若干岁,身长几尺,无须(微须、多须)、方面(长面、瓜子面),白色(黑色、紫棠色),有无麻疤,今由某处前至某处,何项生理,家有父某人,母某氏,妻某氏,子某人某人,兄某人,弟某人。如无丁引,或有引而脚色不对者,所至店

---

① 参见《宋史·刑法志》。
② 参见《元典章》卷57《禁聚众·禁跳神师婆》。
③ 《元典章》卷57《禁聚众·禁治聚众作会》。
④ 参见《元典章》卷57《禁聚众·住罢集场聚众等事》。
⑤ 参见《元史·刑法四·禁令》。
⑥ 朱绍侯主编:《中国古代治安制度史》,河南大学出版社1994年版,第192页。
⑦ 参见郑显文:《敦煌吐鲁番文书中所见的唐代交通管理的法律规定》,载《西南大学学报(社会科学版)》2005年第6期。

家邻佑,或在官各色人等,拿赴所在衙门,即以奸盗解回原籍查究。此引,回日缴还原发衙门。须知丁引者。右给付某处某人准此。州押印。县押印。① 统治者要求:专工之业,远行则引明所在,用工州里,往必有方,巨细作为,邻里探知。② 乡里民众要主动辨验生人的引目,注意引和人、车、货是否相符,如有问题要立刻擒拿送官,否则连坐治罪。清朝把逆旅留宿的旅店、寺庙、船埠等地方叫"居停",立法规定"居停"各设簿册,详细登记投宿旅客,以备官方查核,以掌握流动人口动态,便利官方治安管理。清朝对集市上的流动人口也进行管理,主要是通过"行主"进行。"行主",即集市上的经纪人,他必须了解商人的姓名、籍贯、路引字号,货物数目,将其记录在册,每月送官府查核。如在行主所负责的区域发生盗贼案件,该行主必须迅速报官、作证。

四、秘密控制

秘密控制是治安治理中常用手段,是为了搜集治安信息,对可能危害社会治安的人、场所、事进行相应的监视和控制活动。中国传统社会中的秘密控制手段,主要有设置举报箱鼓励告奸、建立治安耳目和设置特务机关。

鼓励告奸虽是公开的法律制度,但其是秘密进行的,内容也是保密的。除了前文已述的邻里联防中的告奸制度,还有的设置类似举报箱的匿名举报制度。西汉时就有官吏使用一种叫缿筒的口颈较小的瓦器,悬挂于通衢路口,接受居民检举。如西汉王温舒在长安,"吏苛察淫恶少年,投缿购告言奸"③;赵广汉为颍川太守,"教吏为缿筒,及得投书,削其主名",由此使他"得以为耳目,盗贼以故不发,发又辄捕得"④。武则天曾设置举报箱"铜匦",令民举奸。⑤

治安耳目是指在治安治理中专门建立和使用的能够搜集治安信息的秘密力量。耳目之设起初用于军事,后泛指刺探情报的人员。如《史记》载:"赵人多为张耳、陈馀耳目者,以故得脱出。"此"耳目"是为张、陈提供消息的人。治安耳目

---

① 参见(明)吕坤:《实政录》卷5《查归流民》,载《北京图书馆古籍珍本丛刊48(史部·政书类)》,书目文献出版社1998年版,第142页。
② 参见《大诰初编》"验商引物"条。但《大诰(明洪武刻本)》四十六条"文引"规定,如果民进京面奏事务者,虽无文引,同行人众,或三五十人,或百十人至于三五百人,所在关、津把隘去处,问知面奏,即时放行,勿得阻当(挡),阻挡"民进京面奏"的视为"邀截实封"的律文问罪。"邀截实封"是指拦截官员向皇帝奏事的"密疏",使该密疏不能达于御前。参见王剑:《论明代密疏的保密制度》,载《文史哲》2004年第6期。
③ 《汉书·酷吏传》。
④ 《汉书·赵广汉传》。
⑤ 参见《资治通鉴》第203卷。

一般不是治安机关的人员,而是在社会中根据需要物色,一般是有前科或有劣迹的人。如西汉张敞任京兆尹时,"长安市盗尤多,百贾苦之",他首先探访了数名"偷盗酋长",责其立功赎罪,然后让他们在小偷的衣服上暗加红色标志,结果他一天就抓捕盗贼数百人,严厉惩治,于是"市无偷盗,天子嘉之"[①]。张敞就是利用了"偷盗酋长",让他们为其提供盗贼信息,方便了抓捕。另外是在一些重要行业物色耳目,如旅馆业。

对官民实行秘密的特务控制是中国传统社会中统治者常用手段,最为著名的是宋朝的皇城司卒和明朝的厂卫特务。宋朝的特务统治,始于宋太祖时期以侦探地方官员情况而设立的武德司[②],后被宋太宗改为皇城司[③]。皇城卒四处为患,遭到地方官的反对。宋太宗于淳化三年(992年)下诏,禁止皇城卒出京城活动。[④] 皇城卒的主要任务是侦察"伪冒不法"活动,除了刺探"军事之机密与夫大奸恶之隐匿者"[⑤]外,还"察办民俗异事及谤议朝政者"。熙宁五年(1072年),变法引起了矛盾激化,皇城司探事卒猛增到七千多人,散布京师。为了探听到更多情报,探事卒每个人还建立自己的"眼线",培养出一大批"兼职特务",遍布京师,闹得人人自危。[⑥] 民众受到严重摧残,"都人慑栗,不敢偶语,兢兢朝夕,莫能自保"[⑦]。类似皇城司的明朝锦衣卫则是中国古代最成熟最完善的特务机构,在世界历史上也是罕见的。除侍卫、诏狱外,锦衣卫还是皇帝的耳目,侦察所谓的"不轨妖言",并可以不经外廷司法机关和任何法律手续,逮捕拷讯被认为有不法行为的军民人等,即"盗贼奸宄,街途沟洫,密缉而时省之"[⑧]。

当然,尚有诸多社会管制没有列入考察的视野,此处所引已足以见证中国传统社会中的社会管控特点及其所反映的治安理念。实践中,统治者以举国的强制力和严酷的刑罚为后盾,维持着一种静止的安定,民众几乎没有人身自由;理念上迷信暴力,视民为草芥,消极求安,是一种保守的治安观。这种治安实践所反映出来的治安理念与统治者所宣扬的为政以德、德主刑辅的犯罪治理理念恰恰是相反的。所以,大部分专制统治者的人格是分裂的,虽口称德礼,却磨刀霍

---

① 《汉书·张敞传》。
② 参见(宋)陈师道:《后山集》卷19《谈丛》。转引自朱绍侯主编:《中国古代治安制度史》,河南大学出版社1994年版,第461页。
③ 参见《续资治通鉴长编》卷22《太平兴国六年(981年)》。
④ 参见《宋史·王彬传》。
⑤ 《续资治通鉴长编》卷375《元祐元年(1086年)》。
⑥ 参见《宋文鉴》卷62《论逻察》。
⑦ 《续资治通鉴长编》卷381《元祐元年(1086年)》。
⑧ 《明史·职官五》。

霍,用严防死守来控制小民任其剥削,当小民面临生存困境而得不到救助时,只有走上犯罪的道路,甚至推翻原有统治,缔造新的王朝,亦开始新的轮回。

第三节　古代中国家庭的犯罪预防

《世范》是古代著名家训之一,它产生于中国古代社会中经济较为繁荣开放的南宋时期,对宋明以后的家庭教育产生了深远的影响,被《四库全书》编纂者称为"颜氏家训之亚"。①《世范》内容方面也独具特色,作者袁采"一反前人家训意求'典正'和一家之教化的传统,立意'训俗',除供本家本族遵行之外,还求'厚人伦而美风俗'的社会教化;这不仅拓宽了家训教化功能,而且为此后开明知识分子利用家训形式实现自己教化社会的理想提供了借鉴"②。《世范》共有睦亲、处己、治家三篇,其中,对居家生活中犯罪预防的论述之详细在现有中国古代家训中是鲜见的,对当下的居家安全仍有极强的参考价值。从内容上看,《世范》也包括人格的培养、家庭活动的管控等,与国家层面的犯罪预防格局非常相似。这里拟以家庭青少年犯罪的预防和居家生活犯罪预防两个方面加以梳理。

一、中国古代家庭的青少年犯罪预防

(一) 培养子女的"善良"品格

如前文所述,古人已经认识到,在整个教育过程中,家庭教育处于初始与基础的重要地位,一切道德教育和品质培养,如果能够在一个人的"幼稚之时",就对其训诫诱导,使其"习与智长、化与心成",那么他们在成人之后,就能对道德规范自觉地予以遵守,不会有所谓的"扦格不胜"之患。③ 袁采在《世范》中提出,父母在孩子品格养成过程中要注意以下几个方面:

一是反对溺爱。袁采认为,父母爱护自己的孩子乃人之常情,但溺爱会使孩子养成恶习。他认为,对于一般人来说,大多在孩子还是婴孩之时由于溺爱而忽略了孩子的毛病。放纵他们提出的各种要求,也放纵他们的各种各样的行为,对他们无缘无故地叫喊胡闹,不知道加以制止,却以此怪怨看护孩子的人。孩子欺侮了其他小孩,大人不懂得管教约束自己的孩子,却怪罪被欺侮的孩子。有的父母即便是承认孩子的所作所为是不对的,但又说孩子小没有必要责备。日积月

---

① 参见徐少锦、陈延斌:《中国家训史》,陕西人民出版社2003年版,第412页。
② 同上书,第411页。
③ 同上书,第14页。

累,养成了孩子的恶习,这就是父母过于溺爱孩子造成的过错。

父母应当意识到溺爱带来的问题,而非将孩子的恶习完全归咎于孩子。袁采认为,等到孩子渐渐长大,父母的溺爱之心渐渐淡化,孩子稍稍有过失,便会使父母感到极其厌恶进而大发雷霆,挑拣孩子小小的过错认为是很大的错误。如若遇到亲朋故旧,极尽装饰之能事,设立机巧之辞,历历陈数孩子的过失,并坚决地把大不孝之名加在孩子的身上。但是,孩子着实没有其他的罪过,这是父母妄加憎恶的过错。而且,袁采认为,极端的爱憎感情大多首先来自于母亲,父亲如果不懂得这个道理,仍然听信孩子母亲的话,认为她说的是不能改变、牢不可破的真理,那么也会犯同样的错误。所以,做父亲的必须详细了解并观察孩子的言行,当孩子小的时候一定要严格地要求他,长大后也不应减少对他的爱。

二是反对偏爱。袁采一再强调爱子不可有偏,因为那样做会导致兄弟之间的矛盾。他说:"人之兄弟不和而至于破家者,或由于父母憎爱之偏,衣服饮食,言语动静,必厚于所爱而薄于所憎。见爱者意气日横,见憎者心不能平。积久之后,遂成深仇。所谓爱之,适所以害之也。苟父母均其所爱,兄弟自相和睦,可以两全,岂不甚善!"[①]他承认父母偏爱幼子的客观现实并分析了其中原因。他认为,一两岁的孩子举止行动自然而然惹人喜爱,即使外人看了,也会产生怜爱之心,父母自然非常喜欢他(或她)。当孩子长至三四岁到五六岁,在很多方面乖违恶劣,不听父母的训斥规劝,有时破坏器物,常常触碰一些危险的东西,肯定会招人讨厌,既使是父母也会厌恶他。当大孩子正处于令人讨厌的年纪,小孩子却恰恰是惹人喜爱之时,父母把连同厚爱大孩子的心一同都转移到小孩子的身上,那么憎爱之情感从此便分得明明白白,于是一直延续下来。当最小的孩子处于可厌恶之时,后面已没有可以移爱的孩子了,父母之爱自然也没有转移的地方,因此就会自始至终一直喜爱他,其中的大体趋势就是这个样子。针对此种情形,父母应认识到这一点,"稍稍回转,不可任意而行,使长者怀怨,而幼者纵欲,以致破家"[②]。

三是教育子弟要抓住时机,不要等他长大以后。特别是对一些基本道德规范的教育,他说:"人有数子,饮食、衣服之爱不可不均一;长幼尊卑之分,不可不严谨;贤否是非之迹,不可不分别。幼而示之以均一,则长无争财之患;幼而教之

[①] (南宋)袁采:《世范》,载李梦苏主编:《中华藏典(二)名家藏书(十九)》,内蒙古人民出版社 2003 年版,第 21 页。

[②] 同上书,第 23 页。

以严谨,则长无悖慢之患;幼而有所分别,则长无为恶之患。"① 这些教育中包含着对家长的要求:家长对诸多子弟,不能厚此薄彼,以免将来引起纷争;家长要对以少犯长者或以长凌少者加以训责,以免将来违背怠慢长辈;家长要疼爱品行端庄的孩子,批评不肖子弟,以免孩子将来为不肖之事。他说:"今人之于子,喜者其爱厚,而恶者其爱薄。初不均平,何以保其他日无争?少或犯长,而长或陵少,初不训责,何以保其他日不悖?贤者或见恶,而不肖者或见爱,初不允当,何以保其他日不为恶?"②

四是身教胜于言传。袁采说:"人有数子,无所不爱,而为兄弟则相视如仇仇,往往其子因父之意遂不礼于伯父、叔父者。殊不知己之兄弟即父之诸子,己之诸子,即他日之兄弟。我于兄弟不和,则己之诸子更相视效,能禁其不乖戾否?子不礼于伯叔父,则不孝于父亦其渐也。"③ 所以,想要使自己的几个儿子和睦相处,必须以自己和自己兄弟和睦相处的例子给他们看。如果想要使自己的儿子们日后能孝顺自己,就必须首先让他们做到善待叔父、伯父们。

(二) 培养子女谋生的能力

子弟谋生能力的培养在《世范》中受到重视,袁采非常重视子弟的立业,他说:"人之有子,须使有业。"④ 而立业的重要途径是"致学"。

一是立业方面。袁采认为,无论是贫困之家,还是富贵之家,皆须使子弟立业。贫穷的家庭使孩子有了正当的营生(职业),那么就不至于受饥寒之苦;富贵之家使孩子有营生,则孩子就不至于由于无所事事而胡作非为。因为,大凡富贵之家的孩子,常有一些不良嗜好,"耽酒色,好博弈,异衣服,饰舆马",并且总是与不务正业的群小为伍,甚而至于使家庭破败,这并不是由于他们的本心不好,而是由于他们"无业以度日,遂起为非之心"。⑤ 同时,还有心术不正的小人为了得到美食和钱财,对他们这种胡作非为大加赞扬,推波助澜,使他们坏事做得更多。

所以,在袁采看来,使青少年在成长中学会某种技能,具备基本的生存能力,才是真正地爱他。他也认识到这种做法的犯罪预防功能:它不仅使富者子弟不胡作非为,而且使贫者子弟免于饥寒,预防因贫犯罪。他还强调无业的危害,尤其是无业者容易沾染其他恶习,总结道:"凡人生而无业,及有业而喜于安逸,不

---

① (南宋)袁采:《世范》,载李梦苏主编:《中华藏典(二)名家藏书(十九)》,内蒙古人民出版社2003年版,第20页。
② 同上。
③ 同上书,第36页。
④ 同上书,第18页。
⑤ 同上。

肯尽力者,家富则习为下流,家贫则必为乞丐。凡人生而饮酒无算,食肉无度,好淫滥,习博弈者,家富则致于破荡,家贫则必为盗窃。"①

二是"致学"方面。袁采认为,士大夫子弟的首要选择是"致学",他说:"士大夫之子弟,苟无世禄可守,无常产可依,而欲为仰事俯育之资,莫如为儒。其才质之美,能习进士业者,上可以取科第致富贵,次可以开门教授,以受束修之奉。其不能习进士业者,上可以事笔札,代笺简之役,次可以习点读,为童蒙之师。如不能为儒,则医卜、星相、农圃、商贾、伎术,凡可以养生而不至于辱先者,皆可为也。"②通过致学,最起码可具备通过一技之长养活自己的能力。否则,流浪街头,成为乞丐、盗贼,"此最辱先人之甚"。他认为,世上做不了儒生,又不肯做医生、僧侣、农人、花匠、商人、工匠而心甘情愿去做乞丐、盗贼的人,是最应该谴责的。凡是那些为了求得吃喝而在权贵面前强颜欢笑的;为了借贷钱物而在富人面前卑躬屈膝的;到寺庙道观里去乞讨饮食而被人称为"穿云子"的,都是乞丐一类的人。

三是强调子弟读书的无用之用。袁采认为富贵人家教育子弟读书,当然想让他们在科举中取得功名。然而,人的命运注定有的仕途不顺,有的却仕途畅达;各人的性情资质也不同,有的昏暗迟钝,有的明朗灵活,所以,不能苛责每一个人都能达到预定的目标。尤其不能因为他们没有达到预期的目的而让他们放弃学业。大凡子弟读书,本来就有所谓的没有用处的用处存在,即"自有所谓无用之用者存焉"。子弟们读的书中也有许多看似无用其实有大用的书籍存在,如"史传载故事,文集妙词章,与夫阴阳、卜筮、方技、小说,亦有可喜之谈,篇卷浩博,非岁月可竟"③。而且,在袁采看来,这种读书使子弟沉溺于书海,无暇、无心为非作歹,真是一种别样的犯罪预防。他说:"子弟朝夕于其间,自有资益,不暇他务。又必有朋旧业儒者,相与往还谈论,何至饱食终日,无所用心,而与小人为非也。"④这犹如特拉维斯·赫希(Travis Hirschi)的社会控制理论,人之大量时间投入读书活动,无暇旁顾,自然不会犯罪。

(三) 严防子孙的不良行为

在教刑并用的中国古代社会,家是国的缩影,家亦有罚,而且统治者一般支

---

① (南宋)袁采:《世范》,载李梦苏主编:《中华藏典(二)名家藏书(十九)》,内蒙古人民出版社 2003 年版,第 104 页。
② 同上书,第 103 页。
③ 同上书,第 19 页。
④ 同上。

持家的罚。袁采在《世范》中也强调对子孙不良行为和交往的处理,主要表现在以下几个方面:

一是平时注意子孙的行为表现,及时发现、制止其不良行为。袁采认为:"子弟有耽于情欲,迷而忘返,至于破家而不悔者,盖始于试为之,由其中无所见,不能识破,则遂至于不可回。"①所以要防微杜渐,及时预防。这需要家长主动去留心子弟的行为,因为"子孙有过,为父祖者多不自知,贵宦尤甚"②。究其原因,大凡子孙们都有了过错,总会想方设法地隐瞒住父亲和祖父,不让他们知道。而外面的乡邻等众即使知道或听说了,仅只私底里讥笑罢了,并不让他们的父亲和祖父得到什么消息。更何况他们的父亲和祖父如是乡里的权贵豪富时,人们平时相见都难得,一旦相见,相互吹捧恭维尚且来不及,又哪里有空或敢说些其子孙是是非非的言语?兼且作为父亲祖父的人都自以为自己的子孙比别家的好,反会把别人间或的指责当作诬蔑而内心感到嫌恶。故而就算子孙有了滔天大罪,其父亲祖父也会被蒙在鼓里。其中有些家庭可能家教稍微严厉些,但又有母亲祖母为子孙作庇荫而袒护他们的罪行,不让他们的父亲祖父有所察觉。

袁采还论及不同家庭背景的子弟不良行为的危害不同:"富家之子孙不肖,不过耽酒、好色、赌博、近小人,破家之事而已。贵宦之子孙不止此也。其居乡也,强索人之酒食,强贷人之钱财,强借人之物而不还,强买人之物而不偿。亲近群小,则使之假势以凌人;侵害善良,则多致饰词以妄讼。乡人有曲理犯法事,认为己事,名曰担当;乡人有争讼,则伪作父祖之简,干恳州县,求以曲为直;差夫借船,放税免罪,以其所得为酒色之娱。殆非一端也。其随侍也,私令市贾买物,私令吏人买物,私托场人买物,皆不偿其直;吏人补名,吏人免罪,吏人有优润,皆必责其报;典卖婢妾,限以低价,而使他人填赔;或同院子游狎,或干场务放税。其他妄有求觅亦非一端,不恤误其父祖陷于刑辟也。"可见,这些不良行为给一个家庭带来灭顶之灾,凡是做长辈的都应深悉这种事情的危害,时时防备着子孙做些邪行恶事,更要时时向乡邻询问访察他们是否在外作奸犯科。这样才能勉强保证子孙们不会走上邪路。

二是对子弟交游适当控制。袁采认识到年轻人交往中会出现的一些不良行为,但反对"绝其交游"的做法,他说:"世人有虑子弟血气未定,而酒色博弈之事,得以昏乱其心,寻至于失身破家,则拘之于家,严其出入,绝其交游,致其无所见

---

① (南宋)袁采:《世范》,载李梦苏主编:《中华藏典(二)名家藏书(十九)》,内蒙古人民出版社2003年版,第95页。
② 同上书,第40页。

闻,朴野蠢鄙,不近人情。殊不知此非良策。禁防一弛,情窦顿开,如火燎原,不可扑灭。况居之于家,无所用心,却密为不肖之事,与出外何异?"①他提出一个较为实际而开明的做法:按时让他们出去,告诉他们交朋友要谨慎,对于那些不该做的事他们眼见耳闻,心中有数,自然能够看得出来,一定知道羞愧而不做那样的事。即使试着去做这样的事,也不会愚蠢鄙陋,完全被小人所愚弄。

　　三是追求父慈子孝的亲子关系。袁采对父子关系的追求仍是儒家所推崇的父慈子孝,但要做到这一点,父子双方都应反思自身,各尽其道,不要互相指责。"人之父子或不思各尽其道,而互相责备者,尤启不和之渐也。若各能反思,则无事矣。"②善为人子者,方能善为人父,前辈就是后辈的榜样。如果父亲常念"今日为人之父,盖前日尝为人子",于事亲之道能够做到尽善尽美,为子者不用教诲告诫也能够去效法模仿。而"前日事亲之道,有所未善",对子女的教育就没有说服力。如果子女常念"今日为人之子,则他日亦当为人之父",深悟父辈待我之厚,他日对待子女也会像父亲一样,做到俯仰无愧。所以,父子只有各尽其道,反思自己的行为是否正确,互相理解,才能保持双方关系的和睦与融洽。在充满理解的同时,袁采主张父亲对子弟严格管教,他说:"慈父固多败子,子孝而父或不察。"其理由源于其对人性趋利避害的认识,曰:"盖中人之性,遇强则避,遇弱则肆。父严而子知所畏,则不敢为非;父宽则子玩易,而恣其所行矣。"③

　　可见,以个体农业为主要经济形式的古代中国形成了家国同构的社会格局,家的教化及国的教化、天下的教化,家庭(家族)为国家培养合格的民众,将符合统治阶级利益的道德、法律规范内化为家庭成员(亦是社会成员)的行为之中,为社会秩序的建构提供了良好的条件。家庭对子女的教育仍是当今社会青少年社会化的重要途径之一。但是,家庭在发挥这一重要功能时存在诸多问题,最为明显的有以下两个方面:一是家庭过分强调子女的学习成绩(智育),而放松了对道德品格的要求(德育)。这种现状的背景主要是中国传统文化中"学而优则仕"的思想和应试教育体制。只要成绩好,其他不良行为都可以视而不见,可谓"一俊遮百丑"。成绩不好的青少年则容易被贴上不良的标签,加之有的家长的失望情绪,使其背负较大的生存压力,容易出现偏差行为,结成不良群体。二是家长的溺爱。独生子女是当前中国家庭的主流现象,父祖辈的溺爱司空见惯;广大农村

---

① (南宋)袁采:《世范》,载李梦苏主编:《中华藏典(二)名家藏书(十九)》,内蒙古人民出版社2003年版,第96页。
② 同上书,第8页。
③ 同上书,第9页。

年轻人外出打工形成的大量留守儿童的家庭教化也主要由溺爱他们的祖父母来完成。在溺爱的环境下,有的青少年较易形成自私的个性,一些不良行为也被纵容。上述情况不利于形成和谐的人际关系和良好的社会秩序,值得每个家庭和整个社会注意。

二、中国古代家庭生活的犯罪防范

《世范》中论及多种居家安全防范策略,这里主要梳理三个方面:居家生活的情境预防、仆人犯罪预防,以及犯罪发生时的处置。

(一)居家生活的情境预防

袁采比较重视从多方面消除有利于犯罪的条件,这里不妨结合当代情境预防理论加以解读,主要有以下几个方面:

一是增加犯罪困难。袁采认为:"人之治家,须令垣墙高厚,藩篱周密,窗壁门关坚牢,随损随修。如有水窦之类,亦须常设格子,务令新固,不可轻忽。"①围墙、门、窗、水窦护栏不仅要坚固,而且要及时维护,其不仅增加侵入犯罪的困难,同时也增加了罪犯暴露的风险,即"虽窃盗之巧者,穴墙剪篱,穿壁决关,俄顷可辨。比之颓墙败篱、腐壁敞门以启盗者有间矣"。这样做,还"免奴仆奔窜及不肖子弟夜出之患"。可谓一举数得,为明智之举。因为在袁采看来,如果发生了外来的窃盗和家内"有奔窜及子弟生事,纵官司为之受理,岂不重费财力"②。同时,袁采还注意到,若是住在山谷村野僻静的地方,要在附近"要害去处"盖些房屋,"招诱丁多之人居之。或有火烛、窃盗,可以即相救应"③。这在冷兵器时代的中国传统社会,人多显然是增加了防范的力度,加大了犯罪的困难。另外,在预防诱拐儿童方面,袁采提出,"非有壮夫携负,不可令游街巷,虑有诱略之人也"④。

二是增加犯罪被发现的风险。袁采比较重视通过巡逻来保护家庭的安全,并结合所居住的环境来进行相应的设计,从外到内分不同层次进行巡逻。他说:"屋之周围须令有路,可以往来,夜间遣人十数遍巡之。善虑事者,居于城郭,无甚隙地,亦为夹墙,使逻者往来其间。若屋之内,则子弟及奴婢更迭巡警。"⑤

---

① (南宋)袁采:《世范》,载李梦苏主编:《中华藏典(二)名家藏书(十九)》,内蒙古人民出版社2003年版,第110页。
② 同上。
③ 同上书,第111页。
④ 同上书,第118页。
⑤ 同上书,第112页。

显然,这是普通的民众做不到的,只能那些有较大宅院的富贵之家为之。袁采主张要提高警惕,加强防范意识,这也有利于增加犯罪被发现的风险。他说:"凡夜犬吠,盗未必至,亦是盗来探试,不可以为他而不警。夜间遇物有声,亦不可以为鼠而不警。"①这里同时说明了当时家庭防范普遍有狗,狗的存在大大增加了犯罪被发现的风险。袁采还指出:"清晨早起,昏晚早睡,可以杜绝婢仆奸盗等事。"②显然,早睡早起使得婢仆行动得到一定控制,奸盗行为发生的话,较为容易被发现。

三是减少犯罪收益。袁采认为,富裕人家应该多储存钱谷,少置什物,少蓄金宝丝帛,即使被盗损失也不大。他高度认可前辈的观点,即自冬夏衣之外,家里藏帛以备不时之需,但不超过一百匹。③通过少置轻便、贵重物品,这样即使被盗,损失也较小。这与当前情境预防中减少便利店的现金存量、鼓励刷卡消费等策略有异曲同工之妙。

四是减少犯罪诱惑。袁采认为,富人家不要多置贵重家当,也不要以自己物多、物贵而夸耀,否则会招来盗贼。在袁采看来,为富不仁也是招盗之由,他认为"劫盗虽小人之雄,亦自有识见"④。如果富家平时不刻薄,又能乐施乡里,当兵火扰攘之际也能保全,盗贼也至不忍焚毁其屋瓦。盗贼最倾向于焚掠凌辱的对象多是积恶之人,所以富家大户应自我反省,避免招致盗贼之祸。袁采提醒世人不要给小孩佩戴金银珠宝,这会招致贪婪的盗贼觊觎,如果盗贼"于僻静处坏其性命而取其物",这时候即使报告给官府并严惩盗贼,孩子性命也无可挽回了。⑤袁采还反对在家里聚赌,以免有人趁机犯罪。⑥对于"尼姑、道婆、媒婆、牙婆及妇人以买卖、针灸为名者,皆不可令入人家。凡脱漏妇女财物及引诱妇女为不美之事,皆此曹也"⑦。

(二)仆人犯罪预防

虽然袁采论及的防范措施也适用于一般平民家庭,但从《世范》内容看,他的定位不是一般的平民之家,而是能够雇用奴婢、仆人的富人家庭。为预防仆人犯

---

① (南宋)袁采:《世范》,载李梦苏主编:《中华藏典(二)名家藏书(十九)》,内蒙古人民出版社 2003 年版,第 111 页。
② 同上书,第 120 页。
③ 同上书,第 113 页。
④ 同上书,第 114 页。
⑤ 同上书,第 118 页。
⑥ 同上书,第 120 页。
⑦ 同上书,第 128 页。

罪,袁采提出雇用仆人时要注意的几个方面:①

一是人品方面,他认为雇用仆人,要选那些"朴直谨愿、勤于任事"的,而不必要求其一定"应对进退之快人意",更不要用"异巾美服、言语狡诈"的轻浮之人,子弟容易在"俏黠"之仆的引导下"生事为非",是为大害。这些做法是从人性角度来预防犯罪的发生。

二是关心奴婢生活。雇用的婢仆最好是本地的,要关心奴婢的生活,"衣须令其温,食须令其饱";奴婢的住处要经常检查,"令冬时无风寒之患";奴婢有病应送外医治,也可交由其亲属照顾。这样,不仅不会使奴婢因陷入困难而产生犯罪念头,而且通过关爱,使其怀有感恩之心,不忍去犯罪。

三是对于婢仆不良行为的处理。婢仆有奸盗及逃亡者,宜送之于官,依法治之,不可私自鞭挞,以免发生意外之事。对于并非出于自己的意愿而逃亡,或盗窃一些"饮食微物",应当考虑其平日的辛苦劳顿,稍微惩戒一下,仍可留用。可见,袁采信奉的是儒家的伦理观念,治家如治国,讲究德治,以德化人向善。

四是预防雇佣仆人的相关犯罪。袁采细致地要求,如果雇用外地人要问清来历,并根据不同情形经过中间人牙保(自家人要回避)或官府签订契约。即使签订契约后,也不可不细询其来历,如发现良人子女为人所拐卖,则应立即告官,不可以婢仆还与卖家,虑残其性命。

(三) 犯罪发生时的处置

预防是安全管理的重中之重,而一旦危险发生,又不得不进行处置,科学合理的处置能有效减轻危险带来的损失。在以家庭人身、财物安全为目标的前提下,袁采论述了以下几种处置策略:

一是逐盗而非捉盗。袁采认为,夜间发觉有盗,就大声说:"有盗",接下来并不是跳下床捉盗,而是"徐起逐之",这样的话给盗贼留下逃跑的时间,"盗必且窜"。② 他告诫世人:"不可乘暗击之,恐盗之急以刀伤我,又误击自家之人。"可见,他并不鼓励人们与盗贼搏斗,以免带来更大的伤害。但是,"若持烛见盗,击之犹庶几,若获盗而已受拘执,自当准法,无过殴伤"。这种情况下,击伤盗贼是不得已的事情,但盗贼已被抓获,就应该送交官府,不能对他进行过多伤害。这

---

① (南宋)袁采:《世范》,载李梦苏主编:《中华藏典(二)名家藏书(十九)》,内蒙古人民出版社2003年版,第121页。
② 同上书,第112页。

种理念充满人性,在人们反思那种鼓励人们与盗贼做斗争,从一个盗窃犯罪演变成一个抢劫甚至杀人犯罪的情况下,无疑是值得提倡的。

二是理智应对劫盗。成群的劫盗是中国传统社会中的顽疾,为了应对半夜里手持利刃、打着火炬的"劫盗",袁采提出几种策略[①]:第一,设置岗哨。在村庄"诸处往来路口,委人为耳目,或有异常",这样可以预警,为应对劫盗赢得时间。第二,转移妇幼。在建筑中"预置便门",在遭遇劫盗时使老弱妇孺从便门走避。无论能否敌得过劫盗,妇孺的安全首先得到保障。第三,积极御敌。与劫盗对抗如能战胜则可使自身安全得到最大化保障,所以"须子弟及仆者,平时常备器械,为御敌之计"。但是,御敌之策是"可敌则敌,不可敌则避",并不是硬拼,更"不可令盗得我之人,执以为质",这样使得邻居和捕盗之人不敢上前。

三是财物遭窃的处置。袁采认为,在财物遭窃以后,要立即寻找,但不要胡乱猜疑。如果及时寻找的话,偷窃的人看见风声太紧,就会把东西扔到僻静处,或许可以把失物找回。如果东西丢失后,不是马上寻找,丢失的东西就会被小偷转移出去,就更不能找到了。丢失东西后胡乱猜疑则只能把事情弄得更糟。如果猜中了,小偷就会感到心虚,恐怕会生出其他的事情;如果猜疑不当,那样偷东西的人反而会感到高兴。何况疑心一生,你看到的被你怀疑的人的一举一动、一言一行都像偷东西的人,但是,实际上被怀疑的人并没有偷东西。当你把这种怀疑说出去,没有任何根据地把被怀疑的人抓去治罪,丢失的东西却又找到了,或者是真正偷东西的人刚刚被抓住,这时,你再后悔也无济于事了。

可见,袁采所论是从居家安全的角度,对家庭中常见的盗贼、通奸、拐卖儿童等犯罪问题的预防和处置,其策略比较适合当时的社会经济条件,其防范原理与今天所采用的犯罪预防原理并没有太大的差别,有着极强的借鉴意义。在防范策略上,袁采是地主、官宦的代表人物,受宗法制度的影响,这些家庭多采用家族聚居的方式,许多防范措施在今天的社区或单位仍然适用,如社区保安队的巡逻、社区出入口控制、社区公共区域增加自然监控的设置等。只不过随着安防科技的发展,原有的一些措施被替代或强化,如用电子围栏代替了高墙、增加了侵入报警系统、增加了视频监控设备等。在防范意识上,袁采的观点不会随着时代的变迁而失去意义,而是应该加强,特别是现代高科技防控设施的采用使人觉得

---

① (南宋)袁采:《世范》,载李梦苏主编:《中华藏典(二)名家藏书(十九)》,内蒙古人民出版社 2003 年版,第 113 页。

"安全"的情况下,更不应该放松警惕。同时,我国地域发展极不平衡,还存在广大的农村地区,袁采的许多预防措施依旧具有很强的生命力。

【本章复习要点】

(1)养性成善的犯罪原因依据和具体策略;(2)足民弥盗的犯罪原因依据和具体策略;(3)任官以贤的犯罪原因依据和具体策略;(4)古代中国社会的情境预防策略;(5)古代中国家庭的青少年犯罪预防;(6)古代中国家庭生活的犯罪防范。

第三章　现代西方犯罪预防思想

【本章学习目标】

理解现代西方犯罪学中犯罪预防思想的发展变化;熟悉对犯罪预防实践影响较大的犯罪学家和流派,了解他们犯罪预防思想的内容,包括某些犯罪预防思路直接转化成的预防政策和实践项目,进一步思考其对中国犯罪预防理论与实践发展的借鉴意义。

尽管埃德温·萨瑟兰认为,"对犯罪和犯罪性的系统研究是从晚近才开始的"[①],但现代犯罪学已有200多年的历史,对犯罪预防实践产生了巨大的影响。现代犯罪学对犯罪原因的认识为犯罪预防提供了理论依据,无论成功的经验还是失败的教训,对于现代化进程中的中国来说都有借鉴意义。本章拟从历史角度对犯罪学理论中的犯罪预防内容及其对犯罪预防实践的影响进行简要梳理。

第一节　古典学派:刑罚威慑

古典犯罪学学派将犯罪原因总结为三个方面:一是人性自私。他们普遍接受英国哲学家霍布斯(Thomas Hobbes)的人性恶的学说,认为人性是自私、邪恶的,犯罪就是人的本性的表现,任何人都有可能将这种本性表现出来,所以任何人都有犯罪的可能。二是意志自由。每个人都有意志自由,能够根据自己的意愿作出选择,而由于每个人的意愿及其所处的外部条件不同,人们既有可能选择守法,同时也有可能选择犯罪。正因为犯罪行为是个人自由选择的结果,犯罪人应当对其自由选择的犯罪行为承担责任。三是功利主义或享乐主义。具有意志自由的人之所以选择实施犯罪行为是由其功利主义或享乐主义倾向所决定的;相较于守法行为,犯罪行为更符合人们趋利避害、以最小代价换取最大利益和享受的天性。古典犯罪学的犯罪预防思想主要就是建立在这种原因理论的基础

---

① 〔美〕埃德温·萨瑟兰等:《犯罪学原理》,吴宗宪等译,中国人民公安大学出版社2009年版,第82页。

上，但每个犯罪学家的思想又略有不同。

一、贝卡里亚的犯罪预防思想

贝卡里亚在《论犯罪与刑罚》中并没有专门论述犯罪原因，只是贯穿着一些对犯罪原因的看法。犯罪学家约翰·哈根（John Hagan）认为："贝卡里亚强调犯罪的两大原因：经济条件和坏的法律。一方面，他指出财产犯罪主要是由穷人实施的，而且主要是由贫穷产生的。另一方面，他认为对某种犯罪的过于严厉的惩罚，虽然可以遏制一些人犯罪，但同时却通过比较对另一些人更具有犯罪的吸引力。因此，他认为严酷的法律会通过削弱人道精神来促成犯罪。"[①]比如，盗窃通常是由于贫困和实在毫无办法而产生的犯罪；走私是由于牟利的动机而产生的犯罪；抢劫和杀人是由于穷人和富人之间的贫富差距以及一些人不甘心过贫穷的生活而产生的犯罪。

关于犯罪预防，贝卡里亚在《论犯罪与刑罚》中有专章论述，他提出了五个方面[②]：

一是制定明确、通俗的法律。每一个良好的法律制度之目的都应当是预防犯罪。法律制定得越明确，人们对法律规定了解得就越清楚。当人们有犯意时，就会想到犯罪的不利后果，进而打消犯罪念头。所以，法律应当制定得简单且通俗易懂，必须公之于众，并且要用国家力量贯彻实施，任何人都不能随意破坏法律，尤其是法律执行机构更要注意遵守法律。法律条文如果晦涩难懂，让人捉摸不定，对多数人就难以产生影响。了解和掌握法律的人越多，罪犯就越少。立法不能自相矛盾，也就是要注意各种立法之间的协调与衔接，不然，容易导致违法犯罪行为的发生。总之，制定明确而简单的法律并加以严格遵守，可以预防犯罪和维护社会正义。这与唐太宗李世民的立法思想类似，他说："国家法令，惟须简约，不可一罪作数种条。格式既多，官人不能尽记，更生奸诈，若欲出罪即引轻条，若欲入罪即引重条。数变法者，实不益道理，宜令审细，毋使互文。"[③]

二是思想启蒙与自由相结合。贝卡里亚认为，知识传播得越广泛，人们就越少滋生弊端，而越多创造福利。他相信愚昧无知是犯罪产生的重要条件，反对那

[①] John Hagan, *Modern Criminology: Crime, Criminal Behavior, and Its Control*, New York: McGraw-Hill, 1985, pp.13-14. 转引自吴宗宪：《西方犯罪学（第二版）》，法律出版社2006年版，第42页。

[②] 参见〔意〕贝卡里亚：《论犯罪与刑罚》，黄风译，中国大百科全书出版社1993年版，第104—108页。

[③] 《贞观政要·赦令》。

些认为科学总给人类带来危害的观点。因此,他主张大力开展思想启蒙和教育活动,启发人们的理性,使人们在自由状态下自觉地践行符合理性的行为。

三是司法当局遵守法律而不腐化。贝卡里亚认为,执法机构的人员越多,越利于互相监督,践踏法律的可能性就越小。注意遵守法律的司法官员越多,权力被滥用的危险性就越小,因此犯罪产生的概率也就越小。

四是奖励美德。奖励美德会不断增加美好的德行,减少犯罪行为的发生。熟知法律的人,如果道德低下,则其实施违法犯罪行为的可能性仍然会很大,也会远远高于虽不懂法但道德高尚的人,因为法律只是道德的底线。

五是完善教育。预防犯罪最可靠但也最艰难的手段就是完善教育。愚昧无知是产生犯罪的重要因素之一,应当大力开展思想启蒙和完善教育活动,从而促使人们在自由状态下的行为自觉地符合理性。对此贝卡里亚还引述了伟大思想家卢梭的话来印证自己的观点:教育不在于科目的繁多,而在于科目的恰当选择与教育成效;应当用情感方式引导青年形成美德,用说服的方式防止青年做坏事。

另外,贝卡里亚在《论犯罪与刑罚》中以大量篇幅论述刑罚设计,他非常强调通过科学设计和及时实施的刑罚来威慑犯罪,认为刑罚的确定性要比刑罚的严厉性更具有犯罪预防作用。

二、边沁的犯罪预防思想

如贝卡里亚一样,杰里米·边沁(Jeremy Bentham)认为,人类的一切行为都是追求快乐和避免痛苦的结果,犯罪行为当然也是因追求快乐和避免痛苦而产生的。边沁提出的犯罪预防策略主要有以下几个方面[①]:

一是通过良好的立法预防犯罪。立法的基本目的应当是用直接或间接的手段阻止犯罪的发生。边沁主张,最大限度禁止扩散与犯罪有关的知识,或消除犯罪人实施犯罪的权力或意志,立法可以间接地对预防犯罪产生作用。

二是通过恰当使用刑罚预防犯罪。边沁认为,要预防犯罪的发生,就必须使刑罚产生的痛苦大于犯罪带来的好处或快乐。为了达到预防犯罪的目的,适用刑罚时还必须考虑每个犯罪人对刑罚的感受性,使所处刑罚带来的痛苦真正超过犯罪带来的好处。因此,边沁特别强调人们对刑罚的不同感受性。他认为,年龄、性别、地位、命运和许多其他因素都肯定影响对同样的犯罪所处的刑罚。例

---

① 参见吴宗宪:《西方犯罪学(第二版)》,法律出版社 2006 年版,第 52 页。

如,同样的金钱处罚对富人来说是小事,而对穷人来说则是沉重的负担;同样是监禁,对商人来说意味着破产,对患病的人来说意味着死亡,对妇女来说意味着永久的耻辱,但是对一个具有其他情况的人来说,则可能毫无影响。不过,边沁提出,不应当刻意追求刑罚与犯罪之间的相适应,以致使法律变得难于捉摸、复杂和难懂,适用刑罚应当简单明了,使公众能对刑罚有深刻的印象,最大限度地发挥刑罚的威慑效果。

三是通过完善警察制度预防犯罪。边沁强调应建立一支由中央政府领导的预防性警察力量,警察部门有8个重要功能:预防犯罪;预防灾难;预防地方疾病;从事慈善工作;促进国内通信;管理公共娱乐活动;收集情报和信息;收集和保存人口普查资料。为了通过改革警察制度来预防犯罪,边沁还提议建立保险基金,以便为警察活动提供资金,或在犯罪人没有被查获或者犯罪人无力偿还债务时,补偿被害人。边沁也十分注意对犯罪嫌疑人的识别,认为这是应对犯罪的重要手段。他建议每个英国国民都应当使用名和姓,因为当时许多英国人平时只使用姓,名字则用缩写代替。为了发现和识别犯罪,边沁鼓励人们模仿当时英国水手的习惯,在手腕上刺上自己的名和姓。

四是使用多种制裁措施预防犯罪。边沁认识到其他预防犯罪的社会性制裁措施有时会产生比法律制裁更大的效果。他区分出四种社会性制裁措施:身体制裁;政治制裁;道德制裁或民众的制裁;宗教制裁。在这四种制裁措施中,边沁更重视政治制裁的社会控制作用。

五是通过预测个人的行为倾向来预防犯罪。边沁设计的道德计算方法,实际上也可以预测个人是否会实施特定的犯罪。根据功利主义的行为选择假设,在计算快乐和痛苦总量的过程中,有许多因素应予以考虑,如技能、仁慈、虔诚等是带来快乐的因素,而欲望、失望、愤怒、渴望等是带来痛苦的因素。如果一个行为能够带来的快乐的量大于痛苦的量,则行为人很有可能会实施这种行为;反之,如果痛苦的量大于快乐的量,行为人就不太可能实施这种行为。这样就可以预测个人是否会实施犯罪行为。对于潜在的犯罪人,必须采取措施使其明确认识到犯罪带来的痛苦肯定会大于快乐,只有这样才能预防或阻止其实施犯罪。由此可见,对于预防潜在的犯罪人来说,刑罚的一般威慑具有重要作用。

古典犯罪学学派打破传统的惩罚主义,宣称犯罪防控应该是一种更加理性、公平和有效的惩罚犯罪人的途径,以及一种具有威慑性的犯罪预防方式。功利主义思想和社会契约理论是古典犯罪学派的哲学基础,并成为后现代主义、新自由主义(如犯罪情境预防)理论体系思想基础的关键。当然,贝卡里亚的预防思想并没有忘记道德和教育,呈现出过渡性特征;边沁的预防策略更趋综合性,尤其是警察改革思想对现代警察体系的产生奠定了思想基础。[①]

第二节 实证学派:矫治、隔离及刑罚替代措施

实证主义犯罪学学派是对使用实证主义方法进行犯罪学研究的一些学者及其理论学说的统称。[②] 它是在19世纪后半期为了反对古典犯罪学学派的严苛,同时也是针对有关犯罪行为原因研究的欠缺和当时犯罪对策的乏力而产生的。实证主义犯罪学学派认为犯罪不是一个简单的个体选择的问题,而是要将其作为一种非理性选择和特定条件决定作用下的产物来进行认识和理解。在犯罪对策方面,实证主义犯罪学学派不强调刑罚,而重视对犯罪人进行科学的矫正治疗,因而提出了许多科学地处遇犯罪人的"刑罚替代措施"。这里主要介绍龙勃罗梭(Cesare Lombroso)和菲利(Enrico Ferri)的犯罪预防思想。

一、龙勃罗梭的犯罪预防思想

(一) 龙勃罗梭对犯罪原因的认识

龙勃罗梭认为,犯罪的原因包括隔代遗传、自然原因和社会原因。隔代遗传来自他最具影响力的犯罪学理论,即生来犯罪人学说。他认为犯罪人是一种自出生时起就具有犯罪性的人,他们的犯罪性是与生俱来的,是由他们异常的生物特征所决定的。决定犯罪人生来就有犯罪性的这种生物异常,则是通过隔代遗传而来的。隔代遗传(或返祖现象)是龙勃罗梭用来解释生来犯罪人的犯罪行为产生原因的一个最重要的概念。隔代遗传,是指倒退到原始人或者低于人类的人的一种返祖现象。隔代遗传在生理方面所表现出的一系列形态学特征,使人容易联想起猿和低等灵长类动物的形态学特征。这些特征在类人猿化石中可以见到,特定情况下也会在近代的"野蛮人"中出现。此外,隔代遗传还意味着隔代遗传者的心理就是原始人或野蛮人的心理,他们是在生物学上倒退到早期进化阶段的人,他们的行为必然与近代文明社会的规则和期望相矛盾。龙勃罗梭还引入退化学说来解释犯罪原因,他认为退化是犯罪人身上的一种病理现象,退化者是其祖先身上有病的身体成分的产物,这种有病的身体成分阻碍了后代的进

[①] 参见吴宗宪:《西方犯罪学(第二版)》,法律出版社2006年版,第54页。
[②] 同上书,第89页。

化,使后代产生退化现象,因此病态的人也会表现出原始人所具有的最初的身体和心理特征,产生原始人或野蛮人那样的行为,这类行为在文明社会就是犯罪。

龙勃罗梭还认为极端的气温甚至中等气温都会影响犯罪。在他看来,高温导致生产过剩,而生产过剩又会导致财富分配不平等,财富分配不平等接着导致政治权力分配不平等,这种不平等就会引起政治犯罪。炎热也会造成人们的懒惰,使其更倾向于使用麻醉品,沉溺于宗教式的苦思冥想,喜欢夸大的幻想,这些都会助长无政府主义。同样,寒冷也与犯罪有关。在寒冷的国家,人们性格倔强,脾气暴躁,对衣食住行等方面的需要较为强烈,这种情况也会助长犯罪的发生。他还认为适度的中等气温也会影响犯罪,且最容易产生造反和犯罪倾向。因为适度的气温就像酒精那样刺激人们的神经中枢,以致人们不能冷静地思考和生活,往往容易激动起来,在情绪激动状态中实施侵害行为。此外,龙勃罗梭还引证大量资料,论述了月份、季节、炎热的年份、地势构造、疟疾发病率、死亡率以及种族、性别、年龄、遗传对犯罪的影响。

龙勃罗梭晚年的著作中才重视犯罪发生的社会因素,他认为犯罪发生与以下几个方面的社会因素有关:一是社会的文明程度。文明的发展程度对犯罪和精神病的发生率有影响。随着社会向文明方向发展,犯罪的数量也可能随之增长。二是人口过剩。文明社会呈现出人口向大城市聚集的趋势,从而使这些城市出现人口稠密和过剩现象,为犯罪人实施犯罪行为提供更大的犯罪收益可能或隐匿安全感。三是新闻媒介。文明社会鼓励创办和发行报纸,但报纸可能成为邪恶和犯罪的记录者,为犯罪人提供犯罪模仿的榜样。四是生活状况。龙勃罗梭通过对普鲁士必需食品价格与犯罪发生率的比较研究指出,食物价格低时,财产犯罪率下降(纵火犯罪除外),而人身犯罪特别是强奸犯罪上升,反之亦然。他还分析了食物价格的波动对不同类型犯罪的影响。五是酗酒。无论是从社会的观点来看,还是从病理的观点来看,都会发现酗酒与犯罪的联系。文明国家的犯罪增长率与酒类消费量的增长率相吻合。六是吸烟。吸烟与犯罪有一定关系,犯罪人中吸鼻烟的不仅比一般人多,而且比精神病人多。吸烟与酗酒、流浪、乞讨等有密切关系,他们共同对犯罪的发生起促进作用。七是教育。教育与犯罪的关系比较复杂。一般来讲,犯罪人的受教育程度要比正常人低,但不是绝对。文化水平高的人会使用更复杂的犯罪方式进行犯罪,会给社会造成更大的危害。八是经济条件。龙勃罗梭认为贫穷和富有都与犯罪有关。他认为急剧获得的财富并不能与良好的品格、高尚的宗教或政治思想相适应,因而比贫穷更有害。他充分重视贫穷与犯罪的亲和性,强调贫穷对犯罪的产生起重大推动作用,此外他也提醒人们重视财富或富裕在犯罪产生中所起的作用。龙勃罗梭还讨论了宗教、家庭出身、交往、战争、模仿、监狱生活、移民、职业等与犯罪的关系。

（二）龙勃罗梭的犯罪预防理论

关于犯罪预防，龙勃罗梭认为，首先应当预防犯罪人的产生，而不是惩罚犯罪人，如果不能预防的话，就应当对犯罪人进行治疗，如果无法治疗的话，就应当把这种无可救药的人在适当的机构（非监狱）中隔离起来。这种隔离机构相较现行的监禁能够更好地保卫社会，且没有监狱的那种"臭名声"。他提出的具体措施有：

一是开办预防贫穷儿童犯罪的机构。龙勃罗梭认为，治疗犯罪就如同治疗疾病，有很大的成功概率，且越早治疗就越可能成功。因此，应当特别关注那些有可能变成犯罪人的儿童，如孤儿和贫穷儿童，因为这些人在成年后犯罪的可能性最大。一个下决心预防自己受到邪恶侵害的社会，应当为那些不幸的、因缺乏监护而无家可归的儿童提供良好的教育。最好的治疗是将他们安置在受人尊敬的私人家庭中以使其受到细致的照管，或者将他们安置在能够给他们以良好的教育和道德训练的适当机构。所以，他建议国家应开办收容、教育贫穷儿童的机构，以防止他们变为犯罪人。

二是开办预防贫穷成年人犯罪的机构。龙勃罗梭认为，预防犯罪的方法也包括在成年人遇到生活危机时，如失去依靠、失业时，给他们帮助。为移民或异乡人建立的旅馆、庇护所、阅览室，价格低廉但对人们身心有益的娱乐场所，为体力劳动者创办的夜校、劳动局、移民救助组织等，都是预防成年人在遇到生活危机时犯罪的机构。

三是对一些具体犯罪的预防。龙勃罗梭指出，如同对性犯罪的预防，离婚是预防许多通奸和其他性犯罪的一种强有力的措施，鼓励老年人结婚、减少婚姻的金钱色彩、允许卖淫存在等多种方式也可以预防性犯罪。他还提出了广泛宣传信用知识、改革银行信用制度等预防诈骗和背信犯罪的措施。此外，他还讨论了如何预防酗酒、贫穷和富裕对犯罪的影响，以及预防政治犯罪等问题。

四是对未成年犯罪人的治疗。龙勃罗梭认为，上述犯罪预防措施可以最大限度地减少犯罪，但是不可能完全消除犯罪，还应当有一些补充措施，如设立治疗犯罪人的机构，设立将不可改造的犯罪人隔离起来的机构等。对于青少年犯罪人，尤其是儿童，应当用特殊的法律措施分开处理，他赞同设置少年法庭。龙勃罗梭认为，生来犯罪人在年龄很小的时候就开始其犯罪生涯，尽管年龄小，但对社会却是有危险的，他们的悖德狂症状一有机会就会发作，所以必须把他们隔离起来单独进行矫治。考虑到未成年犯罪人的犯罪是在童年时代偶然发生的，他们仍然有可能成为诚实的人，因此要用特别的方法管理他们，为他们制定专门法典，将他们隔离在不会使其受到犯罪传染的专门教养院中进行治疗。[1]

五是对不同类型犯罪人的刑罚和矫正策略。龙勃罗梭将犯罪人分为"生来犯罪人""激情犯罪人""精神病犯罪人""偶然犯罪人"四类，又将"偶然犯罪人"划分为"虚假犯罪人或准犯罪人""倾向犯罪人""习惯犯罪人""癫痫犯罪人"四种。龙勃罗梭认为，应当对不同类型的犯罪人实行不同的惩罚，以预防再犯。对真正的激情犯罪人来说，懊悔自责造成的痛苦比任何法律惩罚都要大，此外，还应当对其采取流放、要求赔偿损失等惩罚。对倾向犯罪人[2]应当避免反复使用短期监禁刑，以免他们与习惯犯罪人接触。对所有轻微犯罪人来说，罚金都要比监禁有效；如果犯罪人是穷人，则可以用强制劳动来代替。对于习惯犯罪人，应实行隔离，在隔离机构中应把犯罪人的赎罪作为首要目标，只有在各种尝试都不起作用时才可以考虑将其送到流放地，永久隔离。生来犯罪人、癫痫病人和悖德狂者的犯罪是由他们先天的邪恶本能所引起的，因此不能把他们送到普通的监狱，在普通的精神病院中监禁他们也是有害的，应为他们建立专门的监禁和治疗机构对他们进行治疗。[3]

二、菲利的犯罪预防思想

菲利虽然是龙勃罗梭的学生和同事，但他更加强调犯罪的社会原因，他的犯罪预防策略也更注重从社会层面着手。

（一）菲利的犯罪原因理论

关于犯罪的原因，菲利提出了"三元论"，他认为犯罪由人类学因素、自然因素和社会因素所引起。人类学因素或个人因素，主要包括犯罪人的年龄、性别、法律地位、职业、居住地、社会阶级、训练和教育程度、器官与心理结构等。"我们每个人在出生时都受到一定生理及心理方面的遗传，并在生活中具体表现出来。这就构成了人类活动的个性因素，或在一生中保持正常状态，或趋向于犯罪或精

---

[1] 参见吴宗宪：《西方犯罪学史（第二版）》（第二卷），中国人民公安大学出版社2010年版，第392页。

[2] 倾向犯罪人是既无特殊的生理特征，也没有可以识别的精神疾病，但其精神和情绪特质在某些情况下会有特殊表现，从而使他们容易进行凶恶的和犯罪的行为的人。参见吴宗宪：《西方犯罪学（第二版）》，法律出版社2006年版，第111页。

[3] 参见吴宗宪：《西方犯罪学史（第二版）》（第二卷），中国人民公安大学出版社2010年版，第393—394页。

神失常。"①自然因素,主要包括气候、土壤的肥沃程度和分布、昼夜循环、季节、气象、年度气温等。社会因素,主要包括人口的增加或减少、移民、舆论、习俗和宗教,家庭的性质,政治、金融和商业活动,农业和工业的生产与分配,对安全、教育和福利的行政管理,一般的刑事和民事立法。这是菲利在1881年发表的《对1826—1878年间法国犯罪的研究》一文中最早的总结,后来在其《犯罪社会学》《实证派犯罪学》中又进行了调整和补充。

菲利指出社会因素对于犯罪的发生起主要作用,他认为应当把犯罪的周期性变化主要归结于社会因素的作用。从总体上看,菲利特别重视社会因素的作用,但是并不机械地认为犯罪完全是由社会因素所引起的,不能把犯罪看成一种纯社会现象,而应视之为人类学因素、自然因素和社会因素相互作用的产物。他指出:"除非认为犯罪是特定生理和心理构成在特定自然和社会环境中作用的结果,不能对犯罪做出任何其他科学解释。"②犯罪的自然根源就在于三类原因的相互作用和结合。"人之所以成为罪犯,并不是因为他要犯罪,而是由于他处于一定的物质和社会条件之下,罪恶的种子得以在这种条件下发芽、生长。因此,我们知道人类的不幸产生于上述因素的相互作用。"③但是,菲利认为上述各类因素在具体犯罪中所起的作用是不同的。一般来说,社会因素特别是经济状况对盗窃犯罪、猥亵奸污、乱伦、偶然杀人的影响特别大。偶发性的简单盗窃主要是社会和经济状况的影响造成的;有些猥亵奸污和乱伦等犯罪,在很大程度上是大批人被迫居住在不通风或不见阳光、父母子女像牲畜一般男女混居这样一种社会环境下的产物,这种社会环境使人的正常羞耻感淡漠甚至完全消失;偶然杀人在很大程度上也是社会环境(赌博、酗酒、公共舆论等)恶劣导致的结果。人类学因素对谋杀、抢劫、某些乱伦、强奸等犯罪的影响特别大。谋杀可能是由行为人的残忍、无道德感和因生理变态而产生的精神病学状况引起的;暴力盗窃或以抢劫为目的的凶杀,主要是由行为人的生理与心理构成引起的;还有某些乱伦、强奸则是由行为人的生物学状况(在明显的性疾病或不太明显的生物学异常的状态下)所引起的。

在上述原因分析基础上,菲利推导出"犯罪饱和法则",他认为每一个国家客观上都存在促使犯罪产生和变化的这三类因素,但是这三类因素又是不断变化的,它们的变化将引起犯罪现象的变化。因此,"每一个社会都有其应有的犯

---

① 〔意〕恩里科·菲利:《实证派犯罪学》,郭建安译,中国人民公安大学出版社2004年版,第160页。
② 〔意〕恩里科·菲利:《犯罪社会学》,郭建安译,中国人民公安大学出版社1990年版,第145页。
③ 同上书,第35—36页。

罪……其质和量是与每一个社会集体的发展相适应的"①。他认为："艾米特莉特的古老格言是可以坚信的：'犯罪也有年终平衡，其增多与减少比国民经济的收支还带有规律性。'"②"无论是自然犯罪还是法定犯罪，在总量上都是持续增加的，但每年的变化有时候增多，有时候减少，这些变化在一个较长的时期内，会积累成为一系列真正的犯罪浪潮。由此可见，它与某种类似于化学定律的法则相一致，我称之为犯罪饱和法则。就像一定量的水在一定的温度下会溶解一定量的化学物质，而且不多也不少那样，在一定的个人和自然条件的特定社会环境中，也会发生一定量的犯罪，不多也不少。"③

尽管菲利通过对犯罪原因的分析推导出了上述"犯罪饱和法则"，但是他主张实证主义者不对此进行任何宿命论的解释，犯罪绝不是我们不可改变的命运。"事实上，犯罪的差额是由物质条件和社会条件决定的。通过改变最易改变的社会环境，立法者可以改变自然环境及人的生理和心理状况的影响，控制很大一部分犯罪，并减少相当一部分犯罪。我们深信，一个真正文明的立法者，可以不过多地依赖刑法典，而通过社会生活和立法中潜在的救治措施来减少犯罪的祸患。最先进的国家依靠在有效的社会改良基础上的刑事立法的有益的、预防性的影响来减少犯罪的经验，都肯定了这一点。"④

（二）菲利的犯罪预防理论

菲利反复强调，预防犯罪的目标必须科学，不能不切实际，脱离犯罪饱和法则。"如果我们通过减少犯罪的社会因素可以影响犯罪，尤其是偶犯生成的说法是正确的，那么不幸的是，在每一种社会环境中，由于其他生物学因素和自然因素的影响，都总是在最低程度上存在导致无法避免的犯罪产生的因素的说法也是正确的。否则，我们很容易陷入我们完全能够防止所有犯罪这样一种相反并且近乎谬论的幻想中去。""而且，尤其必须牢记，因为社会不可能没有法律存在，所以法律也不可能没有违法而存在。生存竞争可以通过诚实的或经济的活动进行，也可以通过不诚实的犯罪活动进行。问题就在于把不同程度的犯罪波动减小到最低限度。"⑤菲利的这些论述对于我们今天确定犯罪预防目标仍有着现实

---

① 〔意〕恩里科·菲利：《犯罪社会学》，郭建安译，中国人民公安大学出版社1990年版，第42页。
② 〔意〕恩里科·菲利：《实证派犯罪学》，郭建安译，中国人民公安大学出版社2004年版，第183—184页。
③ 〔意〕恩里科·菲利：《犯罪社会学》，郭建安译，中国人民公安大学出版社1990年版，第45页。
④ 〔意〕恩里科·菲利：《实证派犯罪学》，郭建安译，中国人民公安大学出版社2004年版，第184页。
⑤ 〔意〕恩里科·菲利：《犯罪社会学》，郭建安译，中国人民公安大学出版社1990年版，第211—212页。

意义。

在犯罪预防的决策上,菲利认为要针对犯罪的原因。菲利认为:"在社会生活中,刑罚与犯罪的关系和医药与疾病的关系一样。在有机体生病以后,我们求助于医生。但是,医生除了对某个病人的治疗取得效果以外,不能做其他的事。然而,如果个人和集体都遵守预防性卫生规则,则有90%以上的疾病可以避免,只有在创伤或生理状态不符合健康规则的特殊情况下才会出现疾病。""医治犯罪疾患的手段应当适应导致犯罪产生的实际因素。而且,由于导致犯罪产生的社会因素最容易消除和改善,因此我们同意普林斯的观点:'对于社会弊病,我们要寻求社会的治疗方法。'""实验逻辑使我确信,除非事先消除或者至少减少犯罪的社会因素,刑罚不是预防犯罪的有效措施。""社会对犯罪现象所采取的最有效、最有力的防卫措施是双重性的,而且应当同时采用和实施两种措施:一是改善社会环境,对犯罪进行自然的预防,并以此来代替刑罚;二是永久性或临时性地消除罪犯,依据行为人的生物学状况在犯罪形成过程中的影响几乎是绝对的,或者在一定程度上是大的,或者在一定程度上是可以治愈的来定。"①

菲利谴责古典犯罪学派自由意志论,认为他们在寻求犯罪的救治措施时过分依赖刑罚,甚至达到对刑罚盲目崇尚的程度。他说:"立法者常常忽视社会卫生规则,当某种犯罪猛增时才大吃一惊,但除了加重刑法典中规定的刑罚之外,别无他计可施。如果1年监禁不够,就加重为10年。如果仅凭加重处罚还不够,那就通过一个特别法。这是我们在每一个现代国家里都能看到的状况,而造成这一状况的原因主要在于盲目崇尚刑罚。"②菲利坚决反对死刑,声称人们只是根据自己对死刑的印象来主张其威慑作用。他说:"当我们不是根据我们自己作为一般人对死刑的印象平静地从理论上研究它,而是运用作为这种刑罚的唯一真实的观察结论的犯罪心理学资料来研究它时,其预防和威慑效果就很值得怀疑了。每一个犯罪的人,不是在犯罪时没有想到其他任何事情而只为突然的情感所左右,就是冷静地有预谋地实施其犯罪行为,而且他决定实施其犯罪行为完全不是根据死刑与终身监禁之间的含糊区别,而是只根据一种不受惩罚的愿望。这种情况在那些主要心理特征是缺乏预见和缺乏道德感的天生犯罪人中尤其多见。""死刑是一种简单的万灵药,远远不能解决像严重犯罪这样复杂的问题。"③

---

① 〔意〕恩里科·菲利:《实证派犯罪学》,郭建安译,中国人民公安大学出版社2004年版,第188页。
② 同上书,第191页。
③ 〔意〕恩里科·菲利:《犯罪社会学》,郭建安译,中国人民公安大学出版社1990年版,第51页。

菲利并不否认刑罚的预防功能,但他认为要区分不同的对象,采用不同的措施。他运用中学校长将中学生分成勤奋学生、无知和懒惰学生,以及既不完全勤奋又不完全懒惰的学生的方法,"根据犯罪社会学的观点,将社会分成三个类似的阶层"。"第一个阶层是最高阶层。他们基本上是诚实的,由于受道德、宗教感和公众舆论及遗传的道德习惯的约束而不犯任何罪行。对于这个阶层来说,任何刑法典都是不必要的,只可惜这部分人的数量太少。而且,如果除了法律上的和明显的犯罪之外,我们再考虑到许多人针对刑法典而言没有犯罪,但从道德观点来看是不诚实的,那种最高阶层的人数就更少。第二个阶层是最低阶层,由那些抵制各种诚实情感的人组成。由于未受过教育,他们不断被物质和精神上的双重贫乏拖回到生存竞争的原始状态中去。他们从其父母那里继承了变态的生理结构,再加上退化和隔代遗传的疾病又一并传给他们的子女。这就成了天生犯罪人的滋生地。对于这种天生犯罪人来说,作为法律威慑的刑罚没有任何意义,因为他们不具备能够区分刑罚与其他从事各种日常的诚实工作时所产生的危险的道德感。最后是第三个阶层。这个阶层的人并不是天生注定要犯罪,但也不一定诚实,在善与恶之间徘徊。他们的道德感、所受的教育和训练不完善。刑罚对他们可以真正起到心理威慑的作用。正是这一阶层中产生了大批偶犯。对于这些偶犯来说,如果在执行刑罚过程中能够遵循科学的心理学规律,而且尤其再附之以减少犯罪机会的社会预防措施的话,就会产生效果。"①菲利认为,"刑罚,并不像在古典派犯罪学者和立法者的主张影响之下而产生的公众舆论所想象得那样,是简单的犯罪万灵药。它对犯罪的威慑作用是很有限的。因此,犯罪社会学家自然应当在对犯罪及其自然起因的实际研究中去寻找其他社会防卫手段。"②菲利提出了新的社会防卫措施即"刑罚替代性措施"或"保安措施"。他举例说明了一些具体的替代措施,主要包括③:

(1)经济领域的刑罚替代措施。主要有:自由贸易;无限制地移民出境;改革税收制度;完善市政工程;限制酒类消费;用硬币代替纸币(预防伪造,因为伪造的硬币比伪造的纸币容易识别);在各地设立公共储蓄银行(预防高利贷);调整公职人员工资(阻止贪污受贿);限定担任对公共安全有重要影响的工作人员的工作时间(以预防各种重大责任事故犯罪);完善街道的公共照明设施(防止暴

---

① 〔意〕恩里科·菲利:《犯罪社会学》,郭建安译,中国人民公安大学出版社1990年版,第179—180页。
② 同上书,第191—192页。
③ 参见吴宗宪:《西方犯罪学(第二版)》,法律出版社2006年版,第129—130页。

力抢劫等犯罪);建设高速公路、铁路和有轨电车(消除乡村抢夺团伙);建设通风而宽阔的住宅,拆除贫民窟(预防隐匿赃物、猥亵奸污等犯罪);为工人建设廉价住宅;建立老年保险和工伤救济制度;发展合作互助团体和慈善团体;开辟农业垦殖区(以收容乞讨和流浪者)等。

(2)政治领域的刑罚替代措施。主要有:协调政府和民众的愿望(以预防暗杀、叛乱等政治犯罪的发生);实行言论自由;统治阶层和当权者尊重个人和团体的权利,从而使全民族尊重法律;改革选举制度;消除政治均衡和官僚集中,使法律适应各地区不同的气候、种族、传统、语言、习惯和利益等,从而消除由此而引发的大量犯罪。

(3)科学领域的刑罚替代措施。菲利认为,科学的发展会提供比刑罚镇压更有效的解决犯罪问题的方法。例如,印刷术、囚犯人身测量与照相技术、电报、铁路等,都是对付犯罪的有效辅助手段;解剖学和毒物学的发展减少了投毒案件的数量;女医生的出现减少了医生进行风化犯罪的机会;保险箱、门窗插销和警铃对预防盗窃起到很大作用。

(4)立法领域的刑罚替代措施。在立法方面,菲利认为,明智的遗嘱立法可以防止因急于继承财产而产生的谋杀;促进父母同意子女的婚姻、婚约及有关非婚生子女的立法是防止非法同居、杀婴、堕胎、猥亵奸污和被诱奸后又被抛弃的妇女所犯谋杀等犯罪的最好措施;法律的方便易懂会防止大量的诈骗和违法行为。合理的商法能有效地防止欺诈性破产。好的转让制度能够防止伪造和诈骗。建立民事身份登记制度可以防止重婚。在刑事诉讼中采取口头诉讼的方式,可以防止诽谤和诬告。建立弃儿和孤儿院,可以防止杀婴和堕胎。囚犯帮助协会也是一种有益的刑罚替代措施。

(5)教育领域的刑罚替代措施。教育的发展可以减少犯罪,因此,要提倡由各种社会机构、政府、新闻媒介、学校和公共娱乐场所所进行的广泛的道德和文化教育。同时,也要看到不良教育的危害性,所以要禁止某些粗俗、黄色的娱乐和宣扬犯罪的出版物。

同时,菲利指出,"刑罚替代措施的目标不是使所有重罪和轻罪都不可能产生,而是在任何特定的自然和社会环境下都力争将它们减少到最小的数量"[①]。

[①] 〔意〕恩里科·菲利:《犯罪社会学》,郭建安译,中国人民公安大学出版社1990年版,第212页。

"刑罚的替代措施,当它一旦通过犯罪社会学的讲授而立足于立法者的观念和方法之中时,便将成为一种消除犯罪社会因素的合法方式。比起慷慨但又急躁的改革者所坚持的那种普遍的社会变革——直接并且不调和的来,刑罚的替代措施也更可能和更实际。"①

第三节 犯罪的社会学理论:反贫困与社会改造

当代犯罪学中,社会学角度的犯罪研究成果突出。比较重要的有从社会结构角度提出的社会解组理论、紧张理论、亚文化理论等,从社会过程角度提出的差异接触理论、社会控制理论、生命历程理论等,从社会冲突角度提出的标签理论、冲突理论、女权主义犯罪学理论等。这里仅选择几个影响较大的理论进行梳理。

一、社会解组理论与芝加哥社区计划

"社会解组"的概念在威廉·托马斯(William Thomas)和弗洛里安·兹纳涅茨基(Florian Znaniecki)的著作中第一次出现,他们证明了波兰移民来到芝加哥后的困扰,一个巨大的、熙熙攘攘的城市与他们祖国的小乡村非常不同。这些稳定的小乡村很少发生变化,相反,芝加哥在20世纪初正经历着快速的变迁。在这样的环境下,移民们发现他们传统的生活方式不再有效地发生作用;他们的孩子面临着新的、陌生的影响,以及家庭和社会控制的传统来源弱化。因此,在芝加哥的波兰人社区中,青少年和成年人犯罪比他们原先所在国变得更加普遍。②同时,恩斯特·伯吉斯(Ernest Burgess)开展了对芝加哥社区的生态学分析,他将芝加哥划分为5个同心圆区域,从圆中心的城市中心区到外围郊区在物理和社会特征上有着较大的差异。③ 例如,外围地区有着更为富裕的家庭和更为宽阔的街道,反之,内城地带有着更为贫穷、更为拥挤的房屋以及其他社会解组的征兆。

---

① 〔意〕恩里科·菲利:《犯罪社会学》,郭建安译,中国人民公安大学出版社1990年版,第193页。
② 参见〔美〕斯蒂芬·E. 巴坎:《犯罪学:社会学的理解(第四版)》,秦晨等译,上海人民出版社2011年版,第193页。
③ See Ernest W. Burgess, The Growth of the City: An Introduction to a Research Project, in Robert E. Park, Ernest W. Burgess, and Roderick D. McKenzie(eds.), *The City*, University of Chicago Press,1925,pp. 46-62.

正是在上述理论的影响下,克利福德·肖(Clifford Shaw)和亨利·麦凯(Henry McKay)对"少年犯罪区"问题进行了深入的研究。① 从自然状况看,少年犯罪率最高的地方位于重工业区或商业区,或者与其毗邻的区域。这些地方的废弃建筑的数量最多,并且人口逐渐减少,而人口的变化与工业的侵入有关。从经济状况来看,经济状况最差的地区,少年犯罪率最高。这种差的经济状况是由若干具体的因素所决定的,如接受福利救济的家庭的比重、拥有住房的家庭比重等。同时,这些区域的婴儿死亡率、结核病发病率和精神病发病率也最高。从人口构成来看,少年犯罪率最高的区域一直与移民父母和黑人家长的高度集中有关。尽管在几十年间这些区域内的人种发生了戏剧性的转变,但是这个区域的少年犯罪率并没有变化,这个区域仍然是该城市中少年犯罪率最高的地区("过渡区域")。与此同时,在那些原来的居民迁入的社区中,少年犯罪率并没有增长,这说明少年犯罪率的增减与群体的特征无关。因此,他们得出这样的结论:"面对这些事实,很难证实这样的主张,即种族、出生和国籍因素本身与少年犯罪问题没有重大关系。相反,似乎有必要得出这样的结论,即在黑人儿童、国外出生的儿童和新近移民而来的儿童中发现很高的少年犯罪人比率,与该城市的各个地理分布模式之间存在的差别密切相关。如果这些群体在不同区域有相同的比例,那么,不同群体中与法庭接触的青少年的相对数量之间的差别就会大大降低,甚至完全消失。"② 所以,肖和麦凯推定,少年犯罪与少年犯罪人在发育期所处的社会条件有关,而与他们父母的生物学特征无关。

　　肖认为,少年犯罪和其他社会问题与城市发展中的侵入、统治和接替过程密切相关,这种过程决定着城市的同心圆发展模式。当城市的特定区域被新居民"侵入"时,那些把该区域和自然区域联系起来的已经形成的共生关系就被破坏了。最后,这个特定区域会被合并,成为新的自然区域的有机组成部分,社会平衡也会得到恢复。不过,该区域的自然组织同时也会被严重损害,处在有组织的自然区域之间的"间隙区域"开始产生各种问题,这些社会问题可以直接追溯到人口的急剧替换。随着最初人口的离去,在邻里中存在的正式的社会组织可能瓦解,而正是由于邻里处在变化之中,居民们也就不会过多地关注邻里的面貌和声誉。如在稳定的邻里中,当某个居民发现一名儿童陷入困境时,可能会告知这个儿童的父母,或者向地方当局报告这个儿童的情况。但是,由于新的人口不断

---

① See George B. Vold, Thomas J. Bernard, and Jeffrey B. Snipes, *Theoretical Criminology*, 4th edition, Oxford University Press,1998,pp. 144-145.
② 吴宗宪:《西方犯罪学(第二版)》,法律出版社 2006 年版,第 335—336 页。

迁入这个间隙区域,居民们不再了解他们的邻居,也不熟悉邻居的孩子,因此脱离父母视线的儿童就可能处于没有控制的状态,甚至在他们自己的邻里中也是如此。居民的频繁流动也意味着当地学校有很高的转学率,转学就会中断学习,也会破坏纪律观念。最后,这种区域就可能会变成入侵文化和退隐文化之间的战场,这会在社区中造成许多冲突,这种冲突可能会表现为奉行两种文化的青少年之间的个人及群体冲突。尽管其他区域也会周期性地经历这种过程,但并不会持续处于这种状态,而过渡区域则会持续被中心商业区和连续不断的移民浪潮所侵入,新移民可能是从某个国家直接来到这个城市的,也可能是从农村地区来到这个城市的,这些新移民会遇到与适应新文化有关的问题。此外,有移民"侵入"的邻里会处在一种慢性的"社会解组"状态,这种状态给新移民带来了许多其他问题,包括他们的子女的少年犯罪问题,这些问题只有在新移民得到所必需的资源、搬入条件更好的区域时,才能得到解决。①

肖还认为,在大城市的贫民区有相当多的少年犯罪人和成年犯罪人,这种高犯罪率主要是贫民区的物理环境和价值观念造成的,因此要降低这里的犯罪率,必须首先改变这里的特殊环境和更新这里的价值观念,使这些地方成为青少年喜爱的地方,有足够的娱乐设施供他们使用,并彻底破除犯罪亚文化,用另外的传统文化来代替。② 据此,肖于1932年发起芝加哥区域计划,试图确定社区环境中的哪些减少性变化能够减少和预防其中的少年犯罪。1934年,肖正式创办了用来为芝加哥区域计划提供资金和其他支持的私营公司,宣告芝加哥区域计划正式开始实施。这项计划先后在芝加哥少年犯罪率最高的6个区域建立了22个邻里中心。区域计划所建立的邻里中心主要有两项职能:③一是协调教堂、学校、工会、资方、俱乐部和其他群体之类的社会资源,宣讲和解决社区问题;二是主办多项活动计划,如娱乐、夏季露营和童子军活动、残疾人工厂、讨论小组和社区计划。通过这些活动,试图发展居民对自己福利的积极兴趣,建立使整个社区都能发现问题并且通过共同的行动解决问题的由当地居民组成的民主组织。区域计划鼓励扩建现有的娱乐设施,并努力建设新的设施,尽力改善学校与社区的关系,特别鼓励教师课后留在学校与学生相处,利用俱乐部、讨论小组和业余爱好小组等形式发扬社区精神。区域计划中最重要的工作之一就是为回到社区

---

① See George B. Vold, Thomas J. Bernard, and Jeffrey B. Snipes, *Theoretical Criminology*, 4th edition, Oxford University Press, 1998, pp. 147-148.
② Ibid., p. 148.
③ Ibid.

的犯罪人做准备。社区委员会或邻里中心探望即将获释的犯人,鼓励犯人在获释后参加社区委员会的工作,帮助刑释人员建立与雇主和其他当地团体的关系。这些活动创造了一种能使刑释人员顺利适应社会环境的气氛,使他们释放后能被社区所接受。

芝加哥区域计划持续了25年,直到1957年肖去世为止。"它是美国乃至世界上第一个重大的预防犯罪计划,是将犯罪学理论转化为预防犯罪的实际行动的典范,对美国乃至整个西方国家的预防犯罪活动都产生了重大影响。"[①]这项计划引起了全美国关心少年问题的人们的关注,也催生了若干类似的项目。芝加哥的犯罪预防实践向世人证明:不利的社会环境增进了少年的犯罪学习经验,并容易助长他们的反社会心理,只有加速社区物理环境和价值体系的更新,并彻底粉碎犯罪亚文化,以较为传统的文化代替之,才能真正达到犯罪预防的效果。

二、紧张理论与"反贫穷战争"

紧张理论,又称文化失范理论,由美国社会学家、犯罪学家罗伯特·默顿(Robert Merton)于1938年提出,"社会结构发展的某些阶段会产生一种环境,在其中违反社会规范的是'正常'反应。"[②]默顿认为,每个社会都存在各种文化目标,以及如何达到这些目标的制度性手段(规范)。当社会过多地强调目标,或是缺乏实现目标的手段时,就会导致目标和手段之间不和谐,或是失范。人们面对失范有五种适应方式:一是遵从(conformity),是指接受经济成功目标和制度性手段,不管能否成功,均会继续这样做。二是创新(innovation),是指接受社会认可的目标但拒绝接受制度性手段去实现目标,原因是不可能使用制度性手段获得成功,于是他们就采取新的手段,即违反现有制度的犯罪手段。三是仪式主义(ritualism),是指拒绝接受传统的文化目标但继续接受制度性手段。这种人并不希望获取大量财富,但辛勤工作,不会因为没有达到目标而沮丧,不会因失范而犯罪。四是逃避主义(retreatism),是指有意识地拒绝主流价值目标,也拒绝制度性手段,成为一个社会的疏远者,这种人往往会成为流浪者、酗酒者、药物滥用者等。五是反抗(rebellion),这种适应不仅拒绝经济成功的目标和工作的手段,也尝试建立一个有着不同的、更多平等目标的新社会。默顿根据以上理论提出的预防犯罪策略,至少有两种:一是增加竞争的机会,使人们能够更好地利

---

① 吴宗宪:《西方犯罪学》,法律出版社1999年版,第453页。
② Robert K. Merton, Social Structure and Anomie, *American Sociological Review*, 1938(3), pp. 672-682.

用可得到的合法手段；二是减少人们的欲望，以便目标与手段更加容易统一。

默顿的学生、美国社会学家理查德·克洛沃德（Richard Cloward）和另一位美国著名犯罪学家洛依德·奥林（Lloyd Ohlin）在合著的《少年犯罪与机会：一种少年犯罪帮伙理论》(1960)一书中提出了差异机会理论，并用该理论来解决默顿理论不能解释的"人们面临失范会选择某一特定的适应"这个问题。他们认为，犯罪是由个人对获得成功的合法机会和非法机会的不同接近程度决定的；当个人谋求成功的合法机会受到阻碍而产生挫折时，就会利用非法的机会追求成功，从而导致越轨及犯罪行为的发生。使用非法手段的机会也是因人而异的，他们称之为"非法机会结构"，面对失范，一个人寻求的适应类型取决于他能够使用的非法机会。

不同阶层的社会成员获得合法机会的条件不同，下层阶级比中产阶级面临着更多的困难和障碍，特别是在教育方面。下层阶级的青少年往往接受不到高等教育，进而无法获得合法机会并取得成功。但是，下层阶级的青少年并非心甘情愿放弃成功，他们会不断利用各种机会尝试，希望改变自己的社会经济状况，但由于各种困难而使其面临紧张。为适应这种紧张，差异机会理论提出他们会作出两种选择：一是机会的选择。看不到合法手段获取成功的希望，有些人会聚集在一起，形成犯罪亚文化群，群体的心理支持可以帮助他们消除因从事非法行为而产生的羞耻感、恐惧感和罪恶感。二是参加犯罪亚文化群的选择。下层阶级的青少年参与犯罪亚文化群的机会不同。克洛沃德将少年犯罪亚文化群分为犯罪亚文化群（主要进行敲诈勒索、盗窃、欺诈等功利性的犯罪活动）、冲突亚文化群（主要进行暴力、殴斗等人身伤害性的犯罪活动）和逃避亚文化群（主要进行贩毒、拉皮条、酗酒、纵欲等非暴力性的犯罪活动）。青少年所在社区中的越轨行为决定了他们进行非法活动的性质。如果社区内存在大量有组织的犯罪，青少年将会被它吸引；如果社区内存在大量吸毒成瘾者，青少年将会吸毒。这就是青少年面对的机会结构。

克洛沃德和奥林根据自己的研究提出通过扩大就业和成功的机会以预防和控制少年犯罪的建议，并在纽约等地得到实施。他们的行动促进了美国《少年犯罪预防和控制法》(1961)的出台，该法增加了虞犯少年的教育和就业机会，并促进了社会服务和社区组织的发展。这些成功经验使紧张理论成为肯尼迪（John F. Kennedy）总统和约翰逊（Lyndon B. Johnson）总统的"反贫困战争"（war on poverty）的重要理论基础。"反贫困战争"帮助解决美国的贫困问题，是大型立法改革项目"伟大社会"（The Great Society）的一部分。约翰逊希望通过该计划使美国成为更加公平和正义的国家。随着 1964 年 8 月《经济机会法》(The Economic Opportunity Act)获国会通过,"反贫困战争"很快从口号变成法律、新的联邦项目和实体机构。这个法案创立了经济机会办公室(Office of Economic Opportunity,OEO),主要负责职业培训、设立培训年轻人的公司、建立为美国服务的志愿者(Volunteers in Service to America,VISTA)项目,以及"头脑开发"(Head Start,一个贫困家庭子女的早教项目)等项目。1964—1970 年,"反贫困战争"花费了几十亿美元为贫穷者提供成功的机会,以便减少少年犯罪及其相关问题。[①]

三、标签理论与刑事政策改革

标签理论的代表人物是美国社会学家埃德温·莱默特(Edwin M. Lement)和霍华德·贝克尔(Howard S. Becker)。该理论认为,社会群体通过制造规则(违反这些规则就是越轨),并将规则运用到某些特定人群身上以给他们贴上局外人标签的方式制造越轨。从这个角度来看,越轨不是某人行为本身的特性,而是其他人将规则或制裁运用于"冒犯者"身上的结果;越轨者是被成功贴上越轨标签的人;越轨行为也即是被人们贴上了标签的行为而已。[②]

标签理论的主要内容有三个要点:(1)对越轨行为成因的重新解释;(2)贴标签是有选择性的;(3)越轨行为的养成是一种被辱的过程。贝克尔认为并非所有的越轨行为皆会被贴上标签:一是标签的张贴因人、因事、因时间的不同而有所差异;二是贴标签的选择性表现在社会阶层的不公平,社会的弱势群体更容易被贴上标签。标签理论使我们注意到对犯罪及司法系统运行的社会反应,而这将继续影响未来对青少年及成人犯罪的研究。

标签理论强调越轨是相对的,集中探究的是越轨行为的过程。标签理论者把越轨行为理解为越轨行为者和非越轨行为者之间的一种互动过程,而不是个人或群体所具有的一套特征。越轨行为的养成是一个被辱的过程,它大致可分为三个步骤:第一步是权威者或关系密切的人对越轨行为的觉察;第二步是对越轨者贴标签;第三步是越轨群体或越轨亚文化为加入该群体或文化的人提供越轨的社会化支持。一旦经历了这三个步骤,他或她就很难放弃越轨行为,回到正轨上来。这样个体就开始了他的越轨生涯,也即接受了越轨亚文化中的越轨认

---

① 参见吴宗宪:《西方犯罪学》,法律出版社 1999 年版,第 468 页。
② See Howard S. Becker, *Outsiders: Studies in the Sociology of Deviance*, Free Press, 1963, p. 9.

同与生活方式。

标签理论不关心最先导致某人被正式贴上标签的一个或两个行动,也不试图解释为什么这些最初的行动会发生。初级越轨在人群中广泛存在,如有人被逮捕、采集指纹等,父母、朋友、老师甚至所有邻居都会对他另眼相看,于是他被贴上"麻烦制造者"的标签,他的有些朋友可能被告知不要和他一起厮混。社区中发生了其他犯罪,人们很可能会怀疑是他。于是他变得十分生气、愤恨,他认为,既然大家都以这种方式对他,那么他干脆就这样干算了。于是,次级越轨或者说持续越轨就发生了。

"人们会根据他人的期望来行事"这一寓意是无法被忽视的。基于这个观点,作为社会学符号互动论路径的一部分,标签理论家们提出了一种相似的动力机制。他们强调,给某人贴上越轨的标签会促使其产生一种越轨的自我印象,而这种自我印象又会促使他从事更多的越轨行为。犯罪历史学家将这个过程称为"恶的戏剧化",并认为"它在制造罪犯方面的作用可能比其他任何经历都更重要",一个被贴上越轨标签的人"会变成他被描述成的那个样子"。[1] 因此,正是贴标签的社会心理及实际结果导致了不断发生的越轨行为和对越轨生活方式的接受。

标签理论者也提出了重要的刑事政策建议,并对刑事司法产生了深远的影响,特别是针对少年司法制度,他们提出了五个方面的改革建议[2]:一是非犯罪化,是指减轻对社会危害性较小甚至消失的犯罪行为的处罚,甚至将它们转变为合法行为。例如,青少年离家出走、抗拒父母、逃学等身份犯罪的非犯罪化。同时,建议对酗酒、吸食大麻等无被害人犯罪也加以除罪化。二是转处机制,是指用社会福利相关的咨询、就业技能培训、就业帮扶等措施代替司法机关的审判,避免标签化。三是正当程序,是指要求在少年司法活动中采用正当程序,以保证少年儿童在司法活动中得到公正的处理。四是非机构化,即非监禁化,是指将一些犯罪人在矫正机构中服刑转到社区内矫治。五是赔偿与补偿,是指让犯罪人对犯罪行为进行赔偿,或者由国家对被害人进行补偿。犯罪人赔偿的形式除给予被害人金钱外,还可以通过提供社区服务的形式,以补偿罪行所造成的损害。这些政策建议具有明显的针对性,在 20 世纪六七十年代成为对少年司法制度进行批评和改革的理论基础。

---

[1] See Frank Tannenbaum, *Crime and the Community*, Ginn, 1938, p. 21.
[2] 参见吴宗宪:《西方犯罪学(第二版)》,法律出版社 2006 年版,第 401—404 页。

四、权力冲突理论与社会改造

美国社会学家奥斯丁·特克(Austin Turk)在其《犯罪与法律秩序》一书中提出了一种犯罪化理论。他认为,不存在固有的犯罪行为和犯罪人,犯罪是有权这样做的人根据非法的、法律之外的和法律规定的标准,将犯罪身份强加给一些人的结果;由于社会冲突的存在,在一定的社会条件下,一些人比另一些人更有可能被当作犯罪人。由于特克强调权力在确定行为是否构成犯罪方面所起的作用,因此,他的理论又被称为"权力冲突理论"。[①]

特克的犯罪化理论主要分析了三种条件:(1)权威当局和国民之间存在的文化和社会差异可能会导致冲突的条件。当国民有为他们辩护的、成熟的语言和哲学时,发生冲突的可能性最大;当国民的组织程度提高,使他们有了自己的组织时,发生冲突的可能性大;当权威当局或国民一方不太老练时,冲突更可能发生。因为比较老练的国民不会使用与国家权力相冲突的方式去达到目的,而不太老练的权威当局也更有可能采取公开的强制措施去达到目的。(2)在冲突过程中可能会产生犯罪化的条件。特克认为,冲突导致权威当局将国民的行为犯罪化的条件包括:一是被禁止的行为或特征对一线执法者(警察)的意义和更高级别的执法者同意警察的评价的程度。如果这些执法者都发现被禁止的行为特征是有害的,就可能有很高的逮捕率、定罪率和更严厉的判决。二是执法者和反抗者的相对权力。通常,当执法者有很大权力而执法对象根本无权时,最有可能发生犯罪化过程;而当执法者的权力和反抗者的权力大致相当时,犯罪化过程就要受到可能付出的代价的制约。这种情况下,执法者就会变得谨慎小心,从而保持较低的犯罪率;反之如果反抗者获得了比执法者更大的权力,那么通常会改变法律。三是"冲突行动的现实性"。这里的现实性程度是指,"它能增加或减少个人成功机会的后果。对执法者来讲意味着在执法过程中几乎不投入必要的资源就可以维持权威关系;对反抗者来讲,则意味着迫使执法者撤销所宣布的规范,停止执行这种规范,或者至少用一定方式妥协(例如,仅仅在形式上执法)"[②]。特克认为,双方不现实的冲突行为会增加犯罪化,犯罪化是衡量两个群体之间公开冲突的一种尺度。(3)与犯罪化活动相联系的剥夺程度增大或者减少的条件。上述三种条件实际上也是影响对反抗者的剥夺程度的因素或

---

① 参见吴宗宪:《西方犯罪学(第二版)》,法律出版社2006年版,第410—411页。
② 同上书,第412页。

条件,因为剥夺的程度总是与逮捕率、定罪率和量刑轻重紧密联系在一起。

在此认识的基础上,特克提出了 11 项减少犯罪的具体措施,其核心是要对社会进行结构性改造。一是建立犯罪与司法方面的公共信息资源中心,以便将有利于进行结构性改造的研究组织起来;二是建立全国性的枪支控制措施;三是废除死刑;四是对海洛因暴力犯罪人实行不定期监禁;五是停止建造监狱;六是为所有年轻人提供有偿的、非全日制的社区服务工作;七是将拥有和使用毒品的行为非犯罪化,将控制的重点转向医疗部门;八是将所有双方同意的性行为非犯罪化;九是将各种娱乐性的赌博活动非犯罪化;十是宣告暂停所有的强制性量刑;十一是建立社区警察制度,发展社区。

第四节 环境犯罪学:抑制犯罪机会

环境犯罪学是一组犯罪学理论,主要聚焦犯罪行为发生的即时环境,而不是犯罪人犯罪性的形成原因。"环境犯罪学认为,犯罪行为必须被理解为犯罪人、被害人、犯罪目标和特定时空背景下的法律之间的汇合。"[1]环境犯罪学旨在发现犯罪形态,以解释环境对它们的影响,并从这些解释中总结规律来预测即将出现的犯罪问题以及预防对策。这里简单追溯环境犯罪学的渊源,以便更好地理解它的理论和具体预防策略。

一、环境犯罪学的历史追溯

环境犯罪学的视角不同于大多数的犯罪学理论,但又不是一个全新的视角,在犯罪学历史上曾风光一时,后在犯罪社会原因的求证中被忽视,直到 20 世纪 70 年代才得以复兴。

环境犯罪学的历史可以追溯到 19 世纪 20 年代的犯罪统计学派,安道尔·盖里和阿尔道夫·凯特勒对法国犯罪统计资料的详细分析被认为是环境犯罪学的先锋之作。他们在研究中描述了法国各省的犯罪率,使人们第一次看到犯罪地图的样本,地图反映了贫穷、教育程度等多种社会人口学因素与犯罪的关系。盖里和凯特勒发现,犯罪在全国各地并非平均分布的,暴力犯罪多发生在贫穷地

---

[1] Paul J. Brantingham, Patricia L. Brantingham, Introduction to the 1991 Reissue: Notes on Environmental Criminology, in Paul J. Brantingham, Patricia L. Brantingham (eds.), *Enviromental Criminology, 2nd edition*, Prospect Heights, Waveland Press,1991,pp. 1-6.

区,财产犯罪多发生在富裕的工业化地区,这反映了贫穷并非导致犯罪的原因,而是提供了犯罪机会,如富裕的省份有更多的东西可偷。对犯罪机会的观察至今仍是环境犯罪学的研究核心。① 他们的研究是对犯罪环境的宏观分析,而中观层面的分析则是对一个城市或大都市区域的犯罪分析。

中观层面的分析中最著名的是芝加哥学派的犯罪生态学研究,代表人物有罗伯特·帕克(Robert Parker)及前文提到的恩斯特·伯吉斯、克利福德·肖和亨利·麦凯。在他们的研究中,城市被概念化为超级有机体,由一系列基于不同的种族、社会经济地位、职业及其他因素的小社会组成。这些小社会的成员之间具有共生关系,小社会之间也是共生的。无论如何,这种生态平衡经常变化。在自然界,一个新的物种可能入侵并主导一个区域直到继任物种出现。在城市中,一个相似的形态可能也会出现。伯吉斯认为,城市可被分为五个同心环一样的区域。② 城市中心是第一区,都是商业区;它的相邻外围是第二区,那里是最穷的居民和破旧的房子;接着向外是第三区,那里是工人们和他们居住的现代房屋;再向外是第四区,居住的是条件比工人更好的社会阶层;第五区是城市的卫星式郊区,这些社区里居住着更富裕的阶层,他们驾驶着汽车上下班。随着人口的增长,居民从内圈移居外圈是一个入侵、主导和接替的过程。20世纪30年代,肖和麦凯调查了社区与青少年犯罪的关系。③ 他们发现,青少年犯罪在第二区最为严重。因为第二区住着最穷的居民,有着最低效的社会经济支持系统,却有着最多的犯罪机会。另外,这些社区易受两种入侵:首先,由于他们毗连工商业中心,承受着中心区扩张的压力,可供居住的房屋减少。其次,这里有最便宜的房屋,吸引着新移民到来。汇集而来的移民中,有些存在着与他们移民身份相关的适应问题,通过文化传播增加了社区的社会解组程度。但是,当第二区的居民向外圈迁移时,他们并没有把青少年犯罪带走。也就是说,虽然第二区的移民换了一批又一批,但青少年犯罪并没有减少。这说明,第二区的社会问题是社区条件的特征,而不是在那里居住的个体的内在特征。

中观层面的另一个分析是简·雅各布斯(Jane Jacobs)对街区层面的犯罪研

---

① See Richard Wortley, Lorraine Mazerolle (eds.), *Environmental Criminology and Crime Analysis*, Devon: Willan Publishing, 2008, p. 4.
② See Ernest W. Burgess, The Growth of the City: An Introduction to a Research Project, in Robert E. Park, Ernest W. Burgess, and Roderick D. McKenzie (eds.), *The City*, Chicago, University of Chicago Press, 1925, pp. 46-62.
③ See Clifford R. Shaw, Henry D. McKay, *Juvenile Delinquency and Urban Areas*, Chicago, University of Chicago Press, 1969.

究,她的代表作《美国大城市的死与生》中有关于这个研究的详细描述。① 她指出,许多差的城市规划特征并不能预测社会解体,这些特征包括:工业区、商业区和居民区的混合,用街道交叉口把社区分为更小的城市街区,老化建筑的出现,以及没有开放的、绿色空间的高密度居住区。她以波士顿北区为例证明一个被许多人认为是贫民窟的社区事实上可能充满生气、秩序井然。因为,该区创造了许多机会供居民互动,并发展了互相支持系统。基于这些观察,雅各布斯提出了城市设计原则的大胆设想。她提出,当居民感到被孤立,且认为他们与邻里没有利害关系时,犯罪就会发生。因此,重要的是设计政策要使人们走到一起,形成社区归属感。为此,她设定了四个城市设计的原则并加以运用。第一,区域规划要迎合多种目的。居民区包括商业、工业和休闲活动区域,街道和公园让居民在一天的任何时间里都可以互动。第二,区域依照惯常将街角和街道连接处划分为小的街区,允许居民任意进入所有区域。这样的结构使区域统一,确保没有人迹罕至的后街和死角。第三,最大程度混合新旧建筑,确保该区所支持的单位多元化,让银行、连锁超市以及其他企业能够承担新建筑的基础设施费用,饭店、书店、古董店和其他关乎居民文化生活的营生能够在旧建筑中找到合适的地方。第四,人口密度需要有效聚集以支持多样化,并便于居民的互动。上述四个城市设计原则不仅帮助居民构建了有益于自身利益的社会网络,还鼓励了居民注意外来者以相互提供非正式的邻里监控,有效增加了社区安全。

微观层面的分析是检查具体的犯罪地点,聚焦"建筑类型、位置、景观设计、照明、内部结构、安全硬件"等微观因素与犯罪的关系。② 与生态学的方式相比,微观分析反映了一种日益简化论哲学的倾向,整体被分成更小的组成部分。在这个层面上,研究焦点是即时环境中的特定元素对特定的个体决定和行为所产生的影响。这种分析的发展关键是心理学中关于行为原因的争论。心理学是一门致力于发现个体区别的传统学科。许多心理学理论和研究致力于分析个体的心理结构和性格(如个性、态度、信仰等),这些被认为是行为的驱动力,也是个体之间的区别所在。在经典的性格理论中,个体的心理结构被认为是多维度的,并且一个人的某个心理维度特征是持续的。例如,每个人在某种程度上都被推定

---

① See Jane Jacobs, *The Death and Life of Great American Cities*, New York: Random House, 1961.
② See Paul J. Brantingham, Patricia L. Brantingham, Introduction: The Dimensions of Crime, in Paul J. Brantingham, Patricia L. Brantingham (eds.), *Enviromental Criminology*, 2nd edition, Prospect Heights, Waveland Press,1991, pp. 7–22.

为外向或内向的;一个人的心理属性是后天形成的,一旦形成,就被视为是几乎不变的。每个人都能够根据他的个性特征解释其行为模式,他们在新情境中的行为也可以依此进行可靠的预测。外向的人在大多数场合中表现出外向的举止,能够很容易地与内向的人区别开来,这就是人的心理结构决定他(或她)的行为。这个针对行为倾向的理论聚焦与人类用直觉解释一些事情类似。在每天的经历中,我们有一种自然的倾向,认为个体能够完全控制自己的行为,特别是在出现消极结果的时候,心理学家称这种认知偏差为基本归因错误。[1] 当我们评价别人的不良行为时,总是过高估计他们的个性特征所发挥的作用,而低估直接的环境因素。有趣的是,当我们评价自己的不良行为时,反而我们只是乐于引述情有可原的环境因素。这种认为行为主要是被个人心理倾向决定的观念根深蒂固,它使得接受环境犯罪学的视角变得困难。

尽管倾向模式占主导地位,但它并不是心理学的全部内容,而且,关于即时环境对行为的影响的相关理论和研究同样具有悠久的历史。1968年,沃尔特·米歇尔(Walter Mischel)对此有着中肯的论述。[2] 米歇尔的研究把跨情境一致性的争论推向高峰,争论的核心在于人们是否拥有使自己的行为在不同情境之间趋于稳定的性格特征。米歇尔特别描述了学习理论的条件模式,主张行为特殊性的立场,认为个体行为能够因情境不同而发生明显的变化,这取决于即时环境的影响。例如,迈克尔·杰克逊(Micheal Jackson)在舞台上可能是外向的,但当他接受采访时却是痛苦的、内向的。如果我们思考自己的行为,我们也会认识到在不同的场合我们的行为不同。例如,我们对同事和家人的相处方式就是不同的。

运用到犯罪行为研究中,行为特殊性的原则有着重要的启发。首先,它说明犯罪行为不能限定在一小部分、有犯罪倾向的犯罪人,在既定的合适环境中,大部分人都能实施非法行为。例如,在战区的一些士兵经常实施强奸行为,而他们在其他环境中从不会做出这种行为。但是,进一步来讲,即使是习惯性的掠夺性犯罪人,也不是什么时候都在犯罪,或者不加选择地实施犯罪,实际上他们实施犯罪通常是相对的,而且仅在特定的合适条件下。对于犯罪发生环境的清晰认识对完整理解犯罪行为至关重要,传统的犯罪学理论致力于把犯罪性的发展解

---

[1] See Edward E. Jones, The Rocky Road from Acts to Dispositions, *American Psychologist*, 1979(34), pp. 107-117; Lee Ross, The Intuitive Psychologist and His Shortcomings: Distortions in the Attribution Process, *Advances in Experimental Psychology*, 1977(10), pp. 173-220.

[2] See Walter Mischel, *Personality and Assessment*, NY:Wiley,1968.

释为一个固定的特征,漏掉了即时环境这个重要的因素。微观的分析成为环境视角下对犯罪预防战略的发展有特别影响的因素。

二、犯罪预防的环境策略

从环境犯罪学的视角发展出多种理论和方法来抑制犯罪。这里仅简单介绍其主要观点。

(一) 设计建筑环境

同一个大学里的两个作者分别撰写的两本著作分别在 1971 年与 1972 年出现,系统地提出通过完善即时环境来减少犯罪的理论框架。一本是犯罪学家雷·杰弗瑞(Ray Jeffery)的《通过环境设计预防犯罪》(1971),另一本是建筑师奥斯卡·纽曼(Oscar Newman)的《可防卫空间:通过城市设计预防犯罪》(1972)。

纽曼提出了一个从中观到微观的建筑设计应对犯罪的方法,他的"可防卫空间"概念扩展了雅各布斯关于需要居民对他们社区中犯罪负责的理论。首先,纽曼建议通过清晰地划定领域边界来增加居民对自己的私人空间和半公共空间的所有感。具体的方法包括竖起篱笆、门等真正的或象征性的标志,或者展示显眼的符号以说明这个区域已被拥有或照看。其次,他建议增加可供自然监控的机会,以使犯罪行为更易被发现,具体的方法包括设置一些窗户、规划步行路线、消除盲点等。在纽曼的可防卫空间模式中,建筑环境直接影响了犯罪人的行为。环境设计首次指向居民行为的改变,通过他们的警惕性来阻止潜在的犯罪人。

杰弗瑞提供了一个更宽广的视野,除了通过建筑和市政规划来应对犯罪之外,他建议的策略包括从广泛的社会政策到微观的心理干预。他受到斯金纳操作性条件反射模式的影响,这个理论为持情境观点一方在跨情境一致性争论中提供了许多理论和经验上的支持。斯金纳认为,行为被它的后果所控制,因此,杰弗瑞认为犯罪控制的关键是通过环境设计和社会政策的实施,系统地减少犯罪行为的奖赏,并增加犯罪风险。他还认识到,没有机会犯罪行为就不会发生,这是犯罪发生的一个必要但不充分条件。杰弗瑞的观点也许是环境犯罪学中最激进的,算是情境决定主义。他说:"没有犯罪人,只有引发犯罪的环境。一个人会不会成为犯罪人,取决于环境结构是否正确。"[1]

---

[1] Ray C. Jeffery, *Crime Prevention Through Environmental Design*, 2nd edition, Beverly Hills, CA: Sage, 1977, p. 177.

环境设计预防犯罪理论经历了许多修改，至今仍被广泛运用，特别是建筑师和城市规划者。同时，它是环境犯罪学领域一系列活动的促进因素，也是后来的学者广泛采用的核心理念。在杰弗瑞和纽曼的书出版后的十年内，出现了很多环境视角的基础方法。

（二）聚焦特定犯罪和背景

在20世纪70年代中期，另一个对环境视角有着重要贡献的理论出现了，它就是罗纳德·克拉克（Ronald Clarke）的情境预防理论。情境预防理论代表着环境视角的微观一端。克拉克认为，犯罪预防的关键是聚焦非常具体的犯罪类型，理解其精确的情境动态。他的方法吸收了纽曼的可防卫空间理论，但是哲学上，它更多借鉴杰弗瑞所检验的心理学理论。与杰弗瑞一样，克拉克把犯罪机会减少和犯罪成本收益管理视为预防的基础。然而，克拉克还提出了杰弗瑞所没有的，即通过一套广泛的具体操作策略来实现他的犯罪预防原则。

促使克拉克聚焦情境预防的是他关于青少年犯罪人从寄宿训练学校逃走的研究。[①] 他没能发现一致的个人变量来预测潜逃，反而发现潜逃率因许多机构的因素而变化。预防潜逃最好的方法并不是去确定谁是潜在的逃跑者，而是改变这些公共机构建设和运行的方式。当时，他是英国内政部研究单位的负责人，克拉克把他的这个理念发展成为一个广泛的情境预防模型，并将其预防原则投入实践。

情境预防的心理学基础为后来克拉克与科尼什提出的理性选择理论所详细论述。[②] 在理性选择视角下，犯罪人被刻画为一个积极的决策者，运用环境资料就犯罪作出有目的的决定。既然犯罪人通过某种方式从深思熟虑的行为中获益，这些决定可能被认为是理性的。当可预见的收益大于可预见的代价时，犯罪将会发生。通过情境预防策略实现了理性选择的应用，即可以通过设计环境减少机会的方式预防犯罪。从决策的视角来看，这种环境的设计使犯罪不是一个有吸引力的选择。历经多年，克拉克的犯罪预防模型不断发展，具体的情境预防理论策略将在本书次级预防策略中专门介绍。

（三）检验更广泛的社会趋势

当克拉克将情境预防理论发展得日益成熟时，劳伦斯·科恩（Lawrence E.

---

① See Ronald V. Clarke, D. N. Martin, A Study of Absconding and Its Implications for the Residential Treatment of Delinquents, in Jack Tizard, Ian Sinclair, and Ronald V. Clarke(eds.), *Varieties of Residential Experience*, London: Routledge and Kegan Paul, 1975, pp. 249-274.

② See Derek B. Cornish, Ronald V. Clarke, *The Reasoning Criminal: Rational Choice Perspectives on Offending*, New York: Springer-Verlag, 1986.

Cohen)和马库斯·费尔森(Marcus Felson)则根据宽广的社会理论检验犯罪形态和趋势。① 他们尝试去解释二战后经济条件改善的情况下犯罪率上升的困境。他们赞成盖里和凯特勒的犯罪地理学研究和芝加哥学派的犯罪生态学理论,同时又提出,伴随着经济的繁荣,人们日常生活发生改变,进而导致了高犯罪率。而不是像传统的犯罪学理论那样,认为伴随犯罪的是贫困,经济条件改善犯罪率应该下降。他们认为,一个直接接触的掠夺性犯罪的发生,至少需要特定时空下三个因素的结合,即有犯罪动机的人、合适的目标和无效的监管。经济条件的改善通常会附带影响这三个因素的结合。例如,妇女参加工作使得无人照料的房子增多,同时,科技提升意味着可偷的有价值的个人财产增多,这些因素有助于解释为什么美国1960年至1975年在商业盗窃案增长50%的情况下,白天的入室盗窃案却增加了一倍。日常活动理论可以定位在宏观分析层面,它在整个环境犯罪学领域非常有影响。后来费尔森将其改良并适用于微观层面,与理性选择理论、情境预防理论相适应。这为个人犯罪行为提供了一个动态分析框架,即一个犯罪人、一个目标和一个缺席的监管者,也为犯罪预防提供了一个干预点。例如,犯罪发生是因为受害目标的易接近性,因此干预措施就是目标加固策略;其他因设施管理不良而导致的犯罪则需要加强管理。警察实务中熟悉的"犯罪三角"(即"热门"犯罪人,"热门"地点和"热门"目标)就是来源于日常活动理论。

(四)探索犯罪图案

就我们所知,一些关于犯罪—环境关系的早期研究涉及犯罪地理分布。在盖里和凯特勒的开创性研究之后,形成了一个聚焦犯罪形态地图的持续研究系列。测绘犯罪空间分布的理念为芝加哥学派所延续,他们对同城犯罪形态的重视反映了一个从宏观分析到中观分析的趋势。尽管,很大程度上来看,这种研究对主流犯罪学来说是外围的。然而,从20世纪80年代以来,犯罪地理空间分析的价值再度被发掘,而这得益于犯罪形态理论的发展和强力地理软件的发明。

从20世纪80年代早期以来,布兰廷厄姆夫妇(Paul J. Brantingham and Patricia L. Brantingham)开始发展他们的犯罪形态理论,主要关注犯罪人在时空中的移动。这一理论尤其明显地受到了日常活动理论的影响,但它聚焦中观层面,试图解释犯罪行为的特征是既非统一的也非任意的。根据布兰廷厄姆夫

---

① See Lawrence E. Cohen, Marcus Felson, Social Change and Crime Rate Trends: A Routine Activity Approach, *American Sociological Review*, 1979(44), pp. 588–608.

妇的理论,犯罪与一个社区中工作、休闲等关键活动的分布有关,也与一个犯罪人对城市环境的熟悉程度有关。犯罪发生在一个预期的地点,这个观点被界定为犯罪机会和犯罪人熟悉空间的结合点。布兰廷厄姆夫妇和其他人的工作为犯罪分析提供了理论基础。犯罪分析的进步得到20世纪90年代地理信息系统软件(GIS)的帮助。绘图技术能够轻而易举地做出犯罪时空分布模型,尤其是识别犯罪多发地(犯罪热点)。谢尔曼等发表了一个掠夺性犯罪的热点分析报告,开辟了应用犯罪画图研究的新时代。[1] 相对于警务资源和犯罪预防的努力,犯罪热点具有明显的优势。犯罪热点分析衍生出另一个问题,即重复被害。一些特别脆弱的场所或人群会在多种情况下受害。例如,一个被盗的房子可能不久还会被盗,相似地,一些被攻击的受害人已经经历了多次被害。这些场所和人群被称为"热点"。[2] 基于重复被害可以特别有效地重新分配警务资源。另一种犯罪热点分析的形式是地理画像,它基于布兰廷厄姆夫妇的犯罪形态理论,运用犯罪现场和受害人之间的地理关系来推断犯罪人的生活、工作和日常活动特征。[3]

三、环境预防的警务应用

对环境犯罪学贡献更多的是对犯罪预防策略的应用,而不是关注人与环境互动机制或犯罪形态描绘。赫尔曼·戈德斯坦(Herman Goldstein)提出的"问题导向警务"(Problem-Oriented Policing,POP)在这方面给出了种子模型。问题导向警务为警察提供了一个在辖区内犯罪发生之前或失控之前干预犯罪发生的问题解决框架。但是,戈德斯坦坚持认为,问题导向警务远非如此,"在它的最广泛内容来看,这是一个全新的警务思想,可以运用到警察组织及其人员和运作的每个方面"[4]。问题导向警务寻求从根本上改变警务概念化的方式。

戈德斯坦的同事约翰·埃克(John Eck)和比尔·斯贝尔曼(Bill Spelman)通过设定一个解决犯罪问题的行动模型来实现问题导向警务方式的操作化。他们将这个模型中的行动步骤简化为"SARA",分别代表筛查(scanning)、分析(a-

---

[1] See Lawrence W. Sherman, Patrick R. Gartin, and Michael E. Buerger, Hot Spots of Predatory Crime: Routine Activities and the Criminology of Place, *Criminology*, 1989(27), pp.27-56.

[2] See Ken Pease, Gloria Laycock, *Revictimization: Reducing the Heat on Hot Victims*, Washington, DC: National Institute of Justice, 1996.

[3] See Lee Ross, The Intuitive Psychologist and His Shortcomings: Distortions in the Attribution Process, *Advances in Experimental Psychology*, 1977(10), pp.173-220.

[4] Herman Goldstein, *Problem-oriented Policing*, New York: McGraw Hill, 1990, p.3.

nalysis)、反应(response)和评估(assessment),第一步是筛查重复发生的犯罪问题,把相似问题进行分组;第二步是收集和分析犯罪问题相关信息;第三步是鉴别发生原因,基于这些情报制定合适的反应策略;第四步是反应的有效性评估,如果这个反应是无效的,新的流程重新开始。在这个框架中,并没有为警察提供具体可执行的策略,而是鼓励警官探索新的警务反应。根据对问题的仔细分析,发现警务反应取决于警官的热情和创造力。在戈德斯坦的论文发表后不久,詹姆斯·威尔逊(James Wilson)和乔治·凯令(George Kelling)发表了《破窗:警察和社区安全》,[1]内容来自凯令与同事们在纽瓦克和休斯敦进行的减少(犯罪)恐惧实验,这个项目由美国司法部下的全美司法研究会资助。特别是在纽瓦克进行的徒步巡逻实验奠定了"破窗"理论的基础。在雅各布斯和纽曼的声援下,威尔逊和凯令刻画了社区衰败在犯罪发生中的角色及其对警务的启示。他们认为,缺乏对小的疏漏和轻微犯罪的关注将导致更严重的犯罪。修复破窗是一个比喻,是指解决会成为犯罪原因的不文明行为。与问题导向警务相比,破窗理论建立在犯罪原因的基础上,并详细描述了如何预防犯罪。作为一项具有操作性的警察策略,破窗理论被纽约警方在20世纪90年代的警务战略中所证明,之后得到制度化的支持。备受争议的是,破窗理论的警务方式在具体操作过程中被转化为针对秩序破坏行为及其他一些轻微犯罪的严厉执法方式。

情报导向警务模式是环境犯罪学应用到警务领域的最新理论,它是在警察管理和法律执行中对犯罪资料和犯罪信息的一种策略性应用,很大程度上依赖于犯罪分析技术的发展。与问题导向警务一样,情报导向警务提供的是一种警察实践方式,而不是犯罪行为模型。

由上述分析可见,犯罪形态是环境犯罪学关注的焦点,它包括犯罪的社会人口统计学因素、时间、空间等,认识犯罪形态的过程就是犯罪分析。描述和理解犯罪图案构成犯罪认识的环境视角,它明显区别于传统犯罪学方式。传统犯罪学理论关注犯罪人的犯罪性或犯罪倾向,犯罪学家从历史的视角,从生物学因素、个人发展经历、社会因素等方面探寻犯罪人犯罪的原因。但这些原因离犯罪较远,犯罪的发生被理解为犯罪人后天形成的偏差倾向的一种表达,这种偏差倾向可能是由多年以前发生的一些事情所致。犯罪倾向一旦形成,犯罪即被或多

---

[1] James Q. Wilson, George Kelling, Broken Windows:The Police and Neighborhood Safety, *The Atlantic Monthly*, 1982, pp.29-38.

或少地看作不可避免,知道犯罪行为发生的时间和地点价值不大。要通过丰富他们的童年、消除社会不利因素以改变犯罪人基本的犯罪性来预防犯罪,对已经犯罪的人则需开展矫治项目。环境犯罪学则站在不同的视角,它关注的是犯罪本身,犯罪人仅仅是具体犯罪行为的一个要素,与犯罪人是怎么产生的关系不大,相反,犯罪发生的动态过程更重要:它在哪里发生?何时发生?哪些人卷入?他们做了什么?他们为什么那样做?他们怎么应对结果?环境犯罪学的视角是预防犯罪,而非治愈犯罪人。

【本章复习要点】

(1)贝卡里亚的犯罪预防思想;(2)边沁的犯罪预防思想;(3)龙勃罗梭的犯罪预防思想;(4)菲利的犯罪预防思想;(5)反贫困与犯罪预防;(6)基于标签理论的刑事政策改革;(7)特克的社会改造理论;(8)犯罪预防的环境策略及警务应用。

第四章 当代中国犯罪预防的综治战略

【本章学习目标】

理解我国社会治安综合治理的内涵与特征;了解社会治安综合治理思想的提出背景与发展演变;了解社会治安综合治理的构成要素、工作范围、系统目标、运行机制和原则;进一步理解我国犯罪预防的理念和战略设计。

第一节 社会治安综合治理的内涵及其发展

"社会治安综合治理是治安史上出现的一个新概念。"[①]20世纪的八九十年代社会治安综合治理立法前后,许多学者对社会治安综合治理理论的相关概念进行了深入探讨,发展了独特的中国治安治理理论,甚至有人提出建立"社会治安综合治理学"[②]。概念是理论演绎的基础,本节在厘清社会治安综合治理基本含义的基础上总结其特征,并通过梳理社会治安综合治理战略的历史发展加深对其的理解。

一、社会治安综合治理的含义与特征

社会治安综合治理理论是建立在对犯罪规律,特别是犯罪原因认识基础上的。而我国对犯罪原因和对策的认识,是摒弃了"以阶级斗争为纲"的意识形态以后,才"实事求是地从广泛的社会原因去探寻根源",把治安问题看作一种"社会综合征",社会治安综合治理就是据此提出的治安对策。[③]

(一)社会治安综合治理的含义

综合治理,从一般意义上来讲,是指整合多方面力量和资源、综合运用多种手段和方法,去治理那些单个方面、单一手段和方法难以解决的重点难点问题。社会治安综合治理,是一个具有时代性的、中国特色的政治、法律概念,指在各级

---

① 姜文赞:《论社会治安综合治理的概念》,载《政法论坛》1988年第4期。
② 娄政文:《关于建立"社会治安综合治理学"的理论探讨》,载《法学研究》1990年第3期。
③ 参见康大民:《综合治理社会治安是公安工作群众路线的发展》,载《中国人民公安大学学报(社会科学版)》1986年第3期。

党委、政府的统一领导下,各有关部门充分发挥职能作用,协调一致、齐抓共管,依靠广大人民群众,运用政治、经济、行政、法律、文化和教育的多种手段,整治社会治安,打击和预防犯罪,完善社会管理,化解社会矛盾,维护人民权益,保障社会稳定,促进社会和谐,为改革开放和社会主义现代化建设创造良好的社会环境。① 社会治安综合治理的实质是要利用组织化调控手段,动员和依靠全社会的力量,及时对违法犯罪等社会治安问题进行多角度、多层次、全方位、多环节的防治活动,根本目的是堵住导致违法犯罪的漏洞,立足于预防,从源头上进行防范和治理,不断减少和消除产生社会治安问题、影响社会稳定的诸多社会矛盾和社会消极因素,最大限度地预防、控制和减少违法犯罪,最大限度地增加社会和谐因素,维护社会治安秩序和社会长期稳定。

根据1991年《中共中央、国务院关于加强社会治安综合治理的决定》《全国人民代表大会常务委员会关于加强社会治安综合治理的决定》(以下简称"两个《决定》"),社会治安综合治理的主要目标是:社会稳定,重大恶性案件和多发性案件得到控制并逐步有所下降,社会丑恶现象大大减少,治安混乱的地区和单位的面貌彻底改观,治安秩序良好,群众有安全感。社会治安综合治理工作的要求是:各级党委和政府都要把综合治理摆上重要议程,健全社会治安综合治理的领导机构和办事机构,定期研究部署工作;各部门、各单位齐抓共管,形成"谁主管谁负责"的局面;各项措施落实到城乡基层单位,群防群治形成网络,广大群众法治观念普遍增强,敢于同违法犯罪行为做斗争。

(二)社会治安综合治理的特征

社会治安综合治理具有以下主要特征:

一是主体和参与力量的广泛性。"综合治理是一项宏大的社会系统工程,需要组织和动员全社会的力量齐抓共管,因此,它要求其主体具有广泛性。"② 社会治安综合治理的主体、参与力量具有广泛的群众性和社会性,党、政、军、群各方面都有维护社会治安的职责和任务,公民个人也都有维护社会治安的权利和义务。社会治安综合治理的宗旨就是要坚持以人为本,组织动员全社会的力量,共同解决社会治安问题,维护社会和谐稳定。

二是措施和手段的综合性。古语有云:"伐木不自其本,必复生;塞水不自其

---

① 参见中央社会治安综合治理委员会办公室编著:《社会治安综合治理工作读本》,中国长安出版社2009年版,第5页。
② 李德先:《社会治安综合治理的内涵及必要性》,载《山东法学》1992年第3期。

源,必复流;灭祸不自其基,必复乱。"①社会治安综合治理是针对社会治安问题的多因性、动态性和过程性采取的多管齐下的治本之策。因此,社会治安综合治理的措施和手段不是单一的,而是综合性的,包括政治的、经济的、行政的、法律的、文化的、教育的多种手段,多策并举,综合施治,讲究策略,统筹兼顾,注重实效。

三是实施运行的组织性。由于社会治安综合治理工作解决的是非单一部门解决的问题,涉及多种治安力量,必须有强有力的组织协调机制,才能形成合力,发挥最大作用。当然,这种协调一般向主要职能者侧重,例如,特殊人群管理协调组织由司法行政机关牵头协调,青少年犯罪预防协调组织由共青团牵头等。各部门、各单位各负其责,打击、防范、教育、管理、建设、改造等方面的工作环环紧扣,相辅相成,各个工作环节之间具有内在的联系,统筹协调,不可偏废,共同应对社会治安问题。

四是工作任务和要求的开放性。社会治安综合治理的工作任务不是静态的、一成不变的,不是就治安抓治安,而是立足于"大治安",立足于保持社会持续、动态的和谐稳定,服从、服务于不同时期和国家的工作大局,顺应社会发展规律,适应广大人民群众的需要,适时调整工作重点,与时俱进,不断开拓进取。

二、社会治安综合治理思想的提出与发展

实行社会治安综合治理,是"有中国特色的解决社会治安问题的新途径的探索"②。我国社会治安综合治理思想的形成与发展主要包括以下阶段:

(一)社会治安综合治理思想的提出阶段(1979—1990年)

社会治安综合治理思想最初体现在青少年犯罪问题治理中,即1979年针对改革开放之初青少年违法犯罪比较突出的问题,中共中央转发了中宣部等8个部门《关于提请全党重视解决青少年违法犯罪问题的报告》,要求全党动员,书记动手,依靠学校、工厂、机关、部队、街道、农村社队等城乡基层组织,以及全社会的力量,加强对青少年的教育。有人认为,这个报告"标志着我国社会治安综合治理思想的形成",而用"综合治理"概括地表达我国社会治安工作的总方针是从1981年开始的。③

---

① 《国语·晋语》。
② 余孟孝:《十年磨一剑 光辉照千秋——社会治安综合治理的成功探索和实践》,载《中国法学》2001年第4期。
③ 参见王仲方:《论社会治安综合治理》,载《中国法学》1989年第4期。

1981年,中共中央批转中央政法委《京、津、沪、穗、汉五大城市治安座谈会纪要》,提出"争取社会治安根本好转,必须各级党委来抓,全党动手,实行全面综合治理"①。这里第一次明确提出"综合治理"是解决我国社会治安问题的方针。1982年中共中央发出《关于加强政法工作的指示》,更加明确地提出了社会治安综合治理方针的基本内容,强调在整治治安中,各级党委要加强领导,把维护良好的社会秩序看作建设社会主义精神文明的一个重要方面,把各条战线、各个部门、各个方面的力量组织起来,采取思想的、政治的、行政的、法律的各种措施和多种方式,推广适合各种情况的安全保卫责任制,把"综合治理"真正落实。1983年,中共中央作出《关于严厉打击刑事犯罪活动的决定》,明确把打击作为社会治安综合治理首要环节的工作思路,确立了依法从重从快严厉打击严重刑事犯罪分子的"严打"方针。1984年,中共中央批转中央政法委《关于严厉打击严重刑事犯罪活动第一战役总结和第二战役部署的报告》,提出社会治安综合治理要抓住打击、预防、改造等各个环节,通过思想的、政治的、经济的、行政的、法律的各种手段,达到控制犯罪、预防犯罪、减少犯罪,并把犯罪分子中的绝大多数改造成新人的目的。此后,为期三年的"严打"斗争并未能实现社会治安状况的根本好转,甚至刑事案件又出现大幅度反弹的情况,中央进一步提出了一手抓"严打",一手抓全面落实各项社会治安综合治理措施的"两手抓"思想,进一步丰富了社会治安综合治理的内涵。

在社会治安综合治理思想的发展中,融入了系统论的理念。1985年10月,中共中央发布《关于进一步加强青少年教育,预防青少年违法犯罪的通知》,指出关心和教育青少年、预防和减少青少年违法犯罪是一项综合治理的系统工程。1986年2月,全国政法工作会议指出,社会治安综合治理实质上就是一项教育人、挽救人、改造人的系统工程。

1989年,全国政法工作会议提出,社会治安综合治理工作由各级党委统一负责,党委、政府都要有一位同志分管这项工作,可以建立由有关部门负责同志参加的联席会议制度或领导小组,具体负责社会治安综合治理领导工作。自此,全国许多地方纷纷建立了不同形式的社会治安综合治理领导体制,设立了组织领导和办事机构,推动各项工作措施的进一步落实。

(二)社会治安综合治理工作在全国普遍开展阶段(1991—2000年)

在本阶段,社会治安综合治理工作作为全党一项重要的政治任务,在全国普

---

① 中央社会治安综合治理委员会办公室编著:《社会治安综合治理工作读本》,中国长安出版社2009年版,第17页。

遍开展起来,并逐步走上了规范化、制度化的轨道。1991年1月,中央政法委在山东烟台召开首次全国社会治安综合治理工作会议;2月19日和3月2日分别出台了两个《决定》,是社会治安综合治理工作的纲领性文件。同年3月21日,中共中央决定成立中央社会治安综合治理委员会,是党中央的常设议事机构,下设办公室与中央政法委合署办公。同年12月,中央社会治安综合治理委员会第四次全体会议通过《关于社会治安综合治理工作实行"属地管理"原则的规定(试行)》《关于实行社会治安综合治理一票否决权制的规定(试行)》。

1992年10月,党的十四大把"加强社会治安综合治理,保持社会长期稳定"写入新修改的《中国共产党章程》总纲,进一步明确了把加强社会治安综合治理作为全党一项重要的政治任务。1993年11月,中共中央社会治安综合治理委员会会同中央纪委、中组部、人事部和监察部联合制定下发《关于实行社会治安综合治理领导责任制的若干规定》。

1995年,全国流动人口管理工作会议召开,会后,中共中央办公厅、国务院办公厅转发了中共中央社会治安综合治理委员会《关于加强流动人口管理工作的意见》,使流动人口管理工作纳入法制化、规范化轨道。2000年,全国预防青少年违法犯罪工作经验交流会召开,之后,中共中央办公厅、国务院办公厅转发了《中共中央社会治安综合治理委员会关于进一步加强预防青少年违法犯罪工作的意见》。

为了加强社会治安综合治理基层基础建设,以基层安全创建为载体,加强社会治安综合治理基层基础,推进社会治安综合治理措施在基层的有效落实,中共中央社会治安综合治理委员会制定下发了《关于加强社会治安综合治理基层基础工作的意见》《关于进一步开展基层安全创建活动的意见》等文件。

这个阶段出台的一系列政策、规定完善了社会治安综合治理制度,充实了社会治安综合治理内容,丰富了社会治安综合治理理论。

(三)社会治安综合治理工作深入广泛发展阶段(2001年以来)

本阶段以社会治安防控体系建设为目标,围绕加强社会治安防范、矛盾纠纷排查调处和深化平安建设三大方面,进一步拓宽领域、充实内容、提高层次、完善机制。

2001年9月,中共中央、国务院下发了《关于进一步加强社会治安综合治理的意见》,全面部署了新时期社会治安综合治理工作,为深化社会治安综合治理工作提供了重要的政策保障。2002年4月,中共中央办公厅、国务院办公厅转发了《中共中央社会治安综合治理委员会关于加强社会治安防范工作的意见》。

全国各地贯彻落实这一意见,大力加强社会治安防范,构建社会治安防控体系,深入开展矛盾纠纷排查调处工作,着力维护社会稳定。

2003年9月,中共中央社会治安综合治理委员会南昌会议交流总结了"平安江苏"建设经验后,全国不少地方开展了平安建设活动。2005年10月21日,中共中央办公厅、国务院办公厅转发了《中央政法委员会、中共中央社会治安综合治理委员会关于深入开展平安建设的意见》,把平安建设的目标任务上升到更高层次:一是打击境外敌对势力的渗透破坏活动,防止严重危害国家安全和政治稳定的情况发生;二是从源头上预防和减少矛盾纠纷,努力化解不和谐因素,防止严重危害社会稳定的重大群体性事件发生;三是维护城乡社会治安秩序,使突出治安问题和治安乱点得到有效整治,防止严重危害群众安全感的重大治安问题发生;四是预防和减少重特大安全生产事故,防止严重危害人民群众生命财产安全的群死群伤事故发生,努力把人员伤亡、财产损失和负面影响降到最低程度;五是依法查处经济犯罪案件,及时消除经济领域的不稳定因素,防止严重危害社会主义市场经济秩序的经济案件发生。

2012年11月,党的十八大报告指出,"要深化平安建设,完善立体化社会治安防控体系,强化司法基本保障,依法防范和惩治违法犯罪活动,保障人民生命财产安全"。2014年10月,党的十八届四中全会做出《中共中央关于全面推进依法治国若干重大问题的决定》,明确指出,深入推进社会治安综合治理,健全落实领导责任制,完善立体化社会治安防控体系,有效防范化解管控影响社会安定的问题,保障人民生命财产安全。紧接着,2015年4月,中共中央办公厅、国务院办公厅印发《关于加强社会治安防控体系建设的意见》,以有效应对影响社会安全稳定的突出问题,创新立体化社会治安防控体系,依法严密防范和惩治各类违法犯罪活动,全面推进平安中国建设。2016年2月,中共中央办公厅、国务院办公厅印发《健全落实社会治安综合治理领导责任制规定》,进一步明确、强化了治安责任制度,为深入推进社会治安综合治理工作提供了保障。

正如有些学者所预见:"历史地看,社会治安综合治理专门领导机构的设置,是权力思维的产物,是法制不健全时代的要求,是依靠政策和行政手段维护社会治安的手段。随着权利思维的牢固树立,随着现代法制的健全,这种领导社会治安综合治理的行政机构将完成社会转型期所赋予的历史使命。"[①]2018年3月,根据中共中央印发的《深化党和国家机构改革方案》,为加强党对政法工作和社

---

① 徐显明、刘远:《理念与模式——"入世"对社会治安工作的启示》,载《法学论坛》2000年第6期。

会治安综合治理等工作的统筹协调,加快社会治安防控体系建设,不再设立中央社会治安综合治理委员会及其办公室,有关职责交由中央政法委员会承担。

第二节 社会治安综合治理的构成与工作范围

社会治安综合治理工作由主体、措施和客体构成,其工作范围是"打击、防范、建设、管理、教育、改造"六大方面。

一、社会治安综合治理的构成要素

社会治安综合治理的结构是对社会治安综合治理的静态分析,主要包括社会治安综合治理的主体、社会治安综合治理的措施和社会治安综合治理的客体三个方面。

（一）社会治安综合治理的主体

社会治安综合治理的主体是指依法享有参加社会治安综合治理工作权、责、利的各方面力量,包括领导决策主体、组织实施主体及其他参与主体。主要包括以下几个方面：

各级党委、政府是社会治安综合治理工作的领导、决策主体,担负着重要的领导、决策、指挥职责；要把社会治安综合治理工作纳入当地经济社会发展规划和年度计划,摆上重要议事日程,从思想上、组织上和物质经费保障上,切实负起全面领导责任；加强调查研究,掌握社会治安和社会稳定的动态,及时做出重大工作部署,认真组织指挥贯彻实施,帮助解决工作中遇到的困难和问题,加强分类指导和检查督促,推动各项措施的落实。

党政军各有关部门和人民团体是社会治安综合治理工作的具体实施者和重要的参与力量,其中,政法部门特别是公安部门是打击和预防违法犯罪、维护社会治安的专门机关、职能部门和骨干力量,起着主力军的作用；纪检、监察、组织、人事部门在落实社会治安综合治理责任制方面担负重要职责；党政军各部门和工会、共青团、妇联等人民团体,根据"谁主管谁负责"的原则,都担负着维护社会治安的共同社会责任,既要发挥自己的职能作用,结合本身业务,认真抓好本系统参与社会治安综合治理的工作,主动承担起减少违法犯罪、维护社会治安和社会稳定的整体责任,又要抓好本系统的社会治安综合治理工作,防止发生重大犯罪和重大治安问题。

各企事业单位是社会治安综合治理的重要参与力量。根据1991年的两个

《决定》和 2004 年国务院公布的《企业事业单位内部治安保卫条例》等法律、法规、规章和政策,各企事业单位要"管好自己的人,看好自己的门,办好自己的事",切实加强内部人员的思想教育和各项安全防范工作。同时,随着安全管理行业的兴起,对外服务的专业保安公司在犯罪预防和损失预防方面也发挥着日益重要的作用,是社会治安综合治理工作中一支不可忽视的力量。

公民和群防群治力量是社会治安综合治理的重要主体和参与力量。人民群众是社会治安综合治理的力量源泉。社会治安综合治理是一项涉及每个公民切身利益、具有广泛群众性的社会系统工程,公民和群防群治组织是维护社会治安和社会稳定的重要主体和基本力量。维护治安人人有责,每个公民都要从自身做起,严格遵纪守法,自觉遵守公共秩序,勇于同危害社会治安的违法犯罪行为做斗争,积极参加社会有关方面组织的各项综合治理活动。基层社会治安群防群治组织是维护社会治安必不可少的力量,除了组织开展治安宣传、治安巡逻、看门护院、安全检查、矛盾纠纷排查调处等活动,还要协助政法部门打击、预防违法犯罪等。

(二) 社会治安综合治理的措施

社会治安综合治理的措施是为了实现社会治安综合治理的目标、任务所采取的各种有效方法的总称,主要包括政治措施、法律措施、行政措施、经济措施、文化措施、教育措施等。

政治措施就是运用国家权力来治理社会治安的方法和措施。党中央、国务院提出对社会治安实行综合治理的方针,就是政治措施的体现,因而确定了通过国家活动解决社会治安问题的方向和任务。政治措施主要表现在以下方面:一是党政统一领导。社会治安综合治理工作必须在党委和政府的统一领导下,各部门协调一致,形成合力,齐抓共管。二是党政对社会治安综合治理工作路线、方针、政策的指导。根据不同时期的形势任务,适时提出工作要求,特别是近年来党中央、国务院及有关部委就加强社会治安综合治理工作连续下发了一系列的文件和有关规定,这对推动社会治安综合治理工作的深入开展具有重要的作用。三是思想政治工作在社会治安综合治理中发挥重要作用。通过思想政治工作,教育、引导广大干部职工树立远大理想,弘扬奉献精神,明辨是非,正确处理好个人利益与国家利益的关系,团结和睦,安定祥和,从而达到促进社会稳定、建立良好社会秩序的目的。

法律措施是指运用国家法律法规的强制性、规范性来对社会治安进行治理、防范和控制的措施与方法。它的主要内容体现在立法、执法、司法和法制宣传等方面,具体包括:通过立法确认正常的法律秩序,规范人们的行为,明确社会治安综合治理的法制化、规范化建设;通过执法、司法活动,运用法律武器打击和预防违法犯罪行为,维护社会治安秩序和社会稳定;通过法制宣传,普及法律知识,增强公民法律意识和法治观念,引导人们守法、用法,依法办事,合法维权。在实施依法治国基本方略的背景下,法律措施对社会治安综合治理的作用日益重要。

行政措施是指运用行政权力、行政法规和行政处罚等,实施行政管理活动,落实社会治安综合治理工作所采取的各项措施和方法,主要内容包括主要包括:各级政府及其职能部门把社会治安综合治理工作纳入当地经济社会发展规划和颁布实施有关行政管理规章,从人、财、物等方面推动社会治安综合治理工作的开展;各级行政机关通过行政管理活动,发挥在社会治安综合治理中的职能作用,预防、发现、打击和控制危害社会秩序、影响社会稳定的违法犯罪行为;通过检查考核、评比表彰、行政处罚等措施,落实社会治安综合治理责任。

经济措施是指依据客观经济规律,运用经济调节和物质利益关系,调动和影响人们参与社会治安综合治理的积极性所采取的各种措施和方法。它的主要内容包括:各级政府及其职能部门为社会治安综合治理工作提供财政经费和物质保障;把社会治安综合治理责任与责任单位及其责任人的经济利益挂钩,严格兑现奖惩等。在社会主义市场经济条件下,经济措施在社会治安综合治理中运用得越来越多。

文化措施是指通过提高全社会的文化素养和文明程度,净化社会风气,维护社会稳定所采取的各种措施和方法,主要内容包括提供健康有益的精神食粮,开展丰富多彩、健康向上的文化娱乐活动,为社会治安综合治理营造良好的文化氛围和舆论环境,提供有力的精神动力支持。

教育措施是指通过对全社会进行思想政治、道德、法制和纪律等教育活动,预防和减少违法犯罪所采取的各种措施和方法。教育措施的主要内容包括:进行思想政治教育,树立远大理想和社会主义信念及正确的人生观、价值观、世界观,筑牢预防违法犯罪的思想防线;进行道德、法制和纪律等教育,增强法律、纪律意识,讲究道德,遵纪守法。

(三)社会治安综合治理的客体

社会治安综合治理的客体是指社会治安综合治理所指向的客观对象,是通过实行综合治理所要整治、防范和解决的影响社会治安和社会稳定的突出问题,主要包括违法犯罪问题、治安灾害事故、社会矛盾纠纷、公共安全问题等。

违法犯罪问题是影响社会治安和社会稳定最突出的问题。这里所指的违法问题"主要是指违反国家有关治安管理和社会稳定的法律法规,危害社会管理秩序、公共安全和公民人身、财产权利,尚不够刑事处罚的行为和现象"①。我国《治安管理处罚法》规定的各种违反治安管理的行为是违法问题的最主要部分。违法问题的社会危害程度虽没有犯罪问题严重,但其数量大、危害面广,与民众日常生活联系紧密,严重影响日常社会秩序和群众安全感。这里所指的犯罪问题主要是指具有严重社会危害性、触犯刑法、应受刑事处罚的行为和现象,是危害社会秩序的极端形式和最严重的突出问题。

治安灾害事故是指由于违反治安管理法规或安全操作规程而造成重大物质损失或人身伤亡的灾害性事故,如火灾、爆炸、中毒、沉船、交通肇事及因公共秩序混乱造成的伤亡等。② 治安灾害事故往往造成较多的人员、财产损失,强调的是事故发生时人为原因的治安违法性,以及事故对公共秩序的破坏。

社会矛盾纠纷是指那些易引发社会治安问题、影响社会稳定的社会矛盾和民间纠纷,如果预防和处置不当,就可能导致发生"民转刑"案件和严重群体性事件,对社会治安和社会稳定造成严重危害。

公共安全问题主要是指危害不特定多数人的生命、健康或造成重大公私财产的安全生产、产品质量和公共卫生等方面的安全问题。

二、社会治安综合治理的工作范围

社会治安综合治理的基本工作范围包括以下几个方面:

一是打击。打击是综合治理的首要环节,是落实综合治理其他措施的前提条件。社会治安综合治理中的"打击"是指司法机关和有关行政管理部门对妨碍和破坏社会治安秩序的违法犯罪行为依法进行处理的专门性活动,不仅包括对犯罪行为的刑事司法打击,还包括对行政违法的查处。1991年《关于加强社会治安综合治理的决定》指出,"打击是综合治理的首要环节,是落实综合治理其他措施的前提条件。必须长期坚持依法从重从快严厉打击严重危害社会治安的刑事犯罪活动"。2001年《关于进一步加强社会治安综合治理的意见》指出,"打击犯罪是社会治安综合治理的首要环节,必须毫不动摇地依法从重从快严厉打击

---

① 中央社会治安综合治理委员会办公室编著:《社会治安综合治理工作读本》,中国长安出版社2009年版,第8页。
② 参见熊一新等主编:《治安管理学概论(修订本)》,中国人民公安大学出版社2007年版,第292页。

严重刑事犯罪活动,整治治安混乱的地区,解决突出的治安问题"。当然,把打击作为社会治安综合治理工作的首要环节与社会治安综合治理方针中的以预防为主是"令人困惑的","应当强调的首要环节是构成这个系统的结构和功能","打击应当服从和服务于系统的结构和功能"①。

二是防范。《全国人民代表大会常务委员会关于加强社会治安综合治理的决定》出现了两个"防范":一是第 2 条规定,社会治安综合治理工作应当坚持"打击和防范并举,指标和治本兼顾,重在治本";二是第 3 条规定,"把社会治安综合治理包含的打击、防范、教育、管理、建设、改造等各方面的工作纳入法制轨道"。显然"打击和防范"对应工作范围六个方面的全部,除了打击外,防范对应其他五个方面。因此,这里的"防范"是广义上的,六个方面中的"防范"是狭义上的。②大力加强防范工作,是减少各种违法犯罪活动和维护社会治安秩序的积极措施。要广泛发动和组织群众,采取各种防范措施,消除不安定因素和安全隐患。特别是要大力疏导调解各种社会矛盾和民间纠纷,避免矛盾激化。要加强机关、学校、企事业单位内部的安全保卫工作和技术防范措施;加强城镇居民楼院的安全防范设施,并纳入城市建设规划。加强城乡治安联防,健全群防群治机制,并充分发挥民兵维护社会治安的作用。

三是教育。加强教育,特别是加强对青少年的教育,是维护社会治安的战略性措施。要在全体公民中继续广泛深入、扎扎实实地开展普法教育和各种形式的法制宣传教育,进一步提高全民的法律意识,增强护法、守法观念。学校教育重在育人,要狠抓学生的品德教育,认真上好法制课,特别是要做好"双差生"、工读生的思想转化工作。宣传、文化、艺术、影视、出版等部门和单位要把社会效益放在第一位,多出健康有益的精神产品、剔除文化垃圾。共青团、工会、妇联要与单位、街道(乡村)、学校、家庭密切结合,加强对青少年的政治思想教育,尤其是要做好后进青少年、轻微违法犯罪青少年的教育挽救工作。基层党政组织和公安派出所要落实对刑满释放、解除劳教人员的帮教安置工作。

四是管理。考察我国的《治安管理处罚法》和《刑法》不难发现,犯罪问题往往是从行政违法发展而来。加强各方面的行政管理工作,是堵住犯罪空隙,减少社会治安问题,建立良好社会秩序的重要手段。尤其是要做好各项治安行政管理工作,主要包括对流动人口、人群密集型公共场所、特种行业及新兴行业(如快

---

① 徐显明、刘远:《理念与模式——"入世"对社会治安工作的启示》,载《法学论坛》2000 年第 6 期。
② 参见李清龙:《论社会治安综合治理的指导方针》,载《中国法学》1991 年第 6 期。

递业、共享经济、网络社交等领域)的治安指导和监督。

五是建设。加强基层组织建设和制度建设,是落实综合治理的关键。各级党委和政府必须认真贯彻中央有关指示精神,抓紧整顿建设好城乡基层组织,特别是要加强以党支部为核心的村级组织建设,使综合治理的各项措施落实到基层,落实到群众中去。要建立健全各种治安防范制度,特别要普遍推行各种形式的综合治理责任制,以保障社会治安综合治理工作落到实处。

六是改造。在我国,无论是1954年的《劳动改造条例》(已废止)还是1994年的《监狱法》,改造工作都包括惩罚和改造两个方面,当然,这里惩罚也可以理解为改造的必要手段。改造工作是教育、感化、挽救犯罪人,目的是防止其重新犯罪。改造罪犯是社会治安综合治理工作的重要组成部分,它起到特殊预防、一般预防及净化社会风气的作用,有利于促进和巩固社会治安。[①] 在21世纪初我国引入社区矫正制度以前,监禁下的劳动改造是我国的主要罪犯改造方式。社区矫正制度立法出台后,我国的罪犯改造制度日渐完善。同时,我国还重视罪犯改造的后续工作,如刑满释放人员的社会支持工作,取得了较好的社会效果。

上述六个方面的工作相辅相成,覆盖了整个社会的治理工作,从宏观的社会预防到微观的个人教育、改造,成为落实综合治理各项措施的系统工程。

三、社会治安防控体系建设

信息化、立体化的社会治安防控体系建设是当前我国犯罪预防体系的战略规划。2015年,中共中央办公厅、国务院办公厅印发的《关于加强社会治安防控体系建设的意见》中,共有加强社会治安防控体系建设的指导思想和目标任务、加强社会治安防控网建设、提高社会治安防控体系建设科技水平、完善社会治安防控运行机制、运用法治思维和法治方式推进社会治安防控体系建设、建立健全社会治安防控体系建设工作格局六部分21条。社会治安防控体系建设的目标任务是形成党委领导、政府主导、社会治安综合治理协调、各部门齐抓共管、社会力量积极参与的社会治安防控体系建设工作格局,健全社会治安防控运行机制,编织社会治安防控网,提升社会治安防控体系建设法治化、社会化、信息化水平,增强社会治安整体防控能力,努力使影响公共安全的暴力恐怖犯罪、个人极端暴力犯罪等得到有效遏制,使影响群众安全感的多发性案件和公共安全事故得到

[①] 参见张振藩:《社会治安综合治理中的改造工作》,载《法学杂志》1984年第6期;丁长境:《论改造罪犯工作在社会治安综合治理中的地位和作用》,载《中国法学》1990年第1期。

有效防范,人民群众安全感和满意度明显提升,社会更加和谐有序。社会治安防控体系的主要架构是社会治安防控网,主要包括以下几个方面:

(一)加强社会面治安防控网建设

根据人口密度、治安状况和地理位置等因素,科学划分巡逻区域,优化防控力量布局,加强公安与武警联勤武装巡逻,建立健全指挥和保障机制,完善早晚高峰等节点人员密集场所重点勤务工作机制,减少死角和盲区,提升社会面动态控制能力。加强公共交通安保工作,强化人防、物防、技防建设和日常管理,完善和落实安检制度,加强对公交车站、地铁站、机场、火车站、码头、口岸、高铁沿线等重点部位的安全保卫,严防针对公共交通工具的暴力恐怖袭击和个人极端案(事)件。完善幼儿园、学校、金融机构、商业场所、医院等重点场所安全防范机制,强化重点场所及周边治安综合治理,确保秩序良好。加强对偏远农村、城乡接合部、城中村等社会治安重点地区、重点部位以及各类社会治安突出问题的排查整治。总结推广零命案县(市、区、旗)和刑事案件零发案社区的经验,加强规律性研究,及时发现和处置引发命案和极端事件的苗头性问题,预防和减少重特大案(事)件特别是命案的发生。

(二)加强重点行业治安防控网建设

切实加强旅馆业、旧货业、公章刻制业、机动车改装业、废品收购业、娱乐服务业等重点行业的治安管理工作,落实法人责任,推动实名制登记,推进治安管理信息系统建设。加强邮件、快件寄递和物流运输安全管理工作,完善禁寄物品名录,建立健全安全管理制度,有效预防利用寄递、物流渠道实施的违法犯罪。持续开展治爆缉枪、管制刀具治理等整治行动,对危爆物品采取源头控制、定点销售、流向管控、实名登记等全过程管理措施,严防危爆物品非法流散社会。加强社区服刑人员、扬言报复社会人员、易肇事肇祸等严重精神障碍患者、刑满释放人员、吸毒人员、易感染艾滋病病毒危险行为人群等特殊人群的服务管理工作,健全政府、社会、家庭三位一体的关怀帮扶体系,加大政府经费支持力度,加强相关专业社会组织、社会工作人才队伍等建设,落实教育、矫治、管理以及综合干预措施。

(三)加强乡镇(街道)和村(社区)治安防控网建设

以网格化管理、社会化服务为方向,健全基层综合服务管理平台,推动社会治安防控力量下沉。把网格化管理列入城乡规划,将人、地、物、事、组织等基本治安要素纳入网格管理范畴,做到信息掌握到位、矛盾化解到位、治安防控到位、便民服务到位。因地制宜确定网格管理职责,纳入社区服务工作或群防群治管理,通过政府购买服务等方式,加强社会治安防控网建设。实现全国各县(市、区、旗)的中心城区网格化管理全覆盖。整合各种资源力量,加强基层综合服务管理平台建设,逐步在乡镇(街道)推进建设社会治安综合治理中心,村(社区)以基层综合服务管理平台为依托建立实体化运行机制,强化实战功能,做到矛盾纠纷联调、社会治安联防、重点工作联动、治安突出问题联治、服务管理联抓、基层平安联创。实现县(市、区、旗)、乡镇(街道)、村(社区)三级综合服务管理平台全覆盖,鼓励有条件的地方提前完成。深化社区警务战略,加强社区(驻村)警务室建设。将治安联防矛盾化解和纠纷调解纳入农村社区建设试点任务。

(四)加强机关、企事业单位内部安全防控网建设

按照预防为主、突出重点、单位负责、政府监管的原则,进一步加强机关、企事业单位内部治安保卫工作,严格落实单位主要负责人治安保卫责任制,完善巡逻检查、守卫防护、要害保卫、治安隐患和问题排查处理等各项治安保卫制度。加强单位内部技防设施建设,普及视频监控系统应用,实行重要部位、易发案部位全覆盖。加强供水、供电、供气、供热、供油、交通、信息通信网络等关系国计民生基础设施的安全防范工作,全面完善和落实各项安全保卫措施,确保安全稳定。

(五)加强信息网络防控网建设

建设法律规范、行政监管、行业自律、技术保障、公众监督、社会教育相结合的信息网络管理体系。加强网络安全保护,落实相关主体的法律责任。落实手机和网络用户实名制。健全信息安全等级保护制度,加强公民个人信息安全保护。深入开展专项整治行动,坚决整治利用互联网和手机媒体传播暴力色情等违法信息及低俗信息。

同时,《关于加强社会治安防控体系建设的意见》指出:要加强信息资源互通共享和深度应用、加快公共安全视频监控系统建设,以提高社会治安防控体系建设科技水平;健全社会治安形势分析研判机制、实战指挥机制、部门联动机制和区域协作机制,以完善社会治安防控运行机制;运用法律手段解决突出问题、加强基础性制度建设、严格落实社会治安综合治理领导责任制,运用法治思维和法治方式推进社会治安防控体系建设;加强党委和政府对社会治安防控体系建设的领导、充分发挥社会治安综合治理组织的组织协调作用、充分发挥政法各机关和其他各有关部门的职能作用、充分发挥社会协同作用、积极扩大公众参与,以建立健全社会治安防控体系建设工作格局。

第三节　社会治安综合治理的运行机制和原则

社会治安综合治理的一大特征是多种力量的协同。政府各部门、社会组织、公民个人要有效地形成合力,需要一个健全、高效的工作机制,遵循一定的工作原则。

一、社会治安综合治理的运行机制

机制是系统构成要素的结合和运行方式。社会治安综合治理的运行机制,是从系统论的角度看待社会治安综合治理构成要素之间的静态构造和动态关系。社会治安综合治理的运行机制主要包括调查研究、落实责任、宣传发动、组织协调、检查监督和考核奖惩。

(一) 调查研究

"没有调查,就没有发言权。"在改革开放和发展市场经济的新形势下,新情况、新问题层出不穷,社会治安综合治理,就是要研究和解决新情况、新问题。深入实际调查研究,了解新情况,研究新问题,寻找新方法,采取新举措。只有这样,才能把握新形势下经济社会发展的规律,不断增强工作的预见性、系统性和创造性,从而做到成竹在胸,全局在握,牢牢把握工作主动权,把各项事业不断推向前进。社会治安综合治理工作中,调查研究的方式方法很多,其中最基本的方式方法有社会治安形势分析研判、公众安全感调查和开展"两个排查"活动。

1. 社会治安形势分析研判

做好社会治安形势分析研判工作要重点注意以下几个方面:一是必须从维护社会治安和稳定的大局出发,随时掌握突出的、影响社会稳定大局的治安问题;二是必须进一步加强科学化、制度化建设,分析判断力求做到科学、准确;三是必须掌握大量的第一手资料;四是必须做好部门间的沟通工作;五是必须对治安情况有总体把握,对案件要定性定量分析;六是必须及时发布信息;七是对影响重大的突出问题提出责任查究意见和建议。

2. 公众安全感调查

社会治安状况如何,最有发言权的是广大人民群众。做好公众安全感调查工作对正确了解和掌握治安形势具有重要作用。2000年,中共中央社会治安综合治理委员会下发《关于加强和改进社会治安形势分析评估工作的意见》,要求各地普遍开展"公众安全感"调查,以广泛真实地掌握广大人民群众对社会治安的反映,进一步增强社会治安综合治理工作的针对性和实效性。国家统计局受中共中央社会治安综合治理委员会的委托,每年11月1日至10日,在全国开展为期10天的群众安全感抽样调查。但是,各地安全感调查作为评价一个区域治安情况的指标,往往用于社会治安综合治理工作考核,调查中发现的问题经常得不到重视和解决。

3. 开展"两个排查"活动

"两个排查"主要是指排查调处矛盾纠纷,排查整治治安混乱地区和突出治安问题活动,是政法部门用以排查社会不稳定因素的一种通称。主要涉及部门有政法委、公安部门、监察部门、法院、司法局。开展"两个排查"活动,是在各级党委和政府统一领导下,充分发挥党的政治优势,坚持社会治安综合治理方针,积极整合各方面力量,集中解决影响社会和谐稳定的突出矛盾和治安问题。

(二)落实责任

社会治安综合治理责任制主要包括领导责任制、目标管理责任制和一票否决权制。严格执行责任制是将社会治安综合治理各项措施落到实处的重要保证。2001年,中共中央、国务院出台的《关于进一步加强社会治安综合治理的意见》提出:各级党委、政府要进一步健全和落实社会治安综合治理目标管理责任制、领导责任制和一票否决权制等各项制度。要建立健全落实责任制联席会议制度。要把各级党政领导干部抓社会治安综合治理工作的实绩,列为干部考核的重要内容,并把考核结果作为干部升降奖惩的重要依据,与晋职晋级、奖惩直接挂钩。各级党委组织部门在考察党政主要领导和分管治安工作的领导干部工作实绩时,须征求所在地区、部门社会治安综合治理领导机构的意见。要表彰奖励真抓实干、成效显著的地方、部门和单位及其领导干部,宣传他们的先进事迹和典型经验。要严格执行领导责任查究制度,进一步加大对因领导干部工作不力而导致发生严重危害社会稳定和社会治安问题的地方、单位及部门进行领导责任查究的力度,坚决实施一票否决,追究有关领导的责任。2016年2月,中共中央办公厅、国务院办公厅印发《健全落实社会治安综合治理领导责任制规定》,进一步明确、强化了治安责任制度。

(三)宣传发动

宣传发动是社会治安综合治理的重要工作内容。社会治安综合治理工作要靠多种手段,包括要运用文化的、教育的手段来治理社会治安、预防犯罪,更离不开宣传工作,甚至有许多工作都是直接依靠宣传工作来完成的。社会治安综合治理宣传发动首先要建设自己的宣传舆论阵地。1993年,中共中央社会治安综合治理委员会报请中央批准创办《长安》杂志,作为中央政法委、中共中央社会治安综合治理委员会主管的机关刊物。《法制日报》作为中央政法委的机关报,是理所当然的综治宣传主阵地、主渠道。1997年,中央电视台法制宣传栏目"今日说法"开播,目前该栏目成为全国观众所喜爱的精品栏目,为开展法制宣传、综合治理宣传发挥着重要作用。2004年,中央电视台开办了"社会与法"频道,为政法工作、社会治安综合治理工作提供了一个新的重要的舆论阵地。2006年10月19日,由中央政法委、中央综治委、新华社主办,新华网承办的"中国平安网"正式开通,该网紧紧围绕政法、社会治安综合治理工作重点和人民群众关注的热点难点问题,坚持正确的舆论宣传导向,不断开拓创新,确保了信息发布及时准确、技术运行通畅安全,已逐步成为全国社会治安综合治理工作互动交流的平台和人民群众了解社会治安综合治理工作的网上权威信息渠道。这些宣传阵地的开辟与建立,对在全社会形成社会治安综合治理宣传的浓厚氛围,发挥了极为重要的作用。

(四)组织协调

社会治安综合治理是一项宏大的社会系统工程,贵在综合、难在综合,而组织协调就是综合的主要手段之一。能否做好组织协调是实现综合治理的关键环节。社会治安综合治理工作的组织协调包括两层含义:第一,它是指各级党政领导从思想上、组织上、工作上加强对社会治安综合治理的领导,认真组织、协调各部门的工作,解决落实中的问题,保证社会治安综合治理各项措施落实到基层的行为。第二,它是指各级社会治安综合治理部门采取一定的措施和方法,使其所领导的组织同各个职能部门协调一致、相互配合,以便高效率地实现社会治安综合治理目标、任务的行为。

组织协调主要有三种类型:一是事务协调,即事与事、任务与任务、项目与项目之间的组织协调,包括工作中的意见协调、方案协调、政策协调、行动协调。二是价值目标的协调。相关各社会治安综合治理部门对同一工作目标的价值理解、沟通与认同有所差异甚至存在矛盾冲突,需要加以协调。三是程序性协调,即对参与社会治安综合治理活动的单位、人员在时间、过程方面的合理安排,以保证形成治理合力,达到最好的治理效果。

组织协调的方式主要有会议组织协调、日常组织协调、书面组织协调等。会议组织协调有社会治安综合治理委员会方式、联席会议方式、专门工作领导小组及办公室会议方式,以及其他会议方式。

（五）检查督导

检查督导是社会治安综合治理求证结果、督促落实、推进工作的重要制度、机制和方法。在社会治安综合治理实务中，检查督导作用的发挥，是通过将社会治安综合治理工作实际效果信息与有关既定标准相比较，查出偏差，并找到产生偏差的原因和责任，督促有关部门和人员调整工作状态，改进工作方法，以确保工作目标的顺利实现。检查督导的方法主要有暗访、社会治安综合治理委员巡视、社会治安综合治理工作联系点、人大代表或政协委员视察、专项工作检查督导、社会治安综合治理检查、社会治安综合治理会议等。

（六）考核奖惩

考核奖惩是落实责任、鼓励先进、鞭策后进、推动社会治安综合治理工作深入开展的重要手段和方法。社会治安综合治理考核奖惩工作一般分为四个环节：签订目标管理责任书、社会治安综合治理检查、社会治安综合治理考核评比、社会治安综合治理表彰奖励与责任追究。社会治安综合治理考核评比的内容有：专项考评的内容，如公众安全感调查、严打整治、流动人口管理等；综合考评的内容，如治安排查、矛盾排查调处、治安防控体系建设、平安建设、社会治安综合治理工作创新、责任制落实情况、经费保障情况、干部培训情况、机构建设情况等；考评实施细则评分标准。

二、社会治安综合治理实践的原则

结合社会治安综合治理的理论和实践，其工作原则主要有以下几个：

（一）"谁主管谁负责"原则

"谁主管谁负责"原则，是实现社会治安综合治理的核心。"谁主管谁负责"（整体责任、系统责任、单位责任）是指一个地区、一个部门、一个单位的领导，对本地区、本部门、本单位的社会治安综合治理工作负责，即按照社会治安综合治理的任务、要求和工作范围，主动找准自己的位置，明确本部门、本系统的职责，切实承担起维护社会治安的义务和责任，保一方平安。这项原则适用于所有党政军各部门和各人民团体，各部门和各人民团体都要发挥自己的职能作用，认真抓好本系统参与社会治安综合治理的工作；都要抓好本系统的综合治理工作，防止发生重大犯罪和重大治安问题。各机关、厂矿、学校、企事业单位和人民团体，都要"管好自己的人，看好自己的门，办好自己的事"，切实加强内部人员的思想教育和各项安全防范工作。一旦发生问题，要酌情追究有关部门、单位直接领导者的责任。落实"谁主管谁负责"原则必须逐步制度化、法律化。对各主管部门应负什么责任、怎么负责、不负责怎么办,都要制定法律、法规或者规章,做出明确规定,做到有法可依、有章可循。

(二)属地管理原则

属地管理原则是"谁主管谁负责"原则在"条块结合,以块为主"关系上的运用。所谓"条",是指按照不同工作性质、任务的范围划分的各个系统、各个行业、各个部门、各个单位,是上、下之间"纵"的方面的系统。所谓"块",是指依照地理位置而划分的行政区域,是左右前后成片的"横"的区域。虽然"条条"都有各自的系统和上级主管部门,但他们的工作场所和生活场所一般都在一定的"块块"管辖范围之内,这样在社会治安综合治理工作中就形成了"条"和"块"两个不同的工作领域。实行"条块结合,以块为主"的属地管理原则,就是要在社会治安综合治理工作中明确"条""块"关系及各自所处的位置,消除"条""块"分割脱节的现象,充分调动"条""块"两个方面的积极性,从而更好地把综合治理的各项措施落实到基层。《关于社会治安综合治理工作实行"属地管理"原则的规定(试行)》对属地管理原则进行了明确。

所有机关、团体和企事业党委都要服从所在地党委、政府的统一领导。各级党委、政府负责维护好管辖地区的社会治安。中央和地方各部门、各人民团体既要按照"谁主管谁负责"原则,抓好本系统所属各单位的治安综合治理工作,又要积极支持配合地方各级党委和政府,督促所属单位按照驻在地区的统一要求,做好社会治安综合治理工作。实行以垂直领导为主的领导体制的部门,其系统所属单位的治安综合治理工作,由部门和地方双重领导,以上级主管部门领导为主;其系统所属单位对地方党委、政府统一布置的任务,也必须认真完成。铁路沿线的社会治安综合治理工作以地方领导为主,铁路部门积极配合。军队(含人民武装警察部队)营区和军事禁区以内的治安工作由军队负责。各部门下属的企业、事业单位,在社会治安综合治理工作中,既要执行上级主管部门的部署,又要服从所在地党委、政府的统一领导和所在地社会治安综合治理领导机构的组织、指导、协调、督促和检查。

社会治安综合治理的各项具体措施由基层社会治安综合治理领导机构负责组织落实;在城市,原则上由街道负责;在农村,原则上由乡镇负责;跨越两个以上街道或乡镇的厂矿企业、高等院校、科学研究单位,由上一级社会治安综合治理领导机构负责,也可以指定其中一个街道或乡镇社会治安综合治理领导机构负责;大型厂矿企业、高等院校、科学研究单位,经省、自治区、直辖市社会治安综合治理领导机构批准,也可以由市、地、县或市属区的社会治安综合治理领导机构负责。

各级社会治安综合治理领导机构,对辖区内的所有机关、团体、学校、企业、事业单位和居民委员会、村民委员会的社会治安综合治理工作,有协调指导权、监督检查权、表彰批评权和对主要领导、主管领导,以及治安责任人的党纪、政纪处分建议权。县以下(不含县)社会治安综合治理机构对辖区内驻在的各部门、各单位有评先晋级一票否决的建议权;县以上(含县)社会治安综合治理领导机构有评先晋级一票否决的决定权,其办公室有建议权。各省、自治区、直辖市社会治安综合治理领导机构,可根据需要,制定执行本规定的实施细则,报省、自治区、直辖市人民政府或人民代表大会常务委员会批准后施行。

(三) 预防为主、重在治本原则

社会治安综合治理策略的提出是针对犯罪的多因性,旨在从根本上抑制犯罪,属治本之策。社会治安综合治理战略法律地位的确立也是建立在"严打"难以奏效的现实条件下,打击只是社会治安综合治理的一种手段。有学者提出,"预防犯罪是社会治安综合治理的中心环节"[①]。本书认为,社会治安综合治理的根本任务是犯罪控制,以打击为主要任务的刑事司法工作的主要目标也是剥夺犯罪人再犯的能力或矫治犯罪人,而非惩罚或报复。坚持预防为主、重在治本原则,就是要在宏观上把预防工作作为社会治安综合治理工作最基本的立足点和出发点,注重从抑制和消除产生危害社会治安现象的具体原因和条件入手,最大限度地减少和防止违反法律、纪律、道德等社会行为规范的现象发生,从而达到治本之目的。预防为主、重在治本,是实行综合治理的必然要求。

坚持预防为主、重在治本原则,就要以科学的精神和方法、全面深入地研究和分析产生危害社会治安诸现象的各种原因和条件,特别是那些引发违法犯罪的具体的、现实的直接原因和条件,并积极寻求消除这些原因和条件的科学途径和有效措施,以形成以经验证据为基础的治安理论。

(四) 法治原则

法治是与人治相对的,它是形式意义上的法治和实质意义上的法治的统一。形式意义上的法治强调"依法治国""依法办事"的治国方式、制度及其运行机制;实质意义上的法治强调"法律至上""法律主治""制约权力""保障权利"的价值、原则和精神。社会治安综合治理的法治之路任重道远。在形式意义上的法治方面已经取得了一定的成绩,现有社会治安综合治理立法主要有:一部法律,两部

[①] 王茂祯:《预防犯罪是社会治安综合治理的中心环节》,载《山东社会科学》2000年第2期。

行政法规,一系列部门规章,四十余部地方性法规、自治条例和地方政府规章,除此之外还有许多政策性、"精神"性文件。关于社会治安综合治理的依据主要有两个特点:一是政策性、纲领性的文件居多,如中央关于加强综合治理的一系列政策决定;二是各地经验性、尝试性的工作规范较多。这种情形说明了当前对社会治安综合治理工作的指导和规范主要是政策性、精神性的,各地实践不规范、不统一,存在着较大的随意性。党的十八届四中全会提出了全面推进依法治国的总目标和重大任务,要求把国家的一切管理活动都纳入社会主义法制的轨道。社会治安综合治理作为国家治理中的重要内容,将其纳入法制化轨道是贯彻落实"依法治国"基本方略的必然要求。还应当看到,社会治安综合治理作为党的重要工作纳入法制化轨道只是法治的第一步,真正做到"法律至上"还需很多努力。

(五) 协调原则

确立协调原则,就是要求从宏观上对社会治安综合治理工作予以统筹协调,以提高这项工作的整体功效。社会治安综合治理作为一项宏伟的社会系统工程,它不是各种社会组织、法律制度、政策措施和治理活动的简单相加和无序堆砌,而是各个子系统和诸因素的有机结合、相辅相成、协调运作的动态大系统。这些子系统主要包括:(1) 指挥系统。社会治安综合治理工作涉及全党全社会各个方面,必须由党委统一领导;同时,政府也要担负起重要的领导责任,大量的工作要由政府去组织实施。(2) 立法系统。该系统包括国家和地方各级立法机关。立法机关要经常了解和研究社会治安综合治理实践中的各种立法需求,及时制定和完善与社会治安综合治理有关的法律法规,并保证各有关法律法规的协调发展。(3) 司法系统。该系统包括人民法院、人民检察院和公安、安全、司法行政等机关。他们承担对犯罪的预防、侦查、追诉、惩罚、改造等功能。(4) 群防系统。该系统主要包括民间调解组织、单位内保组织、基层治保组织及保安服务组织,是重要的治安供给力量。(5) 教育系统。它包括各类学校及宣传、文化、艺术、影视、出版等部门和单位。(6) 管理系统。该系统主要是指各行政管理和监督部门。综合治理的最大优势,就是通过系统的内在协调,充分发挥各社会治安综合治理主体和参与力量的整体功能。

(六) 科学原则

"确立科学原则,就是要强调社会治安综合治理的科学性。"[①]本书认为,应

---

① 陈宝树、陈泽宪:《论社会治安综合治理的基本原则》,载《法学研究》1992年第1期。

建立以证据为基础的社会治安综合治理工作理论,并由这种理论来指导社会治安综合治理工作实践。这就需要做好几点工作:一是在社会治安综合治理理论和实践中树立科学理念。理念是行为的先导,有了科学理念,才会贯彻到具体工作中去。二是社会治安综合治理工作各环节要践行科学理念。这包括社会治安综合治理决策阶段,要有充分的调查研究,制订科学的社会治安综合治理方案;在措施实施阶段,要重视科学的方法,保证方案得到正确的执行;在评估阶段,要结合实践采用科学的评估方法。三是善于总结以证据为基础的社会治安综合治理工作经验。社会治安综合治理实务部门尽量与高校或科研机构的理论研究人员结合起来,加强对社会治安综合治理工作的实证研究和经验总结,只有切实加强这方面的科学研究,才能使这项工作获得科学的指导进而富有成效,在理论与实践之间形成良性的循环。

【本章复习要点】

(1)社会治安综合治理的内涵与特征;(2)社会治安综合治理的主要发展阶段;(3)社会治安综合治理的工作范围;(4)社会治安防控体系建设的内容;(5)社会治安综合治理的运行机制;(6)社会治安综合治理工作的原则。

第五章　初级预防策略

【本章学习目标】

理解一般威慑、环境设计以预防犯罪、邻里预防等初级预防策略的基本内涵和主要措施，了解初级预防的实践应用，进一步理解初级预防与其他层级犯罪预防策略的区别和联系。

初级预防策略以犯罪预防为直接目的，指向不特定的对象，抑制所有的潜在犯罪人，同时影响所有的民众。例如，法律威慑的直接目的就是让人畏惧犯罪带来的刑事惩罚而不敢犯；通过环境设计的改变来增加犯罪实施的难度；邻里守望增进大家对社区安全的责任感、归属感，增加犯罪被发现的风险，进而预防犯罪。本章仅以一般威慑、环境设计以预防犯罪和邻里预防为例进行讨论。

第一节　一般威慑

威慑，一般意义上来讲，是指使人受到恐惧的影响。犯罪预防中的威慑是指由刑事司法系统带来的逮捕和惩罚对潜在犯罪人或犯罪人的影响，使其不去犯罪或不再犯罪。威慑可以分为一般威慑和特别威慑两种形式。一般威慑，是指通过对特定的犯罪人判处刑罚来预防其他人实施类似犯罪的威慑方法，它指向犯罪人之外的社会成员，希望通过对一个犯罪人的逮捕和惩罚，能够让其他犯罪人或潜在犯罪人引以为戒。特别威慑是指通过判处刑罚来预防特定的犯罪人重新犯罪的威慑方法。本节主要讨论一般威慑，因为它指向不特定的对象，属于初级预防的范畴。

一、一般威慑及其理论背景

运用刑罚手段预防犯罪，在犯罪预防体系中居于突出地位。我国刑法学者通常将刑罚的威慑功能称为刑罚预防，并将其分为特殊预防（或个别预防）和一般预防。① 有学者将一般预防进一步分为积极的一般预防和消极的一般预防:消极的一般预防,是指通过发挥刑罚的威慑功能来防止潜在的社会一般人犯罪;积极的一般预防,是指刑罚的制裁对没有违反规范的一般民众有激励、表彰和肯定的效果,对违法行为的评价准确传递出一种信息:触犯规范的人是错的,坚持遵守规范始终是正确的选择。因此,积极的一般预防的主旨是通过指导公众的行为,确立公众对于规范的认同和尊重,进而预防犯罪。②

一般威慑的理论渊源可以追溯到古典犯罪学派。贝卡里亚从功利主义的角度讨论刑罚设定的犯罪预防目的,他认为,"一种正确的刑罚,它的强度只要足以阻止人们犯罪就够了"③。19世纪中后期,随着犯罪浪潮的涌现和实证学派的兴起,古典学派在犯罪治理实践中日渐衰落。20世纪60年代,人们对实证学派理论解决犯罪问题的能力感到失望,古典学派理论复兴,产生了当代古典主义,其两个主要分支便是犯罪计量经济学(econometrics of crime)和威慑主义。④

犯罪计量经济学,是指用计量经济学的理论和方法研究犯罪问题,特别是犯罪决策问题,所提出的理论观点的统称。经济学对犯罪的关注是从美国经济学家贝克尔(Gary Becker)开始的,⑤他认为人们之所以变成犯罪人,并不是因为他们的基本动机与别人有什么不同,而是因为他们从成本—收益的分析中得出了不同的结论。犯罪行为的实施是一种理智决策的过程,潜在的犯罪人在他可能收集到的信息范围内考虑一切机会,选择成本最小尤其是可能受到刑罚处罚的风险最小,但是从中获得的收益最高的犯罪行为加以实施。贝克尔认为,犯罪人像正常人一样,在实施犯罪行为时也评价犯罪机会的预期收益。所谓预期收益,就是预期所得大于预期损失。然后,选择能获得最大收益的行为,而这种行为往往就是犯罪行为。贝克尔提出了预期收益的公式,认为预期所得等于犯罪成功的可能性乘以预期从犯罪行为中得到的利益,预期损失等于犯罪失败的可能性与犯罪失败招致的损失,两者之差就是预期收益。

---

① 参见张明楷:《论预防刑的裁量》,载《现代法学》2015年第1期;陈兴良:《刑罚目的新论》,载《华东政法学院学报》2001年第3期;周光权:《行为无价值论与积极一般预防》,载《南京大学学报(社会科学版)》2015年第1期;韩轶:《刑罚预防新论》,载《法律科学》2004年第5期。
② 参见周光权:《行为无价值论与积极一般预防》,载《南京师大学报(社会科学版)》2015年第1期。
③ 〔意〕贝卡里亚:《论犯罪与刑罚》,黄风译,中国大百科全书出版社1993年版,第47页。
④ 参见吴宗宪:《西方犯罪学史(第二版)》(第一卷),中国人民公安大学出版社2010年版,第202页。
⑤ 参见陈屹立:《犯罪经济学研究新进展》,载《经济学动态》2007年第12期。

贝克尔的犯罪决策公式：$EU=P(s)\times G-P(f)\times L$[①]

犯罪计量经济学的另一位代表人物理查德·沙利文（Richard Sullivan）认为，犯罪人在进行犯罪决策时，通常考虑5种情况：(1)获得合法收入的所有实际机会；(2)这些机会所提供的收入的数量；(3)不同非法方法所提供的收入的数量；(4)实施非法行为被逮捕的可能性；(5)如果被逮捕，他可能受到的刑罚。在进行这些计算后，如果认为实施犯罪行为带来的收益小于正当职业的收益时，他就会选择合法职业；相反，他会实施犯罪行为。因此，沙利文认为，可以把犯罪人看成是一个正常的、理智的、能够进行计算的人。当然，犯罪的利益不仅包括金钱、财富的增加，也包括社会地位的变化、心理的满足，以及以最小努力达到目标的可能性。同样，犯罪的成本也不仅仅包括金钱、财富的损失，还包括可能受到的刑罚处罚、社会谴责、心理不安及罪恶感。

随着计量经济学方法在犯罪原因研究中的应用，一些学者将这种方法扩大到刑事司法领域，包括刑事司法机构的资源分配、量刑活动（特别是死刑的适用）、警察组织的规模及效率等。通过对这些领域代价（增加力量、规模、程度）与利益（降低犯罪率）的计量经济学研究，一些犯罪学家认为，威慑性刑罚相较教养、假释等矫正性刑罚能够更有效地减少犯罪，因而复活了刑罚中威慑与报应的古典传统，产生了当代威慑主义，导致了刑事司法领域中的强硬政策。当代威慑主义的主要观点为：(1)要求恢复死刑，认为死刑是最有威慑力量的刑罚措施。(2)主张大量使用监禁，其假设是：大量的犯罪是由少数犯罪人实施的；长期监禁将减少犯罪；犯罪人一旦从社会中隔离出去，将不会再有人取代他们犯罪；那些被监禁的犯罪人在获释后不会用更大的犯罪来弥补他们损失的时间。(3)否定矫正效果。(4)认为报应符合正义，对犯罪人处以报应性刑罚是正当的。

二、一般威慑的三个要件

刑法和刑事司法制度的目标就是创造一种威胁系统。这就是说，法律规定的惩罚措施使人们对其产生恐惧，如果实施犯罪行为就会受到法律惩罚的这种恐惧心理，可以威慑、阻止人们犯罪。一般威慑的必要条件包括以下三个方面：

[①] 预期收益EU（expected utility）等于预期所得减去预期损失；预期所得（expected gains）等于犯罪成功的可能性P(s)（possibility of success）与预期犯罪所得G（gains）之积；预期损失（expected losses）等于犯罪失败的可能性P(f)（possibility of failure）与犯罪失败遭受的损失L（losses）之积。参见吴宗宪：《西方犯罪学史（第二版）》（第一卷），中国人民公安大学出版社2010年版，第202页。

（一）严厉性

中国古代有重刑主义传统，无论是秦代法家主张的"轻罪重刑""以刑止刑"，还是明代朱元璋惩治贪官的"剥皮填草"，均是严重依赖刑罚严厉性的预防策略。现代犯罪学产生的背景便是当时官方"野蛮而无益的酷刑"，迷信它能让潜在犯罪人望而却步。贝卡里亚认为，"刑罚的目的既不是要摧残折磨一个感知者，也不是要消除业已犯下的罪行"。"刑罚的目的仅仅在于：阻止罪犯再重新侵害公民，并劝诫其他人不要重蹈覆辙。"① 严厉性是指刑罚惩罚带来的痛苦足以抵消犯罪行为带来的快乐。严厉性寻求消除犯罪活动积极的、愉悦的后果，取而代之的是消极的、不想要的痛苦。

（二）确定性

"莫伸手，伸手必被捉。"这是我们常用的威吓盗窃者的口号，它利用的就是惩罚的确定性。确定性是指犯罪人被抓住和惩罚的可能。贝卡里亚曾强调刑罚的确定性，"对于犯罪最强有力的约束力量不是刑罚的严酷性，而是刑罚的必定性"②。如果犯罪人不会被逮捕，那么严厉性并不会对犯罪人的犯罪决策造成影响。从一般威慑来看，如果执法缺位，会使潜在的犯罪人认为，刑事司法系统对这类犯罪行为不在乎，或者刑事司法系统没有能力对这种行为进行惩罚。

（三）及时性

及时性是指对犯罪的社会反应迅速。"惩罚犯罪的刑罚越是迅速和及时，就越是公正和有益。"③ 它假定，犯罪人的犯罪行为招致的惩罚距离犯罪实施的时间长短对犯罪人的影响不同。对于犯罪人来说，随着时间的推移，迟来的惩罚带来的痛苦相对于之前犯罪所带来的快乐程度大为减弱。例如，一个孩子在上午10点的时候不听妈妈的话，被妈妈警告，"等你爸爸回家收拾你"，孩子极可能不把爸爸晚上5点回家后的惩罚与7个小时前发生的行为等同。成年人的时间框架可能扩展为一天或一周，但原理是相同的。当惩罚的痛苦姗姗来迟，越轨行为带来的快乐更具有诱惑力。犯罪招致的惩罚与犯罪行为带来的快乐在时间上越接近，犯罪人越容易将两者等同，犯罪的快乐就越容易被惩罚的痛苦所抵消。

一般威慑依赖于上述三个必要条件的同时具备，缺少任何一个都会阻碍惩罚的威慑效果。但是，这是以潜在犯罪人对刑罚存在且必然降临的认知为前提的。惩罚阻却犯罪人基于潜在犯罪人了解相关法律和刑事司法制度。法律或实

---

① 〔意〕贝卡里亚：《论犯罪与刑罚》，黄风译，中国大百科全书出版社1993年版，第42页。
② 同上书，第59页。
③ 同上书，第56页。

际上的制裁只能影响预见到风险的个体。对于无视法律的社会成员,我们不能奢望他会因法律而停止自己的违法行为。至于那些对违法行为会导致逮捕和判刑缺乏了解的人,法律也起不到威慑的作用。潜在犯罪人可能认为被逮捕的概率很小或违法的量刑是缓刑(对于一些犯罪人来说是可以接受的),这种情况下刑罚的威慑作用就不强。威慑效用的有效与缺乏取决于潜在犯罪人所持有的对法律和刑事司法制度的观念。

国外有学者在对法律制裁威慑效果进行研究后认为[①]:关于法律制裁对犯罪程度是否有较大的影响,现有成果没有得出令人信服的结论;最为明确的发现是逮捕和惩罚的确定性增加会导致犯罪率下降;严厉性对人的行为几乎没有影响,这也许是因为个人对实际制裁、被抓及受到惩罚的概率缺乏足够的认识;逮捕和惩罚的风险降低并不意味着犯罪率将上升,相反,刑事司法系统的制裁权力增大也不能单独使有犯罪动机的人停止犯罪。国内有学者运用"动态因果模型"对我国 36 年来犯罪与刑罚的互动关系进行了考察,认为刑罚的各个维度对严重的暴力犯罪均没有威慑效力。对一些非暴力的财产犯罪,刑罚确定性则具有稳定而显著的威慑效力。在刑罚严厉性的维度中,仅有提高收监率可以低程度地增加威慑效力,而提高重刑率不但不能起到遏制效果,反而会对许多类型的犯罪起到促进作用。[②]

第二节　环境设计以预防犯罪

运用环境设计预防犯罪是一个事前采取的、积极的犯罪预防战略。它认为正确地设计和利用建筑环境可以减少犯罪和对犯罪的恐惧,提高人们的生活质量。它给出的重点在于利用物理环境、有用的空间、人们的行为去抑制犯罪机会。

一、环境设计以预防犯罪的内涵

环境设计以预防犯罪(Crime Prevention Through Environmental Design),通常被简称为"CPTED"。根据国际 CPTED 协会(The International CPTED Association,ICA)的定义,"CPTED 有一个基本的前提,即正确的设计和物理环

[①] See Steven P. Lab, *Crime Prevention: Approaches, Practices, and Evaluations*, 7th edition, Matthew Bender & Company, Inc., 2010, p.166.

[②] 参见吴雨豪:《刑罚威慑的理论重构与实证检验》,载《国家检察官学院学报》2020 年第 3 期。

境的有效利用可以减少犯罪的影响范围或对犯罪的恐惧,从而提高生活的质量"①。

前文已提及,环境设计以预防犯罪的基本理念来自纽曼的可防卫空间理论。纽曼主张通过创造一个防卫自己的社会结构的物理表达来抑制犯罪,其理念是一个地区的物理特征能影响居民和潜在犯罪人的行为。他研究了空间行为规律及其与建筑环境相互关系的理论,提出了防卫空间符合行为规律的建筑设计方法。他指出,防卫空间作为居住环境的一种模式,是能对罪犯加以防卫的社会组织在物质上的表现形式。

环境设计以预防犯罪理论是一个事前采取的、积极的犯罪预防策略,即利用环境设计改变物理环境的空间样式和功能,以此改变居民的行动方式并增进相互间的社会联系,以达到预防犯罪的目的。具体实施方案是:应用工程学方法,建造防范性高的建筑设施、街区和城市,加强城市、街区和建筑设施的区域性监视作用,提高城市自身和城市居民预防犯罪和预防被害的能力,避免形成有利于犯罪的治安死角。"所有的可防卫空间项目都有一个共同的目的:他们重构社区的物理布局使得居民能够控制他们家庭周围的区域。这包括他们建筑外的街道和地面,以及建筑内的大厅和走廊。这些项目帮助人们保护这些区域,使他们能够认识到他们共同拥有的价值和生活方式。"②

二、环境设计以预防犯罪的策略

环境设计以预防犯罪理论的假设是,潜在犯罪人受到犯罪活动成本和收益的影响。霍华德·卡普兰(Howard M. Kaplan)等用"OTREP"来诠释这个理论,也就是说,犯罪机会(opportunity)是目标(target)、风险(risk)、付出(effort)和回报(payoff)等因素计算后得出的结果。③ 这个假设说明,当一个犯罪行为具有高逮捕风险并得到较少回报时,犯罪就能够避免。当代 CPTED 理论研究和实践领域有众多的专家,每个专家所阐述的方法不尽相同,但其核心理论是基本一致的,包括四种基本方法:

---

① Maren M. Hess, *Introductin to Private Security*, Wadsworth, Cengage Learning, 2009, p. 153.
② Oscar Newman, *Creating Defensible Space*, U. S. Department of Housing and Urban Development Office of Policy Development and Research, Washington, D. C. 20410-6000, 1996, p. 9.
③ See Howard M. Kaplan, Kenneth C. QIKane, Paul J. Lavrakas, et al., *Crime Prevention Through Environmental Design: Final Report on Commercial Demonstration*. Portland, Oregon. Arlington, VA: Westinghouse Electric Corp., 1978.

(一) 领域感强化

领域感强化是指某一区域的合法使用者增强对该地区行使权利的愿望和能力,旨在建立和强化一定空间的正当使用者的业主权和所有权意识,以及区分非法使用者的意识。① 某一区域的居民能够区分合法使用者和陌生人,从而产生一种自治的气氛,在自己所属的区域内实行控制,防卫陌生人接近,减少本区域被害的机会。纽曼尤其强调区分明确的领域等级:从公共到半公共、半私密(庭院)再到私密的领域。这样,有助于扩大居民占有空间的活动范围,增加居民对周围环境的责任和认同感,从而加强居民对环境的控制。各级领域之间的界线可以是真实的障碍物,也可以是象征性的设施。前者如建筑物形成的分界、墙、门等,后者如敞开着的入口、灯柱、绿篱、台阶等,能使外来者意识到他正从一个公共领域进入私密或半私密领域。半公共、半私密领域所服务的居民数量不宜过多,以便居民相互熟识与相互交往。公共性与私密性之间要缓慢地、平稳地过渡;各级领域之间的边界要有弹性。在有些多层公寓的设计中,进入分户门就是完全私密的,而出口、楼梯口又是完全公共的,这种情况下,对安全防卫不利,同时人们也不愿外出活动。②

(二) 监控

监控的主要原理是通过提高在特定区域实施违法行为被发现的机会来增加潜在违法者的可感知风险。监控可以由警察、保安等有专门安全管理职责的人进行,这种情形的监控通常被称为正式的监控;监控也可以由不具有安全管理职责的人员实施,例如,单位里的保洁员、小区的居民、路人、公园玩耍的儿童等,他们的存在也会增加犯罪被发现的风险,具有监控功能,这种情形的监控通常被称为非正式监控。在环境设计中主要考虑的是非正式监控。非正式监控既可以适用于内部空间,如办公室、商店、超市以及地下停车场等,也可以适用于外部空间,如街道、公园、停车场、公交站点及火车站等。在环境设计时即考虑到该区域的合法使用者能够观察到这一区域内的日常活动,以便于发现可疑活动从而采取对策。尤其需要指出,住宅区的平面布局和门窗设置应使居民能自然地监视户外的活动,尤其是对人口和公共区域的监视。如一个人走在路上、走向商店或住宅的时候,能够被临近的住户清楚地看见。此外,还可以在区域内安装良好的照明设施,以及其他可供居民活动的设施以增加户外空间的利用率。正式的或

---

① 参见〔澳〕亚当·苏通等:《犯罪预防:原理、观点与实践》,赵赤译,中国政法大学出版社2012年版,第95页。
② 参见邓庆尧:《环境艺术设计》,山东美术出版社1995年版,第204页。

有组织的监控旨在通过指派的第三方承担监控责任来提高现场保护和管理能力。这种情况下,监控职责就成为特定第三方日常工作的组成部分,如公寓管理人员、私人保安、酒吧员工、便利店员工等。但是,像闭路电视这样的机械设备监控通常是情境预防中的方法而不是 CPTED 的方法。[①]

（三）出入口控制

出入口控制旨在对活动进行鼓励、限制或引导,其目的是阻止潜在犯罪人进入目标区域。出入口控制包括正式控制、非正式控制及机械设施控制。正式控制更有目的性和组织性,而且像正式的监控一样是具有日常安全管理职能的,由特定的第三方来实施,如私人保安、接待员、检票员等。非正式控制的方法包括对地面高度、庭院和路障的改变,在公共空间与私人空间之间设置醒目的提示性标志,以及对人们在道路中的步行进行引导,这些方式有助于改变空间界定的自然特征。机械设施控制包括门及其他屏障等。

（四）活动支持和形象管理

活动支持包括安置旨在改善自然监控的专门设施和生活设施,以及其他有助于吸引居民开展活动安排的相关设施等以加强自然监控,如在区域内建设包括住宅、休闲、娱乐和餐饮等在内的综合设施。这样做的目的是使这些区域无论是白天还是夜晚都有活动安排,从而使这些区域不至于冷清。此外,还应给不同的居民群体提供适合的专属空间,如按照不同年龄或不同爱好划分空间,并通过对这些空间的适当设计和管理来促进对这些空间的使用。

形象,这里指的是某一区域的外观。对环境的维护和保护有助于居民对空间的持续性合理利用,同时也便于对自然区域的进一步加固。环境的恶化和破坏意味着居民缺乏保护意识,对环境的控制力不够,同时也表明居民对生活环境中存在的某些失序现象没有足够重视。[②] 形象管理设计有利于改善有损安全形象的不文明行为和导致犯罪的苗头性行为,如故意毁坏财产、涂鸦、乱丢垃圾等,从而树立起"该区域情况良好"这一正面形象。因为有经验的犯罪分子有时从外观上就能看出哪些地方更容易实施犯罪。

防卫空间的这几个要素能够在一定程度上预防被犯罪侵害,因为犯罪分子在这种空间内犯罪要冒很大的风险,他们通过代价—收益分析,就会觉得在这里

---

① 参见〔澳〕亚当·苏通等:《犯罪预防:原理、观点与实践》,赵赤译,中国政法大学出版社 2012 年版,第 96 页。

② 参见〔美〕Timothy D. Crowe:《环境设计预防犯罪(第 3 版)》,陈鹏等编译,中国人民公安大学出版社 2015 年版,第 23 页。

犯罪得不偿失,从而放弃犯罪的念头,这个区域就可以保持较低的犯罪率。

三、环境设计以预防犯罪的实施

直到 20 世纪 90 年代中叶,我们才看到一些将环境设计以预防犯罪理论运用到社区的组织活动。1989 年,英格兰警察局长协会(Association of Chief Police Officers,ACPO)设立了设计保障安全项目(Secured by Design,SBD)。① 该项目关注的几个核心要素是:(1) 综合的方式;(2) 环境质量和拥有感;(3) 自然监控;(4) 入口和步道;(5) 开放空间的提供和管理;(6) 照明。1998 年《英国犯罪与失序法》(Crime and Disorder Act)的通过也是政府采纳环境设计理念的例证。该法案授权多机构合作以解决犯罪问题,其中包括运用建筑和设计去抑制犯罪。1999 年,英国内政部、设计委员会和贸易与工业部联合发起"设计预防犯罪倡议"(Design Against Crime Initiative),以期开拓设计专业人士在犯罪预防方面的理念和实践。② 还成立了许多促进环境设计以预防犯罪的组织,如"国际环境设计以预防犯罪协会"(International CPTED Association)、英国"设计驱逐犯罪协会"(Designing Out Crime Association)等组织,以及许多试图评估环境设计影响犯罪预防效果的项目。

环境设计以预防犯罪的成功案例还有很多。例如,美国亚利桑那州坦普尔市就是一个典范。20 世纪初,该市规定,任何商业、公园或住宅建筑许可证的发放,必须得到警察部门的批准,以确保建筑物能够充分保护其住户免受犯罪侵害。该市的预防犯罪官员认为:建筑物周围的围墙至少应该有 2.4 米高,停车场应禁止放岩石,以防被用作武器;透明的围栏比围墙更有利于监视;洗手间灯的开关应采取远程控制,以防止被破坏,同时也利于制止隐蔽处的犯罪;洗手间不应设在走廊的末端。

环境设计以预防犯罪策略的实施需要五种类型的信息③:(1) 犯罪分析资料,包括犯罪测绘、警方犯罪数据、事故报告、受害人和犯罪统计;(2) 人口统计数据,包括居民统计,如年龄、种族、性别、收入及来源;(3) 土地利用信息,包括分区信息(如住宅、商业、工业、学校、公园区),以及每个区的住户信息;(4) 观察

---

① 资料来源:http://www.securedbydesign.com/about-secured-by-design/,2018 年 8 月 9 日访问。
② See Paul Ekblom (ed.), *Design Against Crime:Crime Proofing Everyday Products*, Lynne Rienner Publishers, 2012, p.37.
③ 参见〔美〕Kenneth J. Peak、Ronald W. Glensor:《社区警务战略与实践(第五版)》,刘宏斌等译,中国人民公安大学出版社 2011 年版,第 106—107 页。

资料,包括详细的停车程序及居民对犯罪的反应;(5)居民信息,包括居民犯罪调查及对警察和保安人员的访问资料。

在此基础上,环境设计以预防犯罪策略有了进一步的发展,被称为第二代环境设计以预防犯罪策略,它强调居民的社区意识。一个对社区安全最有价值的方面,不在于构成建筑物的砖和灰浆的类型,而在于社区居民的观念,特别是社区居民的行为。[①] 除出入口控制、自然监控等第一代环境设计以预防犯罪的策略外,第二代环境设计以预防犯罪着眼于社区模式的几个方面:(1)社区的大小、人口的密度、建筑物的类型。环境对社区交流有一定的影响,建议设计较小的社区。(2)城市聚会的地方绝对必要,否则,会使城市变得冷漠而危险。(3)青年俱乐部。芝加哥社区项目实施以来,青年俱乐部一直是犯罪预防和社区构建的战略之一,它通过为人们提供活动、聚集场所和生活技能培训来预防犯罪。

环境设计以预防犯罪的目标是设计和建造更安全、更少堡垒式的环境,以促进安全、减少成本和不利因素,然而实施时也有障碍:(1)环境设计者、土地管理者、社区人员缺少环境设计以预防犯罪的理论知识;(2)人们对环境设计以预防犯罪理论采取抵制、怀疑的态度;(3)实践者过分强调环境设计以预防犯罪的功能,认为它是预防犯罪的万全之计而不是辅助手段;(4)许多区域现有的建筑物没有根据环境设计以预防犯罪的要求建造,要使其符合要求,花费巨大,而且也会受到政策上的阻挠。

国内学者注重环境设计以预防犯罪策略的应用,有学者以 CPTED(通过环境设计预防犯罪)理论和城市"易犯罪"空间理论为支撑,分析了长春市代表性半封闭住区环境的可见性、通达性、领域性、识别性、积极性、意象性等环境特性对被害恐惧感的影响,提出可减弱居民被害恐惧感的防卫安全设计策略。[②] 还有学者使用 CPTED 理论为已建成的存在较大安全隐患的校园空间提出了优化设计和改造设计策略。[③] 除了这种整体区域的研究,还有学者注意到个别设计对犯罪的影响。例如,有学者研究了广州街景绿地与犯罪的关系,认为较高水平的街景绿地会吸引周围人口的存在,进而会对犯罪起到非正式的监控作用,但是,

---

① 参见〔美〕Kenneth J. Peak、Ronald W. Glensor:《社区警务战略与实践(第五版)》,刘宏斌等译,中国人民公安大学出版社 2011 年版,第 106—107 页。
② 参见王科奇、王嘉仪:《减弱"被害恐惧感"视角下长春市半封闭住区防卫安全设计研究》,载《西安建筑科技大学学报(自然科学版)》2020 年第 4 期。
③ 参见杨庆、李菡芸、俞壹通等:《遏制高校校园犯罪的规划策略研究——以云南大学呈贡校区为例》,载《云南大学学报(自然科学版)》2020 年第 S2 期。

这些街景绿地中的不文明现象越多,相应的犯罪恐惧就会上升,这些不文明现象包括:废弃的垃圾、损坏的公共设施和/或照明不良、涂鸦和/或混乱的广告,以及嘈杂的社区环境。① 还有以珠江三角洲的某大城市为对象的研究发现,周围人口和监控摄像头对街头抢劫犯的犯罪地点选择有显著的阻碍作用,而且周围人口的阻碍效应大于监控摄像机。② 可见,单一环境设计策略对犯罪的影响是不确定的,还需要考虑其他因素的影响。

第三节 邻 里 预 防

环境设计以预防犯罪的关键因素是通过改变物理空间来提高自然监控、增加社区凝聚和提升公民参与犯罪应对。物理空间的改变只能增加犯罪的困难度,仅仅通过环境设计改变物理空间来预防犯罪,往往导致犯罪人改变犯罪的手段,显示出的预防效果不明显。③ 单靠物理空间的改变很难对犯罪起到遏制作用,因为它不能动员居民主动去应对犯罪。在环境设计以预防犯罪的评估中,出现了不同的结果,导致这些结果出现差异的原因就是不同项目中的社区凝聚力、居民对犯罪预防的支持,以及其他干预措施和物理空间设计的结合不同。邻里犯罪预防(Neighborhood Crime Prevention,简称"邻里预防")就是通过控制直接影响社区凝聚力、社区氛围、监控等其他的干预变量来影响犯罪和犯罪恐惧。邻里预防取得了令人瞩目的成绩。2013年,12名居民组建了墨尔本第一支高层公租房社区"邻里联防"小队,重点监督卡尔顿社区的治安,他们每天在社区里巡逻,发现可疑情况立即向警方汇报,还定期向住户发放治安宣传手册。不到一年的时间,这里的治安环境大为改观。④ 这里仅就邻里预防的基本概念、措施、组织策略、典型案例进行梳理。

一、邻里预防的概念框架

邻里预防的基本策略包括邻里守望、邻里倡议、公民巡逻和物理设计。邻里

---

① See Fengrui Jing, Lin Liu, Suhong Zhou, *et al.*, Assessing the Impact of Street-View Greenery on Fear of Neighborhood Crime in Guangzhou, China, *International Journal of Environmental Research and Public Health*, 2021(18).

② See Dongping Long, Liu Lin, Mingen Xu, *et al.*, Ambient Population and Surveillance Cameras: The Guardianship Role in Street Robbers' Crime Location Choice, *Cities*, 2021(115).

③ See Steven P. Lab, *Crime Prevention: Approaches, Practices, and Evaluations, 7th edition*, Matthew Bender & Company, Inc., 2010, p.80.

④ 参见《澳大利亚"邻里联防"织就社区安全网》,载《人民日报》2014年8月8日第22版。

预防的基本目标是增加居民的社区意识和问题解决意识;基本策略是一个社区的居民都能参加邻里守望组织,组织内部会讨论邻里间的问题,为增进社区感情,居民需要针对共同问题实施联合行动。下述五个方面构成邻里预防的概念框架[1]:

一是影响犯罪预防的问题。主要包括:社区内的犯罪类型和严重程度;社区居民的犯罪恐惧;邻里关系退化的情况;社区凝聚力和社会控制缺乏等社会解组特征。

二是邻里预防的干预策略。主要包括:居民邻里守望;环境设计的改变;支持警察与社区的合作;关注社区青少年的就业、娱乐等活动;监护服务、调解、被害人帮助、证人帮助等特定行动;教育。

三是干预因素。这是通过干预策略改变的因素,主要包括:凝聚力、居民社区责任感、社区大小、人口密度、住宅条件等邻里特征;警察执法反应;过去和现在的犯罪预防活动;实施战略的组织特征。

四是邻里预防的中期目标。主要包括:公民对犯罪预防活动的参与、社区责任感、参与非正式控制的增加;公民预防知识的增加,以及态度和行为的改变;家庭保安措施的增加、更清洁的邻里、财物标记的增加等特定策略的效果;警察或城市管理机构与社区合作和互动的增加。

五是邻里预防的长期目标。主要包括:入室盗窃以及其他犯罪减少;犯罪恐惧减少;邻里情谊加强,住宅条件和一般经济基础提升,凝聚力和非正式社会控制增加。

二、邻里预防的措施

邻里预防是一种策略,它有多种表现形式,如邻里守望、社区禁毒、公民巡逻、警察社区参与等。

(一)邻里/街区守望

邻里守望是一个积极的设计,它主动去发现并解决问题。邻里守望实现社会控制功能的途径之一就是广泛地使用监控。这里的监控是指邻里守望者对社区内人们的注意,以发现有违法犯罪可能的表现异常者或吓阻潜在违法者。因此,邻里守望需要参与者具备一定的识别能力,通过一些反常举动来判断可疑

---

[1] See Steven P. Lab, *Crime Prevention: Approaches, Practices, and Evaluations*, 7th edition, Matthew Bender & Company, Inc., 2010, p.81.

者,这就需要社区民警给予相应的指导和培训。可见,邻里守望为普通居民参与犯罪控制提供了一个具体路径,同时可为社区民警提供治安信息,通过这种互动增进警民关系。丹麦是世界上最早实行"邻里守望"制度的国家。北欧地区地广人稀,为了有效地预防并制止犯罪活动,丹麦在 1971 年成立了防止犯罪委员会,不仅采用先进技术改进防范措施,还向居民宣传保护人身和财产安全的方法。丹麦的邻里守望措施主要包括:(1) 记住出远门前跟邻居打个招呼。如给邻居留个电话或地址,以便有事时联系。(2) 出门前确保收好车库的梯子,锁好车库和工具棚,防止窃贼利用工具作案。(3) 保证自己的门牌号码在路边就能清晰地看到,以便有突发事件时救援部门可以轻松地找到目标。①

邻里守望监控目标的实现可以通过公民巡逻、口哨制止、邻里倡议、邻里清洁、物理设计改变、财产标识、教育等活动得到提升,具体项目的适用是因地制宜的。1988 年,一个关于邻里守望项目的全美调查发现,最常见的活动是操作确认(operation identification)(81%)、安全调查(security surveys)(68%)、犯罪热线(crime hotlines)(38%)、社区监护(block parenting)(27%)、增加街灯照明(improving street lighting)(35%)和物理环境关注(physical environmental concerns)(38%)。②

(二) 社区禁毒项目

美国社区犯罪应对项目中包括多种形式的禁毒项目。20 世纪 90 年代,为了应对吸毒现象,特别是吸食可卡因和快克现象在美国内陆城市的高发,一些社区的居民互相联合,并且和警察、机构、组织联合起来,以解决社区中的吸毒及相关问题。

在中国"无毒社区"建设中,"无毒社区"是指人们所居住、生活、工作、活动的有一定区域界限的无毒品危害的地域。无毒是指"四无"——无吸毒、无贩毒、无种毒、无制毒。"无毒社区"计划的主要措施包括:建立禁毒工作网络;落实禁毒委员会成员单位责任制;社区签订"无毒社区"责任状;家庭签订"无毒家庭"保证书;加强禁毒宣传;对流动人口进行动态管理;建立完善的禁毒情报信息网络。

(三) 公民巡逻

公民巡逻是邻里守望的关键因素,它在监控活动中扮演着一个积极的角色。公民巡逻的核心目标是,更多关注街区以增加发现陌生人的机会和揭露进行中

---

① 参见郑荣哲:《被害预防中邻里守望制度浅析》,载《江西警察学院学报》2008 年第 5 期。
② See James Garofalo, Maureen McLeod, Improving the Use and Effectiveness of Neighborhood Watch Programs, *NIJ Research in Action*, Washington, DC: National Institute of Justice, 1988.

的犯罪,劝阻居民去制止他们可能发现的任何可疑行为。大部分的公民巡逻是徒步的,在一些社区也能发现公民开汽车巡逻,参加者一般是志愿者或领取报酬的个人。

"守卫天使"(The Guardian Angels)是美国一个知名的公民巡逻组织,它于1979年在纽约成立,开始只有柯蒂斯·斯利瓦(Curtis Sliwa)和12名志愿者,现已遍及12个国家的130多个城市。该组织不仅进行安全巡逻,还在网站上提供安全教育资料,对存在违法犯罪风险的青少年开展教育工作。① 公民巡逻的其他形式包括口哨制止、无线电守望及其他类似项目。这些项目的参与者一般不需要具备任何专业的能力或遵守任何设定的规程,他们在普通的日常活动中都可以观察可疑的人和行为。例如,口哨制止项目的参与者在购物、工作或户外散步的时候看到异常情况会吹响口哨。无线电值班依赖于拥有双频收音机(如出租车司机和大卡车司机)或手机的人来报告问题行为。需要强调的是,志愿者要做的仅仅是观察,发现后及时通知执法机构,而不需要采取任何进一步的行动。

我国的社区平安志愿者在犯罪预防中也发挥着重要作用。例如,北京的治安志愿者"朝阳群众"已经成为全国知名的犯罪预防群众组织。截至2015年12月,北京市实名注册治安志愿者人数已突破85万,其中仅"朝阳群众"2015年就向公安机关提供情报信息线索21万余条,从中破案483起,其中涉及吸毒贩毒线索的有851条。② 类似的还有北京市的"西城大妈"、杭州市的"武林大妈"等知名治安防范志愿者组织。

(四)警察社区参与

"在社区犯罪预防活动中,假如居民参与和执法行动策略二者能相互配合,共同致力于改变社会与物理的环境,便可有效降低犯罪概率。"③ 如我们所见,警察在社区犯罪预防活动中发挥着主要作用,他们一般是邻里守望和其他项目的发起者或领导者。这在很大程度上是基于警民之间有着良好的信赖关系这一事实。值得注意的是,邻里守望组织并没有取代执法机构,而是为警察执法提供更多的信息(眼、耳)和建议。因此,居民和警察必须分担促进邻里守望组织运行的责任。

然而,许多犯罪预防项目过度依赖警察执法。在美国,全美夜巡项目(the

---

① 资料来源:http://www.guardianangels.org,2018年10月12日访问。
② 参见《北京"朝阳群众"19万人,一年提供线索超21万条》,http://www.chinanews.com/gn/2016/02-22/7767301.shtml,2017年12月20日访问。
③ 许春金编著:《犯罪预防与私人保全》,三民书局2004年版,第147页。

national night out program)通常由当地警方协调,并由教育项目、邻里组织、社会活动和反毒、反犯罪活动组成。警察可以执行逮捕、提供专业意见、协调专业人士或居民的活动、采取必要的官方制裁或执法行动。20世纪70年代末,以社区为导向的警务模式在美国兴起并在80年代得到推广,并在1994年获得美国联邦政府《暴力犯罪控制和执法法案》的补助金支持。社区警务模式改变以前快速反应模式,使用警察步巡和临街警务站,使警察和居民有更多的接触,为邻里守望提供支持。

相比较而言,我国基层社区有着完善的组织基础,居(村)委会中设有治安保卫委员会负责犯罪预防工作,公安工作长期坚持群众路线为其提供良好的支持,因此,开展社区警务和邻里预防工作有着"先天优势"。2002年,《公安部、民政部关于加强社区警务建设的意见》出台,标志着我国社区警务工作的全面推开。社区警务制度"已经成为我国基层警务制度变革的主要路径和支撑理念,对于现行的警务政策和警务模式都具有积极作用"[①]。经过20多年的发展,我国社区警务制度不断完善,在实现社会治理体系和治理能力现代化过程中发挥着重要作用。

三、组织居民参与邻里预防的策略

在我国,邻里预防策略的形式往往被称为群防群治,是社区治安治理中的民众参与。当代社区警务的核心内容也是警察走向社区,通过直接行动来增强民众参与犯罪预防的积极性。在我国的治安文化传统中,一直强调民众的治安参与,特别是以立法的形式强调民众的治安参与义务,并督以严厉的刑罚。[②] 这种强制的做法是与当时的社会经济发展状况相适应的,也取得了明显的效果,并影响深远。在民主法制不断完善、民众价值观日趋多元的今天,以国家强制力要求民众参与治安治理是不合时宜的。随着社会经济的转型和发展,社会组织结构和人们的价值观发生了变化,犯罪预防工作面临着民众治安参与积极性不高的问题。犯罪的发生与社会政治、经济、文化的发展密切相关,后者一般是前者的原因,前者在一定条件下也是后者发展变化的推动因素。社区民警或其他犯罪预防组织者(如治保会主任、保安经理等)准备让居民参与犯罪预防工作之前,应

---

① 姚舜:《社区警务:内涵与发展》,载《长白学刊》2016年第6期。
② 例如,《史记·商鞅列传》载商鞅在秦国推行邻里纠告,强化什伍制度的治安职能,"令民为什伍,而相牧司连坐。不告奸者腰斩,告奸者与斩敌首同赏,匿奸者与降敌同罚"。《唐律》卷20《贼盗律》、卷24《斗讼律》、卷28《捕亡律》规定了邻里救助义务和举报犯罪的义务。

该对该辖区内的犯罪类型有相当清楚与详细的了解,同时也应先制定出一些处理这些犯罪类型的策略,以便在居民实际参与时,能将居民如何参与及为何参与等情形清楚地加以说明。这不仅是学理上的建议,实际上许多地方性的犯罪预防方案失败或受挫,都是由于组织者在尚未准备妥当的情况下,贸然将方案传递给居民所造成的。

在发展居民参与犯罪预防的准备阶段中,最主要的工作包括以下几个方面:

一是建立犯罪预防组织。准备阶段的一个重要工作就是制订一个适当的辖区范围的犯罪预防计划,并成立管理组织。该组织的任务是组织社区中的个人、居民团体、官方机构进行持续性、有目的性与系统性的犯罪预防活动。

二是居民参与预防决策。犯罪预防组织者在准备阶段中的另一个重要工作就是要设法让社区中居民参与预防决策。犯罪预防决策过程中尽量让那些可能参加犯罪预防活动的人参与,例如,曾经受到犯罪侵害的人和对社区安全比较关心的热心居民。

三是与居民进行有效沟通。在犯罪预防的准备阶段中,犯罪预防组织者应先确认居民是否足够清楚和了解犯罪预防方案。方案若模糊不清,易导致居民的参与热情不高,组织者往往会埋怨居民过于冷漠。或许某些居民对犯罪预防活动的确很冷漠,但这也不能成为组织者无法与居民清楚沟通的借口。因此,居民参与策略能否成功关键在于组织者能否与社区居民有良好的沟通。尽管犯罪预防活动对居民是有益的,但也要向其提供足够的信息,以便他们自己作出选择。例如,犯罪预防组织者应尽可能清楚、详细地让居民知道:他们能做什么、如何去做、花费多少、有何成效、有何资源可用等。

四是提供参与的机会,消除恐惧感与不信任感。应该让任何有意参与犯罪预防活动的人都能获得参与的机会,任何形式的活动都不应该有重大的阻碍。假如居民们觉得容易做,那么他们就会乐意去做。所以犯罪预防组织者必须认清,假如提供了充足的机会,居民参与的意愿就会大大增加。因为,居民参与犯罪预防活动对他们而言是有益的,而且参与该活动也不会产生新的风险。

【本章复习要点】

(1) 一般威慑的理论依据;(2) 一般威慑的条件;(3) 犯罪计量经济学的犯罪决策模式;(4) 环境设计以预防犯罪的理念与策略;(5) 邻里预防的概念框架;(6) 邻里预防的措施。

第六章 次级预防策略

【本章学习目标】

理解情境预防与发展式预防的基本内涵,熟悉情境预防的主要措施,了解关于情境预防的争议。熟悉个体成为犯罪人的风险因素和以风险为中心的预防措施。进一步理解次级预防策略与其他层级的预防策略的区别与联系。

犯罪预防的次级预防策略,指向特定的犯罪发生要素,如犯罪高发群体、犯罪热点场所、犯罪高发事件等。次级预防策略包括情境预防和发展式预防:情境预防指向特定犯罪的发生情境;发展式预防指向特定的犯罪风险群体。

第一节 情境预防

情境预防由美国罗格斯大学学者罗纳德·克拉克首倡,他依据"控制环境—增加难度—减少回报—预防犯罪"的假设提出以下几项减少犯罪机会的措施:(1)指向特定的高发犯罪类型;(2)尽可能以一种系统的和永久的方式对犯罪发生的直接环境进行管理、设计、控制;(3)减少犯罪机会,增加各种违规者的风险。① 情境预防的具体策略包括目标的强化、防卫空间的设计、社区犯罪预防策略,以及疏导和转移犯罪人使其远离被害人等。在克拉克看来,犯罪的情境预防是通过确认、管理、设计、调整等方式,持久有机地改变情境,以此影响行为人的理性选择,减少犯罪机会和促成犯罪的情境因素,从而达到犯罪预防的目的。情境预防理论在20世纪90年代被介绍到我国,② 其在各种犯罪类型上的应用也被

---

① See Ronald V. Clarke (ed.), *Situational Crime Prevention: Successful Case Studies*, 2nd edition, Albany, N.Y.: Harrow and Heston, 1997, p.4.

② 最具代表性的是郝宏奎教授曾在《中国人民公安大学学报(社会科学版)》[当时刊名为《公安大学学报(社会科学版)》]上撰文《评英国犯罪预防的理论、政策与实践》分五期(从1997年第5期开始到1998年第3期)连续刊出,重点介绍了英国的情境预防理论。

广泛探讨。① 本节重点介绍情境预防的理论基础和措施体系。

一、情境预防的主要理论基础

情境预防理论基于环境犯罪学理论而提出,主要包括理性选择理论(rational choice)、日常活动理论(routine activities)、生活方式理论(lifestyle theory)和犯罪形态理论(crime patterns theory)。同时,情境预防理论又成为环境犯罪学的一部分,这也使得环境犯罪学与犯罪学的传统范式渐行渐远。

(一)理性选择理论

理性选择理论由科尼什和克拉克提出,②产生于20世纪70年代英国犯罪学研究的焦点变革时期,从而将传统犯罪学把犯罪归因于长期形成的、稳定的不良倾向,转换到用直接的、明显的环境原因解释犯罪。理性选择理论不同于传统的犯罪学理论,它的目的是提供一种方式去认识犯罪,以犯罪发生当时的情况为关注点,并认为犯罪人的犯罪行为受到环境的影响。这个环境既包括日常生活的环境,如生活方式、动机、需求和诱因,也包括作为实现特定目标的工具性行为所具有的更加特定的环境。例如,在英国,对被监禁的和活跃的入室盗窃者的研究均揭示:犯罪者倾向于选择有后门、有遮蔽物、孤立于其他人家、缺乏邻里监护、没有报警和视频监控设施、无人在家的房屋。③ 盗窃者典型地依赖一套成型的"机会线索"去确定合适的目标。

当然,理性选择理论也受到一些批评,主要集中在三个方面:第一,理性选择理论过度强调个人的选择,忽视了个人和群体中存在的社会经济地位的不平等。第二,理性选择理论没有重视人们在理性决策能力方面的个体差异,因为事实上有些人擅长逻辑思维,而另一些人的决策则具有明显的情绪化特征,行为决策往往是一时冲动的结果,而非理性的选择。第三,理性选择理论过度强调外部情境对犯罪决策的影响,忽视了个人的心理特征和道德品质。道德品质高的人在遇

---

① 例如,张远煌、邵超:《民营企业家犯罪及其情境预防》,载《江西社会科学》2016年第4期;王东海:《我国校园欺凌的情境预防》,载《青少年犯罪问题》2018年第2期;滑晓伟、胡大路:《情境预防视角下的军队预防犯罪工作》,载《四川警察学院学报》2017年第6期;贾银生、张丽萍:《"盲井案"之犯罪防控——以情境预防理论为视角》,载《犯罪研究》2017年第4期;余涛:《旅游犯罪发生机理及其情境预防——以理性选择和生活方式暴露理论为视角》,载《铁道警察学院学报》2014年第6期;李春雷、庞焱:《情境预防理论在暴恐犯罪防控中的应用探析》,载《中国人民公安大学学报(社会科学版)》2014年第6期;刘涛:《表现型犯罪的情境预防——一个西方犯罪学视角的观察》,载《犯罪研究》2012年第2期。

② See Ronald V. Clarke, Derek B. Cornish, Editorial Introduction, in Ronald V. Clarke and Derek B. Cornish (eds.), *Crime Control in Britain*, Albany, NY: State University of New York Press, 1983.

③ See Claire Nee, Max Taylor, Residential Burglary in the Republic of Ireland: A Situational Perspective, *Howard Journal of Criminal Justice*, 1988(27), pp. 105-116.

到犯罪机会时,可能会控制欲望,抵制诱惑,不实施犯罪行为。①

(二) 日常活动理论

日常活动理论由美国学者科恩和费尔森提出。② 面对二战后美国社会进步而犯罪攀升的困境,他们对人们的日常活动与犯罪的关系进行了研究,并由此提出了犯罪发生的三个必要因素,分别是:有犯罪动机的人(motivated offender)、合适的目标(suitable target)及缺乏有能力的监察人(absence of capable guardian),当这三项要素出现时,犯罪的机会增多,犯罪概率上升。③ 费尔森在20世纪80年代初分别在加拿大、英国遇到布兰廷厄姆夫妇和克拉克,他认为他们分别从不同的方向、使用不同的术语将犯罪解释凝结成了同一个理论。日常活动理论将犯罪解释为人们日常生活广阔生态的一部分,人类生态学理论即是日常活动理论的基础。④

埃克运用并发展了日常活动理论,提出"犯罪三角"模式(crime triangle)。⑤ 所谓的"犯罪三角"其实是两个三角:内三角是引起犯罪发生的潜在犯罪人、犯罪目标和犯罪场所;外三角则是对应三个致罪因素的监护体系,即目标的监护者(guardians of targets)、犯罪人的应对者(handlers of offenders)和场所的管理者(managers of places)。典型的监护者是财产所有者及其家庭成员或朋友,警察或保安,以及其他为目标提供监控和保护的人员。有效的监护体系不仅要求有监护者的存在,还假定监护者具有物理干预的能力并有意愿去实施。犯罪人的应对者可以对潜在犯罪者的行为施加控制,这些人员包括潜在犯罪者的家庭成员和朋友,也包括缓刑官、社会服务人员等社会控制人员。最终,场所自有或雇用的管理者(无论是公共的还是私人的)可以采取措施阻止犯罪或使犯罪人远离受害人或目标物。管理者包括店员、教师、酒吧侍者、店主、人群控制人员等。

检验日常活动理论的研究大多集中在财产犯罪上。如科恩和费尔森发现居民长时间不在家与当地的财产犯罪率呈正相关。⑥ 同样,也有报告指出盗窃活

---

① 参见吴宗宪:《西方犯罪学(第二版)》,法律出版社2006年版,第295页。
② 科恩和费尔森提出日常活动理论的论文发表费尽曲折,受到传统犯罪学家的否定,从初稿到发表耗时3年。
③ See Lawrence E. Cohen, Marcus Felson, Social Change and Crime Rate Trends: A Routine Activities Approach, *American Sociological Review*, 1979(44), pp. 588-608.
④ See Marcus Felson, Routine Activity Approach, in Richard Wortley, Lorraine Mazerolle (eds.), *Environmental Criminology and Crime Analysis*, Devon: Willan Publishing, 2008, pp. 70-77.
⑤ See John E. Eck, *Drug Markets and Drug Places: A Case-control Study of the Spatial Structure of Illicit Drug Dealing*, Doctoral Dissertation, College Park, MD: University of Maryland, 1994.
⑥ See Lawrence E. Cohen, Marcus Felson, Social Change and Crime Rate Trends: A Routine Activities Approach, *American Sociological Review*, 1979(44), pp. 588-608.

动受到受害人的预防措施、受害人参加的户外活动类型的影响。与财产犯罪相关的因素也可运用于分析个人间身体冲突增加的可能性。[1] 除此之外,人身侵害类犯罪,如抢劫和性侵犯,也受到日常活动的影响。

日常活动理论密切联系人们的日常生活,依据该理论所提出的措施可以有效预防犯罪,受到了人们的广泛重视。但是,这一理论也受到了一些批评,批评者认为,该理论过分依赖于有关犯罪和犯罪人的刻板印象或成见,忽视了隐秘犯罪(hidden crime)和性别问题,不能解释发生在亲密关系中的或熟人之间的犯罪行为,这类犯罪被害人通常在家中遭遇犯罪侵害。[2]

此后,费尔森从多方面对日常活动理论进行了拓展和完善,其中最为重要的是他指出了人们对犯罪的五种错误认识[3]:一是"引人注目",即重视被公开的犯罪,而忽视普通的犯罪;二是"警察和法庭",即高估刑事司法应对犯罪的能力;三是"不是我",即认为犯罪人是不同于"我们"的群体;四是"心灵手巧",即过度强调犯罪实施需要一定的技巧;五是"日程",即把犯罪减少与自己喜欢的意识形态、宗教和政治日程联系起来。这些错误认识代表了对部分犯罪学错误认识的总体批评,同时解释了为什么现代犯罪分析要采取一个不同的方式——日常生活中的犯罪被解释为一种"社会化学"(social chemistry),即犯罪是否发生取决于特定的人在具体时空下与犯罪条件的结合。[4]

(三) 生活方式理论

罗伯特·梅尔(Robert Meier)和特伦斯·密斯(Terance Mieth)将生活方式理论(lifestyle perspective)和日常活动理论称为两个主要的、系统解释犯罪被害的理论。[5] 如果说日常活动理论同时关注犯罪人和被害人,那么生活方式理论则重点聚焦在为犯罪行为做出"贡献"的被害人活动上。[6] 迈克尔·欣德朗(Michael Hindelang)、迈克尔·戈特弗雷德森(Michael Gottfredson)和詹姆斯·加

---

[1] See Elizabeth E. Mustaine, Richard Tewksbury, Predicting Risks of Larceny Theft Victimization: A Routine Activity Analysis Using Refined Lifestyle Measures, *Criminology*, 1998(36), pp. 829-858.

[2] 参见吴宗宪:《西方犯罪学(第二版)》,法律出版社2006年版,第298页。

[3] See Marcus Felson, *Crime and Everyday Life*, 3rd edition, Thousand Oaks, CA: Sage and Pine Forge Press, 2002.

[4] See Marcus Felson, Routine Activity Approach, in Richard Wortley, Lorraine Mazerolle (eds.), *Environmental Criminology and Crime Analysis*, Devon: Willan Publishing, 2008, pp. 70-77.

[5] See Robert F. Meier, Terance D. Mieth, Understanding Theories of Criminal Victimization, *Crime and Justice*, 1993(17), pp. 459-499.

[6] See Steven P. Lab, *Crime Prevention: Approaches, Practices and Evaluations*, 7th edition, Anderson Publishing, 2010, p. 194.

罗法洛(James Garofalo)依据对犯罪被害资料进行的分析结果,提出了被害人的生活方式理论模型(the lifestyle model of criminal victimization),[①]通过聚焦人口统计学特征和其他一些条件,他们认为,这些因素促进了个人被害或特定犯罪的可能性。将犯罪被害可能性的人口学差异归因于生活方式的不同是生活方式理论最基础的前提,生活方式的变化可能使被害人暴露于危险的时空和人群之下,处于高被害风险之中。因此,一个人的生活方式是决定其犯罪被害风险的关键因素。

生活方式被界定为"常规的日常活动,包括职业活动(工作、上学、管理家务等)和休闲活动"[②]。人们的日常活动可能会接触犯罪,或者仅仅增加了被害风险。生活方式的差异取决于在社会交往方面不同个体的集体反应或在不同的角色期待和结构紧张之间的调适。年龄、性别、种族、收入、婚姻、教育经历、职业等身份特征决定了一个人相应的行为预期和结构障碍,这些因素促使并限制一个人的行为选择。遵循这些文化和结构预期将实现个体日常活动形态的建构,并推动其与相似境遇者的交往。但是反过来,这些生活方式和社会交往也会使个体暴露在风险和脆弱情境之中,增加被害机会。

欣德朗等以生活方式及被害风险暴露来解释被害的变化,并提出了以下几项命题[③]:(1)犯罪被害与一个人在公共场合花费的时间多少直接相关,特别是在夜间,因为大部分街头犯罪发生在零点前后的几个小时里。(2)夜间身处公共场所的可能性因生活方式而异。(3)社会交往和互动不成比例地发生在具有相似生活方式的个体之间。因为,个体倾向于和具有相似人口学特征的人交往,犯罪人亦具有该倾向。(4)个体的被害概率取决于其人口统计学特征与犯罪人的重叠范围。(5)基于生活方式的不同,个体与非家庭成员(这里的家庭指向大家庭)在一起的时间是不同的。(6)个体被害的概率随着其与非家庭成员共处时间的增加而增加,特别是以随身财物为目标的盗窃犯罪。(7)不同的生活方式使个体远离潜在犯罪人的能力有所不同。(8)不同的生活方式使个体在成为犯罪目标时,是否具备犯罪人期待的"便利""符合期望""容易得手"等条件方面有所不同。

生活方式理论最初被用于解释暴力犯罪被害风险的群体差异,后来拓展到

[①] See Michael Hindelang, Michael Gottfredson, and James Garofalo, *Victims of Personal Crime: An Empirical Foundation for a Theory of Personal Victimization*, Cambridge, MA: Ballinger, 1978.
[②] Ibid., p.241.
[③] Ibid., pp.250-266.

财产犯罪,成为众多详细论述犯罪目标选择过程理论的基础。当然,该理论也受到不少批评,主要集中在生活方式的界定和理论的应用上。在欣德朗逝世后,加罗法洛借鉴了科恩和费尔森在日常活动理论中使用的概念对该理论模型进行了修改。① 修改后,该模型被限定为犯罪人与人和目标直接物理接触的犯罪类型,考虑了犯罪人犯罪动机的不同水平,同时也考虑了国家所提供的不同程度的保护以及个体对犯罪的反应,为潜在的理性选择因素提供了更宽广的视角。

(四) 犯罪形态理论

犯罪形态理论又称为犯罪搜寻理论(crime search theory),②由加拿大的环境犯罪学学者布兰廷厄姆夫妇依据人类活动空间所提出,主要探讨人和事物在社区中的时空移动与犯罪的关系,并研究犯罪之空间形态及社区犯罪之分布形态。

犯罪形态理论主张,犯罪行为符合一些形态,这些形态能够根据它们发生的时间和地点被识别和理解。犯罪形态之所以能被理解是因为具有相似性,这种相似性存在于"具体的犯罪时间、地点、情境、行为背景、可信的犯罪范例、导火索事件,以及影响个人实施犯罪意愿的一般因素"③。研究犯罪人的行为,分析其过去的犯罪经历,便于深入认识犯罪发生机制和可能的预防机制。理解犯罪形态理论有两个关键,分别是环境背景和犯罪人的社会/犯罪模式。环境背景是指人们所处的社会的、经济的、文化的和物理的条件。虽然这些方面会不断改变,但通过它们认识犯罪形态是有可能的。犯罪人的社会/犯罪模式则是这样一种观念,在假定个体的特定行为后,可以勾画出特定时间和地点下将要发生的事情,即可以知道在特定时间、地点和情境下会发生什么。

现代城市和社区成为能够满足居民多种需求,为其提供活动场所的、小型的、特别的土地使用区域的聚合。现代社区的持续发展和扩张使得大型的、更加复杂的认知地图得以建立。个体在有限的活动位置(如家庭、工作场所、娱乐场所之间)往返,这些确切的位置称为活动的节点,节点之间的路程则称为路径。个体在日常活动中拓展的节点以及扩大的路径范围可以使其不断填充已有的关

---

① See James Garofalo, Reassessing the Lifestyle Model of Criminal Victimization, in Michael R. Gottfredson, Travis Hirschi (eds.), *Positive Criminology*, California: Sage Publications, Inc., 1987, pp. 23-42.

② 参见刘择昌、张平吾:《地理资讯系统与执法》,三民书局2014年版,第39页。

③ Paul L. Brantingham, Patricia J. Brantingham, Environment, Routine, and Situation: Toward A Pattern Theory of Crime, in Ronald V. Clarke, Marcus Felson (eds.), *Routine Activities and Rational Choice*. New Brunswick, NJ: Transaction Pub, 1993, pp. 284-285.

于节点、路径和周围区域的认知地图。离一个节点或路径越远,对这个区域的认识就越少,行动机会(犯罪或合法)也越小,因此,潜在的违法者倾向于在他们熟悉的节点和路径中寻找"机会"。除了节点和路径,地区边缘也是犯罪行为的首发地点。边缘可能是物理的、社会的或经济的,物理的边缘也许限制潜在犯罪人和被害人的活动,社会的和经济的边缘则因陌生人之间的匿名性成为潜在的犯罪之地,频繁前往使得有限监控下潜在被害人和犯罪人碰头的机会增加。

随着互联网的发展,获取有关认知地图和潜在目标信息的方式越来越便捷。一些程序以及网站提供的详细程度不同的地址或区域信息使得潜在的犯罪人可以足不出户地建立被害人所处周围地区的"认知地图"。正因如此,在日常活动理论和犯罪形态理论之外,计划犯罪的潜在性大大提高。

现有研究充分支持犯罪并不完全是随机的观点,犯罪行为是理性决定的产物,它由潜在犯罪人根据自身所处情境而做出。犯罪人也许没有花费大量时间去计划特定的犯罪,但是通过在日常活动或与他人交往中获得的信息,犯罪人可能会下意识地作出决定,就像作出日常的非犯罪行为选择一样。这些事实表明转移和利益扩散是对预防行为的潜在反应。

上述理论诠释了情境预防理念下的许多问题。在不同情况下,犯罪人的犯罪行为可被视为聚焦多种影响犯罪机会和犯罪决意的因素的结果。

二、情境预防的具体措施

情境预防理论有一个不断发展的过程,其具体策略和预防措施也是不断发展的。

1983年,罗纳德·克拉克提出了一个三管齐下的预防策略,具体包括监控(surveillance)、目标加固(target hardening)和环境治理(environmental management)。其中,监控包括自然监控、正式监控和雇员监控;目标加固包括使用锁具、钢化玻璃、保险箱等;环境治理则是通过改变环境以减少犯罪发生的机会。例如,给员工发工资时使用支票而非现金可以减少被抢劫的概率;航空公司对乘客和行李进行安检以识别武器和炸弹可减低劫机风险。[1]

然而,三管齐下的策略在实施过程中变得过于简单,限制了情境预防策略的发展。1992年,克拉克提出了延伸的三类情境预防策略:增加犯罪困难(in-

---

[1] See Ronald V. Clarke, Situational Crime Prevention: Its Theoretical Basis and Practical Scope, *Crime and Justice*, 1983(4), pp. 225-256.

creasing the effort)、增加犯罪风险(increasing the risk)和减少犯罪回报(reducing the rewards)。在每一项下,具体列出四小组犯罪预防方法,共计 12 种情境预防策略。其中,增加犯罪困难包括目标加固、入口控制、转移犯罪和控制便利设置;增加犯罪风险包括出入口检查、正式监控、雇员监控和自然监控(专职安全管理人员和雇员之外的人所形成的监控,如在街边长椅上休息的人、广场上健身的人对周围非法行为的察觉);减少犯罪回报包括目标移动、财产标刻、转移诱因和设定规则。①

1997 年,克拉克和霍梅尔对上述三类 12 种情境预防策略加以完善,提出了四类 16 种策略。② 这次扩充意在明确两个关键问题:首先,研究表明 12 种策略不能穷尽所有方法,而且互相之间有重复,原有的类型组可以进一步分类以提高其内在一致性。例如,将"控制便利设置"分为"控制便利设置"和"控制抑制解除",前者指向能够增加犯罪便利性的事物(如枪支),后者指向能够减少犯罪实施中社会和心理障碍的事物(如酒精和毒品)。其次,原有的 12 种策略没有包含在社会和心理层面消除犯罪的技巧,扩充后增加了含有内疚、羞耻感、尴尬等内容的策略。这些内容往往作为一个违法犯罪行为的结果出现,当不同个体发现其行为、所持有的道德法则同其他社会成员不一致时,内疚及其他类似感情就可能出现。这一扩展的类型使情境预防理论从着重强调物理的改变,转变至更加依赖心理和社会因素。原先的三类情境预防策略主要从犯罪人的视角出发,而新的预防策略同时考虑到了不同情况下犯罪的付出、风险和回报,以及可改变的观念。

尽管有了这些完善,理查德·沃特雷(Richard Wortley)认为这种分类方式仍是不完备的③,情境预防理论过度强调能够控制和限制犯罪的因素,而忽略了诱发或促进犯罪的因素。对此,他提出了四类诱发因素:促进(prompts)、压力(pressures)、允许(permissibility)和挑衅(provocation)。④ "促进"是指一些事情或情境可能支持了犯罪机会,如打开的门或其他促进犯罪的情形。"压力"是更

---

① See Steven P. Lab, *Crime Prevention: Approaches, Practices and Evaluations*, 7th edition, Matthew Bender & Company, Inc., 2010, pp. 195-196.
② See Ronald V. Clarke, Introduction, in Ronald V. Clarke (ed.), *Situational Crime Prevention: Successful Cases Studies*, 2nd edition, Harrow and Heston, Publishers, 1997, pp. 1-43.
③ See Richard Wortley, Guilt, Shame and Situational Crime Prevention, in Ross Homel (ed.), *The Politics and Practice of Situational Crime Prevention*, Monsey, NY: Criminal Justice Press, 1996, pp. 115-132.
④ See Richard Wortley, Situational Precipitators of Crime, in Richard Wortley, Lorraine Mazerolle (eds.), *Environmental Criminology and Crime Analysis*, Devon: Willan Publishing, 2008, pp. 48-69.

加直接的刺激,它直接导致了犯罪行为,例如,越轨同伴的影响、与群体保持一致或者服从命令而导致个体犯罪等。"允许"是指将犯罪行为置于可接受的轻微程度,每个违法者或者被害人可能较易为人们所接受或允许。"挑衅"是导致个体因不舒服、沮丧、愤怒等引起某种回应行动的因素,犯罪行为是这些回应行动的其中一种可能。沃特雷在关于内疚、羞耻和诱发因素的讨论中表示,在克拉克和霍梅尔的分类理论中,犯罪预防和犯罪原因的社会和心理方面没有得到充分重视。

科尼什和克拉克在吸收了沃特雷的观点后提出了新的情境预防分类模式,将可能促使个体犯罪动机产生的因素也纳入其中,具体分为五大类,每一大类下又包括五小类,每个小类又存在若干方法。[1]

一是增加犯罪困难。主要策略有:(1)目标加固。目标加固也称强化目标,即通过对可能的犯罪目标配置特定的设施或对目标本身进行物质性强化来增加侵害目标的难度,使犯罪人因不敢或不能而放弃犯罪。加固的手段具有多样性,包括设置防盗安全装置、保险柜装甲化、汽车方向盘锁、健全有关规章制度等。(2)入口控制。入口控制策略是对进入设施加以控制,包括设置入口的对讲系统、凭电子卡刷卡进入、包裹检查等措施。(3)出口检查。如检查是否持有票证、外出文件、电子货物标签等。(4)转移犯罪人。转移犯罪人策略旨在避开与潜在犯罪人的接触,具体措施包括封闭街道阻止非本社区人员的进入,为女性设置独立的洗手间而不是与男性洗手间相邻,分散酒吧布局等。(5)工具控制。如加强枪支、刀具的管制,严格限制销售、携带和运输武器、剧毒物品和易燃易爆物品等。

二是增加犯罪被发现的风险。主要策略有:(1)延伸守卫。延伸守卫的途径包括对日常活动持谨慎态度,如夜间外出最好和一群人一起、外出时留下家中有人的信号(如亮灯)、携带手机等通信设备、积极参加邻里守望等。(2)促进自然监控。如提高街灯亮度有利于路人对违法行为的辨识,防卫空间设计以增加违法行为被发现的风险,组织社区治安志愿者(如口哨队,在发现违法犯罪时吹起口哨)等。(3)减少匿名。如出租车内放置驾驶员身份卡以便乘客识别,学生穿着校服以便身份识别等。(4)利用场所管理者。如巴士司机驾驶时可以通过车内的视频监控发现违法行为,便利店实行两名店员制(一人柜台值守、收银等,

---

[1] See Steven P. Lab, *Crime Prevention: Approaches, Practices, and Evaluations*, 7th edition, Matthew Bender & Company, Inc., 2010, pp. 198-199.

一人在货架区域服务以增加对盗窃者的监控),企业奖励雇员对犯罪的警惕行为等。(5)加强正式监控。如闯红灯拍照、入室盗窃报警、配置保安人员等。

三是降低犯罪人预期收益。主要策略有:(1)隐藏犯罪目标。如不要穿戴很显眼的贵重首饰,不要路边泊车(易被青少年偷开兜风)等。(2)转移犯罪目标。鼓励车主使用可拆卸的汽车音响、为受家暴的妇女提供庇护所、将员工工资及福利直接转入其银行卡等。(3)财物标识。"财物标识"是这类预防措施的主要方法,包括财产标记、车辆机件注册标记、汽车音响识别号、动物烙印等。财物标识的根本目的是造成销赃困难,使目标被侵占后丧失使用价值或减少交换价值,从而减少犯罪所得,使犯罪人放弃犯罪,客观上也有利于侦查破案与财物返还。(4)干预市场。干预市场主要通过监控典当商店、控制分类广告、为街头小贩实行许可管理、取缔黑市和监控不良交易,以增加销赃难度和成本,降低犯罪收益。(5)否认利益。否认利益的措施主要包括使用墨水标签(这种标签一旦被损坏会留下难以去除的墨迹,从而降低盗窃者销赃的收益)、迅速清除涂鸦、设置路面减速装置等。

四是减少犯罪诱发因素。主要策略有:(1)减少沮丧和压力。如在人员密集场所,现场管理者要采取措施维持秩序,增加特定场所的座位,播放舒缓的音乐和设置柔和的灯光。(2)避免争论引发冲突。如减少娱乐场所的拥挤,固定出租车价格等。(3)减少情感冲动。如禁止暴力和色情行为等。(4)中立化侪辈压力。侪辈压力是导致青少年犯罪的因素之一,中立化侪辈压力的途径有:告诉青少年"酒后驾车是傻瓜",对校园霸凌"敢于说不"等。(5)阻碍模仿。阻碍模仿的做法有:迅速修复被破坏的设施,审查媒体中违法犯罪惯技细节的报道等。

五是消除犯罪借口。主要策略有:(1)设定规则。如房东出租房屋时与租客签订租赁协议、政府制定骚扰法案、对旅客住宿进行登记等。(2)张贴提醒说明。如张贴或展示"禁止停车""私人财产""请熄灭宿营篝火"等标识或字幕。(3)警示良知。如公路或高速公路边设置速度展示牌,在是否需要海关申报的征询表上签名,在商店内张贴"顺手牵羊是盗窃"的标识等。(4)增进方便。如设置便利的图书馆借阅程序,合理布局公共厕所、垃圾桶等。(5)药品、酒精控制。如在娱乐场所里为客人提供酒精测量服务、酗酒干预服务,倡议无酒精活动等。

三、对情境预防理论的批评及回应

情境预防理论在发展过程中经受了不少批评,当然,其支持者也对这些批评作了相应回应。争议焦点大体可归纳为以下三点内容:

(一)重视犯罪发生的机会而忽略了其根本原因

最常见的批评可能是情境预防导致了犯罪转移,这是情境预防的"软肋"。批评者认为该理论仅仅关注犯罪机会,而有意忽略了导致犯罪发生的社会性因素,从而意味着该预防措施只是将犯罪予以转移,而不是消除犯罪的产生根源。[①] 因处于社会底层而成为"越轨者"的个人在发觉某个犯罪机会被阻止之后,会继续实施新的犯罪或者选择另外一个缺少保护的犯罪目标。对于这一批评,情境预防支持者举出了实证资料来进行反驳。这些资料表明,对于许多犯罪而言,犯罪的转移并不是普遍的现象,而且在某些情况下甚至是有益的(如导致了轻微犯罪的实施)。他们还指出,一些研究表明,当情境预防应用于犯罪多发地的易受攻击目标之时往往能产生超出这些地域的效果(即预防效益的扩散),而且在某些情况下犯罪减少的效果还能在实施情境预防之前达到(即预期效应)。

(二)"堡垒"思想

情境预防理论过度强调的"目标加固""阻止犯罪的设计"等以环境改变为中心的技术策略可能会加速社区隔离的趋势,造成对公民自由的侵害和社会排斥思想的产生,还可能进一步使以前的公共环境私有化,从而鼓励了人们日常生活中"堡垒"思想的形成。有研究者提出,闭路监控不只是一个仅对其所能观测到的事物进行记录的中立性技术,还是一个由闭路监控系统操作者进行选择和鉴别并作出决策的过程。它所带来的结果也许更多的是治安措施差异性和歧视性的扩大,而不是通过降低被害率对社会公正做出贡献。因此,我们不应低估对一个"零犯罪率"城市空间的允诺所带来的危险,如可能对公民自由造成的损失、私有空间的大众共享、对犯罪预防技术负面效应的容忍等。情境预防理论的支持者认为,当这些保护措施使他们免受犯罪侵害时,人们愿意承受不便和小小的自由限制。

(三)被害人责难

情境预防理论因重视被害人在犯罪发生中的"贡献"而广受非难。根据理性

[①] 参见〔澳〕亚当·苏通:《犯罪预防:原理、观点与实践》,赵赤译,中国政法大学出版社2012年版,第86页。

选择理论,犯罪被害的关键是被害人个体、社区或环境对犯罪行为的"促成",如夜间独自在无人的街道上行走就容易导致被侵害。情境预防的支持者认为,该理论通过为被害人提供有关犯罪风险及如何避免这些风险的信息使被害人更强大。

另外,也有人认为情境预防理论忽略了许多犯罪,如家庭内犯罪、企业犯罪、贪污腐败等犯罪。① 这种情况与针对特定犯罪的情境预防本身的理论预设是一致的。

第二节 发展式预防

唐瑞与法林顿将犯罪预防分为发展式预防、社区预防、情境预防和刑事司法预防四类。其中,发展式预防,是指为预防个体犯罪倾向的发展而设计的干预措施,尤指针对人类研究中发现的风险与保护因素而进行的干预。② 发展式犯罪预防是一种建立在对现实的或潜在的违法犯罪行为进行社会心理学图谱分析基础上的学说。这里指的是广义上的心理学图谱分析,不同于在法院进行公开庭审时心理学家对于连环杀手在粗略推理基础上所进行的精心设计,主要是与早期干涉主义者或多因素论者针对有犯罪危险的儿童和青少年所做的分析有关。③ 发展式犯罪预防是一种方法论,它承认违法犯罪的发生是一个复杂的社会、经济和文化过程,致力于把刑事司法政策或项目与对个人、家庭或社区的社会支持联结起来,其主要内容是处理违法犯罪的风险诱因,这些诱因是可以通过修正措施来改变的。④

发展式预防是从医药与公共健康学引入犯罪学研究的。在医药与公共健康学领域中,该方法多年来被成功地用于治疗癌症、心脏病等疾病。例如,在确认患心脏病的风险因素包括吸烟、高脂饮食、缺乏运动后,可以通过鼓励戒烟、设置更为健康的低脂饮食结构、经常运动来应对患病风险。在犯罪学领域中,干预措

---

① 参见〔英〕戈登·休斯:《解读犯罪预防:社会控制、风险与后现代》,刘晓梅、刘志松译,中国人民公安大学出版社2009年版,第91页。
② 参见〔英〕麦克·马圭尔等:《牛津犯罪学指南(第四版)》,刘仁文、李瑞生等译,中国人民公安大学出版社2012年版,第464页。
③ 参见〔英〕戈登·休斯:《解读犯罪预防:社会控制、风险与后现代》,刘晓梅、刘志松译,中国人民公安大学出版社2009年版,第60—61页。
④ See Crime Prevention Through Social Development, http://www.crimeprevention.nsw.gov.au, visited on 2016-06-01.

施可针对具有高被害风险的社区或个体。发展式预防是以风险为中心的预防，它的基本思路非常简单，就是要分辨出主要的犯罪风险因素，进而采取用以抵消这些风险的预防措施。通常情况下，还会进一步分辨出遏制犯罪的保护因素并促进它们的预防作用。一般来说，纵向调查可以提供有关风险与保护性因素的信息，而实验或准实验的研究则被用来评估预防与干预方案的影响。因此，以风险为中心的预防将解释与预防联系起来，将基础性的研究与应用性的研究联系起来。要理解发展式预防，首先要考察发展犯罪学理论，然后再讨论其理论内容和实践。

一、发展犯罪学理论

这里的发展，指的是个人人格的发展。人格与犯罪是犯罪心理学的一个重要话题，许多犯罪学学者通过实证研究证明青少年罪犯存在人格问题。例如，20世纪50年代，美国谢尔顿·格卢克（Sheldon T. Clueck）和埃莉诺·格卢克（Eleanor Clueck）夫妇对500名少年犯和对照组进行墨迹测验，发现那些少年犯存在更多的人格问题。很多当代心理学研究中的一些纵向研究认为，儿童时期的性情与儿童时期的行为问题和青少年犯罪有关联。这些性情问题包括注意力不集中、冲动、多动症、易怒、冷淡、多疑等。最新的人格研究使许多犯罪学家开始认识到人格的重要性且促使其将人格特征更为明确地纳入社会学关于犯罪的理论中，这些研究指出了儿童时期性情问题对青少年及成人时期的重要影响。如果这些影响是确实存在的，那么学前及早期家庭干预项目就可以开展起来以减少成人和青少年犯罪。新兴人格研究还发现儿童时期性情问题在那些贫穷及身处条件较差的社区的孩子身上格外普遍，进而强调通过解决这些社会环境所存在的问题以减少犯罪的重要性。自从20世纪90年代早期以来，犯罪学家开始更多地关注儿童期，并且在较小范围里关注成人期。这些犯罪学家得益于对同一个体在不同时间进行调查的纵向研究的增长，形成并验证了一系列有关犯罪和其他反社会行为的生命历程理论，也称为发展理论（developmental theories），他们的理论和研究被称为生命历程犯罪学（life-course criminology）。[①] 发展理论主要关注以下三个问题：一是犯罪与反社会行为的发展；二是不同年龄段的风险因素；三是发展历程中人生大事的影响。

---

① See David P. Farrington, Building Developmental and Life-Course Theories of Offending, in Francis T. Cullen, John Paul Wright, and Kristie R. Blevins (eds.), *Taking Stock: The Status of Criminological Theory*, New Brunswick, NJ: Transaction Publishers, 2006, pp. 335-364.

有关犯罪发展的研究,重点放在不同年龄段犯罪的多发性、犯罪人的犯罪频率、开始与终止犯罪的年龄,以及随着时间发展而产生的犯罪的升级与专门化,另外还有许多对犯罪的持续与惯犯性格的研究。巴坎在其书中总结了"整合紧张控制理论""交互理论""生命过程持续/仅在青春期出现理论""不同年级理论"四类发展理论。尽管不同的理论各有一些不同的侧重点,但它们通常都聚焦于生命历程的不同阶段,即婴儿期、儿童期、青春期、成年早期及其之后的反社会行为、越轨和犯罪行为的开始和终止。生命历程理论强调对随着时间推移而产生的个体内在改变的调查。[①] 例如,从2岁时的多动症发展到6岁时虐待动物,10岁入店行窃,15岁入室盗窃,20岁抢劫,到后来攻击配偶、虐待与忽视儿童、酗酒,以致在人生后期出现职业的与健康的问题。发展犯罪学试图对不同时间段的发展路径与次序进行研究,例如,在何种情境下某种类型的行为为另一行为提供便利或条件。它希望识别引发犯罪行为的非犯罪行为,为日后经常犯罪与严重犯罪的早期预防提供线索。

直观上看,犯罪通常是范围较广的反社会行为综合征的一部分,它产生于儿童时期并趋向于持续到成年阶段。反社会性具有持续性,反社会的孩子容易成长为反社会的少年,最终变成反社会的成年人,同样地,反社会的成年人容易生出反社会的孩子。通常,研究者会发现反社会性存在一种相对的稳定性(人们在反社会行为程度上的相对排序具有重要的稳定性),但是行为表现会随着个体能力、机会与社会环境的改变而改变。例如,只有上学的孩子才可能逃学或被学校开除,只有已婚的成年人才可能殴打其配偶,70岁的老人很难实施入室盗窃,等等。

发展犯罪学对不同年龄段的风险因素进行了研究,包括生物的、个体的、家庭的、侪辈的、学校的、邻居的及环境的。在解释青少年犯罪的发生时,发展理论有一个普遍的发现:"家庭因素在青少年初期犯罪行为的肇始中发挥着很大的影响,而同伴因素在青少年后期发挥着很大的影响。"对于青少年犯罪和成人犯罪来说,发展视角虽承认儿童期问题的重要性,但是它同时也强调,许多暴露出这些问题的小孩,因为在生命历程中经历的各种事件和过程——较好的父母抚养、积极的学校经历、来自守法同伴的友谊支持——可能发挥了作用,最终并没有导致犯罪。因此,受到虐待或忽视的儿童尽管在青春期越轨和吸毒等的风险更大,

---

① 参见〔美〕斯蒂芬·E.巴坎:《犯罪学:社会学的理解(第四版)》,秦晨等译,上海人民出版社2011年版,第253页。

但显然并非所有有受虐史的儿童都以吸毒或实施其他违法行为而告终。为了解释青春期之后远离犯罪的现象,一些生命历程的研究强调,诸如婚姻、就业等转折点减少了犯罪的机会和因罪犯同伴影响而导致的犯罪行为。

发展犯罪学还对晚期犯罪的早期预防有着浓厚的兴趣,对可能构成风险(以及需要)评估机制之基础的风险因素也表现出极大的兴趣。一般来说,前瞻性预测(如高风险的儿童成为惯犯的比例)较差,而回顾性预防(如惯犯中高风险儿童的比例)较好。很多处于风险中的儿童有正常的生活,这一事实激励人们对保护性因素以及个人的复原力特征进行研究,它们可能会贯穿于预防策略之中。关于风险因素之渐增的、相互作用的及连续的影响,研究者也有浓厚的兴趣。例如,成为惯犯的可能性随着风险因素数量的增加而提高。

二、犯罪发生的风险因素

发展式预防包括两个方面:一是对风险因素的干预,使之减少;二是对保护因素的干预,使之增加。风险因素和保护因素往往是天平的两端,呈现出此消彼长的关系。发展式预防的一个主要问题就是要确立何种风险因素为原因,何种风险因素仅仅为预兆或与原因有联系。

(一)个体风险因素

法林顿在考察了许多研究成果包括自己的一些研究后认为,低智商、缺乏同情心、冲动、社会认知技能较差是个体方面重要的犯罪预测因素。[1]

智商与未成年犯罪关系背后的关键解释因素,可能是对抽象概念的操作能力。巴坎总结了四个方面[2]:第一,低智商青少年在学校中表现不佳,而在学校的较差表现又减少了他们对学校的依恋进而产生排斥心理,这会使青少年犯罪更有可能发生。第二,低智商往往伴随较低的自尊感,促使他们从具有类似问题的青少年那里寻求帮助,在他们的这帮新朋友中有些人会参加青少年犯罪活动,因此他们也会慢慢加入犯罪行列。第三,低智商导致较低的道德推理和延迟满足的状况,这会增加犯罪发生的可能性。第四,低智商的青少年很难认识到行为后果,同时他们也容易受到那些"少年犯"朋友的影响。当然,学术界对低智商与犯罪关系的相关研究在方法论、样本上存在争议,也许智商与青少年犯罪的关系

---

[1] 参见〔英〕麦克·马圭尔等:《牛津犯罪学指南(第四版)》,刘仁文、李瑞生等译,中国人民公安大学出版社2012年版,第468—471页。
[2] 参见〔美〕斯蒂芬·E.巴坎:《犯罪学:社会学的理解(第四版)》,秦晨等译,上海人民出版社2011年版,第176页。

并没有支持者所认为的那样强大,有时甚至根本不存在。这可能要看具体影响犯罪的其他因素,特别是当前的高智商犯罪。

拉斐尔·加罗法洛男爵(Baron Raffaele Garofalo)曾在界定自然犯罪的概念时,强调自然犯罪对怜悯和正直两种基本利他情感的伤害行为。[①] 人们普遍相信,低同情心是与犯罪相关的重要的人格特征,这种认识建立在一种假定之上,即能够理解或体验被害人感受(或两者都具备)的人,不太可能去害人。这种信念还构成了"认知—行为技术训练"项目的基础,该项目以增强同情心为目标。

人们经常在认知性的同情(理解或体会他人的感受)与情感性的同情(事实上体验他人的感受)之间作出区分。达里克·乔利夫(Darrick Jolliffe)与法林顿对35项研究进行了系统回顾[②],这些研究把对同情心问卷调查的结果与违法犯罪行为的官方记录进行了对比。他们发现,低认知性的同情与犯罪具有很强的联系,但低情感性的同情与犯罪之间的联系相比则大大降低,这说明智商与社会经济地位可能是更为重要的风险因素,或者说低同情心可能调和了这些风险因素与犯罪之间的关系。乔利夫与法林顿提出了被称为基本同情的尺度,作为新的同情心测量法。[③] 低认知性同情的例子为:"在朋友悲伤时,我很难理解。"低情感性同情的例子为:"在其他人受到惊吓时,我通常感到很平静。"在对720名年龄大约在15岁的英国青少年进行的研究中,发现无论是男性还是女性,低情感性同情与自我报告的犯罪与暴力行为具有联系,并且对于女性来说,它还与犯罪的官方记录相关。对于男性来说,低认知性同情与自我报告的严重盗窃(包括入室盗窃与偷窃汽车)有联系。低情感性与低认知性同情和男性打架以及故意破坏他人财产的行为有联系,和女性盗窃他人身上的财物有联系。因此,低同情心可能是少年犯罪的一个重要风险因素。

许多研究者都指出,在人际关系中,犯罪人思考与解决问题的技能较差。犯罪人通常被认为是以自我为中心且麻木不仁的、同情心低下的。相对而言,他们角色承担与换位思考的能力较差,可能错误地理解他人的意图,对他人的思想与感受缺乏认识或不敏感,削弱了其形成人际关系与理解自己的行为对他人产生影响的能力。他们在人际交往中的表现通常是烦躁不安且逃避眼神交流,而不

[①] 参见〔意〕加罗法洛:《犯罪学》,耿伟等译,中国大百科全书出版社1996年版,第44页。

[②] See Darrick Jolliffe, David P. Farrington, Empathy and Offending: A Systematic Review and Meta-analysis, *Aggression and Violent Behaviour*, 2004(9), pp.441-476.

[③] See Darrick Jolliffe, David P. Farrington, Development and Validation of the Basic Empathy Scale, *Journal of Adolescence*, 2006(29), pp.589-611.

是倾听与表示关注。研究者还进一步提出,犯罪人倾向于相信发生在他们身上的东西取决于命运、机会或运气,而不是自己的行为。这种想法使他们觉得自己是被别人与环境所控制的,而不是自己的行为所能控制的。因此,他们认为通过努力获得成功是没有意义的,这导致他们在朝着目标迈进时缺乏毅力。犯罪人经常将他们对他人的所作所为的责任归结为外因,而不是由他们承担责任,并且希望人们相信牵强的理由。进一步地讲,他们不能在行动前停下来思考,也不能从经验中吸取教训。

(二)家庭方面的风险因素

法林顿将家庭风险因素分为五个方面[①]:一是犯罪的及反社会的父母;二是大家庭;三是对孩子的教育方式,如监管不力、缺乏惩戒、冷漠与排斥、孩子生活中家长参与程度低等;四是身体的或性的虐待或者忽视;五是破碎的家庭。家庭收入低、家庭社会地位低、生活在贫民区及家庭居无定所等社会经济因素不包括在内。

犯罪为什么会在家庭中传递?解释有以下几种:一是多种风险因素的状态可能在代际延续。例如,接连几代人可能都受贫穷、家庭破碎、单亲父母、生活在最为贫穷的社区(代际连续性)等因素的困扰。二是犯罪父母对孩子犯罪的影响,可能由环境机制作为中介被传导。例如,缺乏父母监管,是犯罪的父亲与犯罪的未成年儿子之间的因果关系中的一环。三是犯罪父母对孩子犯罪的影响,可能由遗传机制作为中介被传导。格罗夫等人对一同抚养的单卵双胞胎与分别抚养的单卵双胞胎进行比较后发现,孩子品行障碍的遗传概率是41%,成年反社会人格障碍的遗传概率是28%,这说明犯罪的代际延续可部分地归因于遗传因素。四是官方(警察与法院)对犯罪家庭的偏见,即倾向于认为犯罪的父母会培育出犯罪的孩子。

大家庭(家庭中有很多孩子)是一个比较强的、具有高度重复性的、少年犯罪的预测因素。研究发现,如果一个男孩在他10岁生日之前,有4个及以上的兄弟姐妹,其成为少年犯的风险就要增加一倍。[②] 为什么兄弟姐妹的数量多会增加少年犯罪的风险?一般来说,随着家中孩子数量的增多,父母所能给予每个孩子的关注就会减少。另外,随着孩子数量的增加,家庭就会变得更加拥挤,这可

---

① 参见〔英〕麦克·马圭尔等:《牛津犯罪学指南(第四版)》,刘仁文、李瑞生等译,中国人民公安大学出版社2012年版,第472—476页。

② See Donald James West, David P. Farrington, *Who Becomes Delinquent?* London: Heinemann, 1973, p. 31.

能导致沮丧、愤怒情绪及冲突的增加。

部分错误教育孩子的方法也会导致少年犯罪。教育孩子最关键的在于父母对孩子的监督或监管、训导与父母强化、感情交流中的冷暖,以及对孩子活动的参与。父母监管是指父母对孩子行为监督的力度、警觉或警惕的程度。父母训导是指父母对孩子的行为所作的反应。严酷的或者惩罚性的训导(包括肉体惩罚)都会增加少年犯罪的概率,不规则的或不一致的训导也会提高少年犯罪率,既包括父母一方实施的不规则的惩戒,即有时候对其恶行视而不见,有时候又进行严厉的惩罚;又包括父母之间态度的不一致,即一方采取容忍或放纵的态度,另一方采取严厉的惩罚。大多数有关教育孩子的方式与少年犯罪之间关系的解释,都关注社会纽带理论或社会学习理论。从社会纽带理论来看,当孩子对温情、充满爱并且遵纪守法的父母缺乏情感依恋时,其与社会之间的联系就减弱,从而更易成为少年犯。从社会学习理论来看,孩子的行为取决于父母对孩子的奖惩以及父母所表现出的行为模式,如果父母对其反社会行为没有给予一致的、连续的反应,或者父母自身采取了反社会的行为方式,孩子就容易成为少年犯。

儿童受到身体上的虐待与忽视,也会导致其日后成为罪犯。他们在青少年时期与成年后更有可能实施犯罪,特别是实施青少年暴力犯罪。儿童受到性虐待、肉体虐待、被忽视,还预示着其成年后实施性犯罪的可能性较大。为解释儿童被虐待与其日后犯罪之间的关系,产生了无数的理论。社会学习理论认为,儿童通过模仿、效法与强化,学会采纳其父母的虐待行为的模式。社会纽带理论认为,儿童被虐待往往会使其缺乏对父母的依赖,进而导致自控能力低下。一般紧张理论认为,他人的消极处理方式会使儿童产生诸如愤怒、沮丧等消极情感,进而导致其对报复的渴望以及攻击行为的增加。

破碎的家庭是指家庭结构的缺失。伊斯雷尔·科尔文(Israel Kolvin)等通过对英国纽卡斯尔800多名孩子进行出生定群的研究后,发现那些在5岁前经历父母离异或分离的孩子,在32岁之前犯罪的风险增加一倍。[1] 琼·麦科德(Joan Mccord)在美国波士顿的研究发现,[2] 身处破碎家庭又无温和母亲的孩子中犯罪率高达62%;在家庭没有破碎但父母间存在冲突的孩子中犯罪率为

---

[1] See I. Kolvin, F. J. Miller, M. Fleeting, et al., Social and Parenting Factors Affecting Criminal-offence Rates: Findings from the Newcastle Thousand Family Study(1947-1980), *British Journal of Psychiatry*, 1988(152), pp. 80-90.

[2] See Joan Mccord, A Longitudinal View of the Relationship Between Paternal Absence and Crime, in John. Gunn and David P. Farrington (eds.), *Abnormal Offenders, Delinquency, and the Criminal Justice System*, Chichester: Wiley, 1982, pp. 113-128.

52%,无论其是否有温和的母亲;在家庭没有破碎,父母亦无冲突的孩子中,犯罪率较低,仅为 26%。值得注意的是,身处破碎家庭但有温和母亲的孩子中犯罪率同样较低,为 22%。这些结果表明,破碎的家庭并非孩子犯罪的原因,实际上,父母的冲突才是主要诱因。同时,母亲的爱可能在一定意义上会补偿"失去父亲"对孩子的伤害。英国全国健康与发展调查对在前后一周内出生于英格兰、苏格兰与威尔士的 5000 多名孩子进行了跟踪研究,研究结果表明家庭破碎是孩子走向犯罪道路的重要原因。[1] 生活在因离婚或分离而家庭破碎环境之中的男孩,在 21 岁之前犯罪的可能性较高(27%),这与那些因母亲死亡而家庭破碎的男孩(犯罪可能性为 19%),或因父亲死亡而家庭破碎的男孩(犯罪可能性为 14%),以及家庭完整的男孩(犯罪可能性为 14%),形成了对比。在男孩 5 岁前就家庭破碎的,其成为少年犯的可能性增高,而家庭破碎发生在男孩 11—15 岁的,并非导致其犯罪的特别原因。父母再婚也与少年犯罪风险的增加相关,这说明了来自继父母的负面影响,其中,相较因父母死亡而导致的家庭破碎,因父母离婚而导致的家庭破碎与少年犯罪之间有着更明显的联系。

在解释犯罪的发展中,上述风险因素大多数倾向于同时发生,并相互联系。例如,生活在自然恶化、社会失范的社区中的青少年,更有可能来自缺乏父母监管、父母惩戒不规则的家庭,并且更易冲动也不聪明。这些因素同时发生,难以确定哪一种对犯罪与反社会行为产生独立的、相互作用的及连续的影响。因此,在当前的认知状态下,任何有关犯罪之发展的理论都具有不可避免的猜测性。大致可以认为,易冲动、低智商(或成绩)、缺乏父母教育、犯罪的家庭、贫困家庭等这几种变量,不管它们的相互联系如何,都对犯罪的发展具有独立影响。

(三)综合认知的反社会潜能理论

现代的趋势是通过综合前期的理论主张来加强解释的效力。法林顿提出了综合认知的反社会潜能理论(Integrated Cognitive Antisocial Potential,ICAP),[2] 试图通过综合紧张理论、控制理论、学习理论、标签理论、理性选择理论等多种理论来解释男性犯罪与反社会行为。它的核心概念是反社会潜能(Antisocial Potential,AP),即实施反社会行为的潜在可能性,它假定从反社会潜能到反社会行为之间的转化,取决于认知(思考与作出决定)过程,这个过程将犯罪机

---

[1] See M. E. J. Wadsworth, *Roots of Delinquency: Infancy, Adolescence and Crime*. London: Martin Robertson, 1979.
[2] 参见〔英〕麦克·马圭尔等:《牛津犯罪学指南(第四版)》,刘仁文、李瑞生等译,中国人民公安大学出版社 2012 年版,第 477 页。

会与被害人纳入考虑的范围。它解释的犯罪是最常见的犯罪，如盗窃、抢劫、欺诈等。

反社会潜能有长期的、持续性的、个人之间的，也有短期的、个人内部的。长期的反社会潜能取决于冲动、紧张、模仿，以及社会化过程、人生大事等，而短期的反社会潜能的变化则取决于动机的激发与条件性的因素。就长期的反社会潜能而言，可以把个体放在一个从低到高的连续体上进行排序。在任何年龄段上，个体反社会倾向的分布都存在极大的差异，相对很少的人具有很高的反社会潜能，他们更有可能实施包括不同种类犯罪在内的反社会行为。因此，犯罪与反社会行为是反复无常的，而非特定化的。长期的、个人间的反社会潜能随着年龄的增长而变化，在十几岁时达到高峰，因为影响长期反社会潜能的因素在个体内部发生了改变。例如，从儿童期到青少年时期，同伴的重要性增加，父母的重要性降低。

根据紧张理论，可能导致高水平的长期反社会潜能的主要因素有物欲、在密友中的地位、兴奋及性的满足，如果行为人习惯性地选择用反社会的方法来满足这些需求，就会导致高度的反社会潜能。低收入群体、失业者、辍学者等难以通过合法的方式来满足需求的人，更倾向于采用反社会的方法。当然，方法选择还取决于体能与行为技能，例如，一个5岁的孩子很难盗窃汽车。长期的反社会潜能还取决于依恋与社会化的过程。如果父母能一贯地且依条件而定地对好的行为给予鼓励，对坏的行为予以惩罚，孩子的反社会潜能就会相应降低。低度焦虑的孩子社会化程度较低，因为他们较少关注父母的惩罚。如果孩子对（亲社会的）父母并不依恋，或者父母是冷漠且持排斥态度的，那么孩子的反社会潜能就会增高。破碎的家庭也会削弱孩子依恋与社会化的程度。如果孩子暴露在反社会群体之中，诸如有犯罪的父母、犯罪的兄弟姐妹，以及犯罪的同伴，或者生活在犯罪高发的学校与社区中，并受他们的影响，长期的反社会潜能也将增加。易冲动的个体的反社会潜能也较高，因为他们一般行动时不考虑后果。再者，人生大事也影响反社会潜能，结婚或从犯罪高发区搬出后，反社会潜能会有所降低（至少男性是如此），而与配偶分开后，反社会潜能又会增高。

根据反社会潜能理论，犯罪与其他反社会行为的实施取决于个体（具有直接层次的反社会潜能）与社会环境（尤其是犯罪机会与被害人）的交互作用。短期的反社会潜能随着个体短期动力因素的改变而改变，如无聊、愤怒、醉酒、沮丧、受其他男性同伴的鼓动等。具有某种程度反社会潜能的人，在特定的情况下是否会实施犯罪，取决于其认知过程，这个过程包括利益考量、不同结果的成本与可能性计算、不同的犯罪策略设计。犯罪的利益与成本包括即时的环境因素,如盗窃所得、被逮捕的风险与后果,也包括社会因素,如不被父母或伴侣认同,或者来自同伴的鼓励或强化。通常来说,人们倾向于做出那些看起来对其是合理的决定,然而对于反社会潜能水平较低的人来说,即使看起来是合理的(以个人的期待效应为基础),也不会实施犯罪;相反,短期反社会潜能高的人(如因愤怒或醉酒所致)更有可能实施犯罪,即使在当时看来该决定对其是不合理的。

犯罪的后果作为一种学习过程的结果,可能导致长期的反社会潜能,以及未来认知性决策程序的改变。当犯罪的后果表现为强化(如获得了物质利益或同伴的认可)或惩罚(如受到了法律的惩罚或父母的反对)时尤其如此。同样,如果犯罪的后果是被贴上标签,或使犯罪人污名化,这可能使其更难合法地达成自己的目标,进而导致反社会潜能的增加。

三、以风险为中心的预防措施

这里仅回顾一些在高质量的评估研究中被证明是有效的方案,包括技能培训、父母教育、父母培训、学前教育和多元方案。

(一)技能培训

针对冲动与低同情心风险因素提出的最重要的预防方法是认知—行为技能培训方案。较具代表性的是罗伯特·罗斯(Robert Ross)与班比·罗斯(Bambi Ross)设计的方案,其目标是:教育人们在行动前停下来思考;教育人们考虑其行为的后果;教育人们考虑用替代方法去解决人际问题;教育人们考虑其行为对他人尤其是被害人的影响。这种认知—行为技能培训方案包括社会技能培训、开放性思维培训(讲授创造性地解决问题)、批判性思维培训(讲授逻辑推理)、价值观教育(讲授价值观与对他人的关注)、决断训练(讲授采用非侵犯性、符合社会要求的方法来获取期望的结果)、谈判技能培训、人际认知性问题解决办法培训(讲授解决人际问题的思考技巧)、社会观培训(讲授如何认识与理解他人的感受),以及角色扮演与模仿(有效的、可接受的人际交往行为的示范与实践)。[1]他们在加拿大渥太华创建了一个名为"理解与康复"(reasoning and rehabilitation)的项目,该项目实施后,在短短的 9 个月内,作为少量样本的成年犯罪人的

---

[1] 参见〔英〕麦克·马圭尔等:《牛津犯罪学指南(第四版)》,刘仁文、李瑞生等译,中国人民公安大学出版社 2012 年版,第 479 页。

再犯率大大地降低了。① 该项目由缓刑官员执行,但是他们相信还可以由父母或老师来担当这一角色。该项目在其他几个国家被广泛地推行,并形成了在英国监狱与缓刑机构执行的、可被接受的认知—行为(cognitive-behavioral)方案的基础。

（二）父母教育

研究者们制定并实施了很多类似的父母教育方案,以应对诸如教育孩子方法欠缺与父母监督不力等家庭方面的风险因素。在最著名的强化家庭访问项目(intensive home-visiting programme)中,② 大卫·奥尔兹(David Olds)等在纽约的埃尔迈拉将400名母亲随机分配给在孕期接受护士家庭访问的小组、在孕期与孩子出生前两年接受访问的小组,以及没有受到任何访问的控制组。每次访问持续时间大约为75分钟,平均每个星期进行两次访问。家庭访问者会提供有关孩子出生前后的照料建议,婴儿的发育、适当营养的重要性,以及在孕期避免吸烟与喝酒等方面的建议。该实验结果表明,在孩子出生后进行的访问使得孩子两岁前有记录的肉体虐待与忽视减少;接受访问者犯儿童虐待或忽视罪的比例为4%,未接受访问者的比例是19%。这最后的结论很重要,因为受到身体虐待或被忽视的孩子在日后生活中更有可能成为暴力犯罪者。15年的跟踪研究将主要关注点放在了下层阶级未婚母亲上,这些母亲中,孩子出生前与出生后均接受家庭访问的母亲与那些只在孩子出生前接受访问或不接受访问的母亲相比,犯罪的比例更低。同时,接受出生前或出生后家庭访问母亲的孩子,与没有接受家庭访问母亲的孩子相比,被逮捕的比例大约减少一半。对这项研究的经济分析表明,对下层阶级未婚母亲来说,该方案带来的经济效益超过了成本。在美国田纳西州孟菲斯市和科罗拉多州丹佛市进行的验证性重复实验早期结果表明,无论是接受护士访问的母亲还是孩子,在很多方面都能得到改善。

（三）父母培训

父母培训也是预防犯罪的有效方法之一,主要就父母如何教育孩子、限制与处理孩子不当行为等进行培训。杰拉德·帕特森(Gerald Patterson)在俄勒冈州发展起来的"父母行为管理培训"(behavioral parent management training)为

---

① See Robert R. Ross, Bambi D. Ross, Delinquency Prevention Through Cognitive Training, *Educational Horizons*, 1989(4), pp. 124-130.

② See David L. Olds, Charles R. Henderson, Robert Chamberlin, et al., Preventing Child Abuse and Neglect: A Randomized Trial of Nurse Home Visitation, *Pediatrics*, 1986(1), pp. 65-78.

其中最著名的项目之一。① 他对父母—孩子的相互影响进行细致观察后发现，反社会孩子的父母在教育孩子的方法上存在缺陷。这些父母没有告诉孩子他们期待的行为，没能监督孩子以确保其按照被要求的方式行事，没能通过适当的奖励与惩罚来保证规则被迅速与明确地执行。反社会孩子的父母更多地使用惩罚（如苛责、大吼或者威胁），而不是根据孩子的行为做出理性的反应。帕特森试图通过有效的孩子教养方法对父母进行培训，即观察孩子做了什么，在长时期内对其行为予以监督，清楚讲明家庭规则，根据孩子的行为给予奖惩，协商解决分歧从而避免冲突及危机的升级。在短时期与小范围内，该方案被证明对减少孩子的盗窃与反社会行为是有效的。

著名的蒙特利尔项目采用了多种模式的干预措施，以孩子技能培训与父母管理培训为基础，将 300 名具有破坏性（侵犯性或多动症）行为的 6 岁孩子随机分配到实验组或控制组。实验组开展让孩子在 7—9 岁接受掌握社会技能与自我控制能力的培训。培训采用小组会议模式，设置了如何帮助、生气时应做些什么、如何对嘲讽做出反应等主题，采用了指导、同伴示范、紧急情况强化等方法。他们的父母还接受了父母管理技能培训，这些父母被教会如何对符合要求的行为给予正面强化，采用非惩罚的、一致的训诫，以及如何发展出一套家庭危机管理的技能。该预防方案相当成功，到 12 岁时，实验组的孩子实施入室盗窃与偷窃的较少，也较少醉酒与打架斗殴（根据自报），学习成绩也比较好。在 10—15 岁，每一年龄段，实验组的孩子自我报告的犯罪率都比控制组要低。有趣的是，实验组与控制组的孩子在反社会行为方面的差异，随着跟踪研究的进行而不断增加。后来的分析还表明，实验组与控制组的男孩在犯罪轨迹、侵犯行为、破坏他人财产及盗窃行为等方面均存在差异。

（四）学前教育

为增强认知能力、提高智力与成绩，研究者设计了几个学前教育方案，最为著名的就是佩里学前计划（Perry Project），即学前智能增强方案（pre-school intellectual enrichment programmes）。它是美国最早启动也是最有名气的幼儿教育长期效果研究项目，其实验研究结果有力地证明了幼儿教育对个体后期发展

---

① See Marion S. Forgatch, Gerald R. Patterson, Parent Management Training—Oregon Model: An Intervention for Antisocial Behavior in Children and Adolescents, in John R. Weisz, Alan E. Kazdin (eds.), *Evidence-based Psychotherapies for Children and Adolescents*, 2nd edition, New York: Guilford Press, 2010, pp. 159-178.

具有长远的、多方面的影响。①

佩里计划由戴维·维卡尔特(David Weikart)领导,实验地点在密歇根州伊普西兰蒂,计划始于 1962 年。1962—1965 年先后共招收 123 名 3—4 岁儿童(大部分是 3 岁)作为被试对象,并把同等智力水平的孩子随机地分为两组。一组为实验组,前后共 58 名孩子,对他们进行学前教育并做家访;另一组为对照组,前后共 65 名孩子,没有对他们进行学前教育与家庭访问。此后,对两组孩子进行持续跟踪直至成年,掌握他们在各年龄段的发展与表现,比较其异同,从而了解学前教育的效果。实验组与对照组孩子的情况基本相同,都是家境贫困的黑人孩子,经测试,智商值为 60—90;父母文化程度都较低,只受过八九年教育;居住同一地区,被试对象 5 岁后都进入同一所幼儿园与学校。实验组注重孩子在教师指导下自己开展学习活动,以促进智能、社会性、身体等方面发展。每年由 4 个教师教 20—25 个三四岁的孩子,平均每个教师带五六个孩子,教师都具有从事早期教育与特殊教育的资格证书。实验组每个工作日上午进行两个半小时的教育活动,每学年 30 个学习周,从 10 月中旬至第二年 5 月,大多数孩子接受两年教育,即 60 个学习周。教师对每个实验组的孩子每周做一次家访,每次一个半小时,与其母亲讨论孩子的发展、亲子关系与家庭教育。在实验过程中通过各种方式收集两组孩子的各方面情况,包括进行智力、语言等方面测试,查看在校学习成绩和教师评语,与家长谈话,后来还查阅警察局与社会服务部门的档案材料。在掌握与分析材料的基础上陆续作出一些阶段性实验报告。

1984 年,克莱门特等发表了题为《变化着的生命》的综合性研究报告,该报告详尽地介绍了被试者从 3 岁起直至 19 岁时各方面的情况,比较系统地总结了佩里计划的实验结果。实验结果表明,实验组孩子在其日后的发展上许多方面胜过对照组,具体表现在智力发展快、学习成绩好、精神发展迟缓与受特殊教育的比例小、中学毕业率高、文化水平率高、进大学的比例高(实验组为 38%,而对照组仅为 21%)、就业率高(被试 19 岁时,实验组有一半有职业,而对照组有职业的为 32%)、有犯罪记录的少(据警察局档案,19 岁前,实验组有 31% 被拘留或逮捕过,对照组有 51% 被捕或拘留;被捕 5 次以上屡犯者,实验组为 7%,对照组为 17%)。上述结果表明,良好的学前教育对幼儿的影响是多方面的、长远的。在佩里计划研究的基础上,研究人员又进一步作了经济效益分析,将佩里计

---

① See Lawrence J. Schweinhart, Jeanne Montie, Zongping Xiang, et al., The High/Scope Perry Preschool Study Through Age 40: Summary, Conclusions, and Frequently Asked Questions, http://nieer.org/wp-content/uploads/2014/09/specialsummary_rev2011_02_2.pdf, visited on 2018-06-08.

划学前教育的开支(包括教职员工资、管理费、房费、孩子的供给)作为投入,把因学前教育而减少的特殊教育、拘留审讯费用及以后持续的福利救济费等项支出作为效益,计算结果为,每个孩子每学年学前教育投入为 4818 美元,效益为 29000 美元,即在学前教育上每投入 1 美元,其效益为 6 美元。当然,这种计算不是很精确,其中含有估算的成分,另外,这仅仅是可计算的部分,实际上教育的效益在许多方面是难以计算的。

佩里计划是美国第一个研究学前教育长期效果的项目,在它的影响下,美国相继开展了多项学前教育长期效果研究工作。佩里计划的一个不足之处是样本容量较小,被试人数不多,因而其结论的普遍性受到一些人怀疑。后来,美国教育家对 1967—1972 年间开展的 11 项学前教育项目的长期效果进行研究,得出的主要结论是:学前教育能提高孩子的智商与小学学习成绩,减少精神发展迟缓与中途退学的现象,提高中学毕业率,减少被拘留与逮捕的人次,从而进一步证明了学前教育效果显著,影响长远。

(五) 多元方案

多元方案是将父母培训、教师培训与儿童技能培训结合在一起的策略。霍金斯在西雅图实施了以学校为基础的预防实验[①],即将 8 所学校 21 个班级中约 500 名一年级的学生(6 岁)随机分配到实验组与控制组。实验组的孩子在家里与学校所接受的特殊待遇,是为增强他们对父母的依恋和与学校的联系而设计的,他们还接受了处理人际认知问题的技能培训。他们的父母还通过名为"抓住他们向好的一面"方案的培训,来注意与强化孩子符合社会要求的行为。教师则参与课堂管理培训,如提供清晰的规范与期望,对作出符合要求行为的孩子给予奖励,教会孩子采用亲社会的方法来解决问题。该方案获得了长期的效益,实验组的孩子在 18 岁时实施暴力行为、酗酒、有性伴侣的比例较低。

总的来说,包括个体、家庭、学校与社区干涉在内的多元方案,比那些只有某一惩罚的方案更为有效。法林顿认为,要成功地实现以风险为中心的预防,最好的方法之一是实施多元的、以社区为基础的方案,这些方案包括上述各种成功的干预措施。在英国及英联邦国家推行的"社区关注"(Communities That Care, CTC)方案就是如此,它更多地以证据为基础且更为体系化,干预措施的选择取决于特定社区中的风险与保护因素,以及"什么是有效的"经验证据。CTC 的整

---

① See J. David Hawkins, Elizabeth Von Cleve, and Richard F. Catalano, Reducing Early Childhood Aggression: Results of A Primary Prevention Programme, *Journal of the American Academy of Child and Adolescent Psychiatry*, 1991(2), pp.208-217.

体效能尚待证实,但其单个要素的效力是清晰的。

发展式预防策略在我国犯罪预防实践中被广泛应用,许多立法中都有明确的规定体现了这一策略。最为突出的就是《中华人民共和国预防未成年人犯罪法》,专门规定了未成年人"不良行为的干预""严重不良行为的矫治"和"重新犯罪的预防",并要求国家机关、人民团体、社会组织、企业事业单位、居(村)民委员会、学校、家庭等各负其责、相互配合,采取多种教育和矫治措施。当然,该法的规定比较简要,一些具体措施需要其他法律法规予以落实和完善。例如,《中华人民共和国未成年人保护法》规定了对未成年人的家庭保护、学校保护、社会保护、网络保护、政府保护和司法保护,保护未成年人身心健康,保障未成年人合法权益;《中华人民共和国家庭教育促进法》规定了父母或者其他监护人对未成年人实施的道德品质、身体素质、生活技能、文化修养、行为习惯等方面的培育、引导和影响,以促进未成年人全面健康成长;《中华人民共和国反家庭暴力法》针对未成年人在家庭中遭受的暴力规定了预防和干预措施;等等。可见,这些法律对未成年人成长过程中的一些犯罪风险因素规定了相应的预防和干预措施,对未成年人成长的保护因素规定了相应的促进措施,均体现了发展式预防的理念。

【本章复习要点】

(1)情境预防的内涵与理念;(2)理性选择理论的核心概念与决策模型;(3)日常活动理论对犯罪的解释;(4)犯罪三角理论;(5)生活方式理论;(6)犯罪形态理论;(7)情境预防的具体措施;(8)个体的犯罪风险因素;(9)以风险为中心的发展式预防措施。

第七章 三级预防策略

【本章学习目标】

理解特别威慑的基本内容和特征,了解剥夺犯罪能力的主要方法。了解有关罪犯矫正的争议,熟悉认知行为干预、强化监督、恢复性司法、毒品法庭等一些被认为行之有效的矫正策略。进一步理解三级预防策略与其他层级预防策略之间的区别与联系。

第一节 特别威慑

特别威慑是指通过对犯罪人实施刑罚让其因惧怕刑罚而不再犯罪。与指向被执行刑罚的罪犯以外的其他社会成员的一般威慑不同,特别威慑指向刑罚惩罚对象,因此,也有学者称之为个别预防。[①] 这里简要梳理特别威慑的内容和特征,并对特别威慑的效果进行讨论。

一、特别威慑的内容

刑罚的特别威慑功能也许是最不需要过多介绍的犯罪预防措施,因为社会生活中充满着由惩罚带来的威慑效果,无论是父亲打犯错的孩子屁股,还是老师让犯错的学生罚站,无一不是为防止再犯而进行的惩罚。当然,刑罚的特别威慑功能具有一般惩罚所不具备的特征。当前,我国学术界对刑罚威慑的讨论较为关注刑罚本身的威慑,然而,从犯罪预防的角度来看,这是不够的。刑罚威慑既包括各刑种的威慑(结果威慑),又包括刑罚实现过程的威慑(过程威慑),还包括刑罚实施结束后的威慑(后摄威慑)。

(一)结果威慑

结果威慑是指犯罪发生后,经刑事审判,所科刑罚对犯罪人的威慑。这也是最常见的关于刑罚威慑的讨论内容。刑罚的基本手段包括生命刑、自由刑、财产

---

① 参见邱兴隆:《个别预防论的源流》,载《法学论坛》2001年第1期。

刑、资格刑等,具体刑种各国有所不同,我国刑法规定了死刑、无期徒刑、有期徒刑、拘役、管制五种主刑,还规定了罚金、剥夺政治权利、没收财产、驱逐出境等附加刑。死刑是最严厉的刑罚,它包括死刑立即执行和死刑缓期二年执行(即死缓),前者直接剥夺犯罪人的生命,犯罪人不存在再犯的可能性,因此,在特别威慑中讨论它没有意义。死缓虽然有因在缓刑期内再次犯罪被执行死刑的,但更多的是缓刑期满被改判有期徒刑。因此,死缓、无期徒刑、有期徒刑、拘役、管制是严厉程度不同的自由刑,其中,管制为非监禁刑,但人身自由受到一定限制。罚金、没收财产都是对犯罪人的财产剥夺,但又有所不同。罚金是强制犯罪人向国家缴纳一定数额金钱的刑罚方法;没收财产是将犯罪人个人所有财产的部分或者全部强制无偿地收归国有的刑罚方法。罚金和没收财产在适用对象上有所差别,但其目的都可以归为两个方面:一是减少犯罪收益,让其得不偿失;二是部分地或全部地剥夺其犯罪的物质条件。剥夺政治权利是剥夺犯罪人参加国家管理和政治活动权利的刑罚方法。剥夺政治权利是一种资格刑,它以剥夺犯罪人的一定资格为内容,其结果是公民资格减等,既有惩罚的成分,也在一定期间内剥夺了其利用政治权利进行违法犯罪的机会。驱逐出境,指主权国家强制外国人限期离境。主权国家为维护本国安全利益或社会公共秩序,有权将违反本国法律的外国人(包括外交人员)驱逐离境,以防止其在本国继续犯罪。

综上所述,尽管刑事司法制度设置了多种类型的惩罚,但有期徒刑的监禁方式被认为在阻止未来的犯罪行为上有最大的潜力。这并不意味着罚金、管制以及其他惩罚没有威慑价值,只是这些形式的惩罚保留了个人自由,通常代表了对问题行为更宽容的态度,它们是为更轻的罪行而保留的,监禁被用于惩罚更严重的犯罪行为或曾被适用温和惩罚但没有得到预期效果的惯犯。

(二) 过程威慑

过程威慑,是指刑罚裁决并移送之前的刑事司法过程对犯罪人的威慑。从刑事司法程序来看,最主要的是各种刑事强制措施和当事人卷入刑事司法程序这一事实对犯罪嫌疑人或被告人造成的消极影响。根据理性犯罪人的假设,这种消极影响会干预行为人的行为选择。刑事强制措施是国家为了保障侦查、起诉、审判活动的顺利进行,而授权刑事司法机关对犯罪嫌疑人、被告人采取的限制其一定程度的人身自由的措施。我国的刑事强制措施包括拘传、取保候审、监视居住、拘留、逮捕五种,这五种措施的强制等级不同,适用的期间也不同,主要是对当事人人身自由的限制,但是它们与刑罚中自由刑的性质不同,期间也较短。拘传是强制犯罪嫌疑人到指定的场所接受调查,时间最长不得超过12小时。取保候审是侦查机关责令犯罪嫌疑人提供担保人或缴纳保证金并出具保证书,保证其不逃避或妨碍侦查,并随传随到的一种强制措施,它通常对犯罪轻微、不需要拘留和逮捕,但需要对其行动自由作出一定限制的犯罪嫌疑人采用。监视居住是侦查机关责令犯罪嫌疑人不得擅自离开指定的住所,并对其行动加以监视的一种强制措施,它通常适用于符合取保候审条件,但不能提供保证人或保证金的犯罪嫌疑人。刑事拘留和逮捕则是为了保障刑事诉讼顺利进行以及避免犯罪嫌疑人再犯罪而直接将犯罪嫌疑人羁押的强制措施。当事人在承担这些强制措施带来的一定限制的同时,其卷入刑事司法程序这一事实会给当事人甚至其近亲属带来一定的消极影响。尽管还没有定罪,一旦为刑事追诉,往往容易被贴上犯罪人的标签,受到一定的社会压力,给当事人造成心理上的变化,进而影响工作、学习等正常生活。"程序就是惩罚",即涉罪人被警察拘捕、被起诉、出庭庭审等刑事司法程序就是惩罚,而不仅仅是量刑。[1]

(三) 后摄威慑

目前,学术界可能还没有"后摄威慑"这一概念,对这种威慑的关注源于笔者对刑满释放人员的研究。[2] 作为一个有着"犯罪人"标签的刑释人员,在社会生活中受到诸多限制,部分刑释人员可能因为犯罪前科在就业、家庭、社区生活方面遇到一些困难,特别是就业困难导致的经济困境。这是因为现有法律法规对刑释人员的就业进行了广泛的限制,如《中华人民共和国教师法》《中华人民共和国人民警察法》《中华人民共和国公务员法》《导游人员管理条例》《娱乐场所管理条例》《证券公司风险处置条例》等。可见,对刑释人员的就业限制不仅包括政府机关及事业单位、国企等,连律师、保安、导游等一般职业也囊括其中。根据罗伯特·阿格纽提出的一般紧张理论,这种法律法规的就业限制再次将刑释人员标签化,给其带来一种消极的刺激,增加其再次犯罪的可能。

除了经济方面的影响之外,刑释人员还面临广泛的社会排斥,甚至是家庭成员的排斥。部分刑释人员在服刑期间妻子改嫁,还有的刑释人员在满怀新生的喜悦与家人团聚时,却得不到家庭的接纳,一些家庭成员以冷漠敌视的态度对待

---

[1] 参见〔英〕安德鲁·阿什沃斯:《量刑与刑事司法(第六版)》,彭海青、吕泽华译,中国社会科学出版社2019年版,第92页。

[2] 参见王瑞山:《试论特殊人群的制度化排斥及其应对》,载《华东师范大学学报(哲学社会科学版)》2013年第3期;王瑞山:《论刑释人员回归社会的制度困境》,载《河南警察学院学报》2015年第4期。

他们,将他们排斥在家庭之外。人是社会的人,社会孤立和社会歧视导致刑释人员在再社会化过程中出现困难和障碍。

二、特别威慑的特征

首先,特别威慑的目的是吓阻刑罚执行对象。特别威慑的重点是目标群体从非罪犯转移到了罪犯,关注的焦点也转移到了法律的实际实施和制裁上。当然,法律实施和制裁的前提是有犯罪发生,所以特别威慑具有罪后性。特别威慑虽然指向特定罪犯,但并不是说与其他社会成员毫无关系,其实,刑罚的一般威慑功能就是建立在特别威慑的基础之上,正是对犯罪人的惩罚,才给其他社会成员形成示范。当然,我国刑法惩罚还具有"株连"效应,使惩罚的范围超出犯罪人个人,影响到他(或她)的近亲属。例如,我国在对个人的参军、入学、入党政审中,会考虑其近亲属的犯罪历史。特别威慑的时间效力也不仅仅局限于刑罚执行期间,类似"株连"效应,对犯罪人的社会排斥将伴随其一生。当然,《中华人民共和国刑事诉讼法》第286条设立了未成年人轻罪记录封存制度,"犯罪的时候不满十八周岁,被判处五年有期徒刑以下刑罚的,应当对相关犯罪记录予以封存",一定程度上对未成年人未来的发展有着积极的影响,但我国目前还没有前科消灭制度,前科排斥的现象将持续存在。

其次,特别威慑的实现是由刑事司法机关主导的。这一点使特别威慑区别于其他组织、社会团体和个人采取的预防措施。在我国,对犯罪人的侦查、公诉(包括特定犯罪的自诉)、审判、执行等诸多功能由公安(或军队保卫部门)、检察院、法院、刑罚执行机关(主要是其所属监狱和社区矫正机构)等专门机关行使,排斥其他任何组织、团体和个人。当然,上述专门机关在刑事司法运作中需要接受公民和社会组织的协助、支持和监督,例如,侦查环节需要知情民众提供案件相关信息,社区矫正中需要购买社会服务等。同时,公民和社会组织也具有法律所授权的正当防卫,可以使用足以制止犯罪的暴力。但是,私力救济手段受到法律的约束,例如,工人因讨薪不成绑架老板、债权人因索债不成就非法拘禁债务人等行为,都是违法的甚至是犯罪的。

再次,特别威慑具有惩戒性。特别威慑是指"刑罚对犯罪人产生的威吓慑止作用"[1],它源自刑罚带来的痛苦,"痛苦乃刑罚的本质"[2]。特别威慑旨在通过实

---

[1] 韩轶:《刑罚预防新论》,载《法律科学》2004年第5期。
[2] 林山田:《刑罚学》,商务印书馆1983年版,第113页。

施惩罚来抵消参与犯罪活动所获得的任何快乐或利益,阻止犯罪分子的进一步越轨行为。惩罚功能的内容是刑罚手段的客观特性的直接表现。就其性质而言,是一种与犯罪人价值追求强烈对抗的、强制的、痛苦的惩罚力量;就其形式而言,表现为对犯罪人需要的否定,即对各种法律权利的剥夺与限制。对于犯罪人来说,刑罚一加身就立即感到了惩罚的报复力量,以及令人痛苦和无可奈何的强制力量;对于国家来说,正是利用了刑罚的这种力量把罪犯的行为纳入自己的控制之中,通过犯罪人一系列的心理活动(产生畏惧)以达到遏止犯罪人再犯罪的目的。[①] 特别威慑的惩戒性使其成为一种"硬性"的预防手段,区别于初级预防、次级预防中其他"软性"预防措施。

最后,特别威慑具有严格的法律性。因为刑罚对个人人身、财产等多方面具有强制性和剥夺性,刑罚的产生、执行、终结等各个环节都必须严格依法进行并由法律提供保障。刑罚、刑期、强度、方式等均由刑事法律规范来加以明确,侦查、起诉、审判、执行等环节也必须严格依法进行。而且,刑事司法运作过程中,要注意保护当事人的人权,禁止刑讯逼供,充分保障其辩护权;检察机关同时应对刑事司法运作各环节进行法律监督。刑罚威慑的法律性使之区别于道德、宗教、纪律等方面的处罚威慑,相较其他预防措施,更具规范性,不能随意启动、实施,同时其强度又高于同具有法律性的行政处罚。

三、对特别威慑的评估

国内有关特别威慑的研究较少,只有少量关于监狱矫正整体效果的综合评估。例如,有学者以重新犯罪率为评估指标对某监狱 196 名出狱犯罪人进行评估,认为"我国的监禁矫正措施对预防罪犯再次犯罪并没有特别显著的效果"[②],该文实际考察的是监狱内各种矫正措施的效果以及总体效果,并没有专门考察特别威慑的效果。还有一些关于重新犯罪的研究[③],但也鲜少对特别威慑进行讨论。

境外对特别威慑的研究相对较少,对威慑的兴趣集中在法律和制裁对普通民众的影响上,而不仅仅是那些受到刑事司法追究的人。史蒂文·拉布(Steven

---

① 参见刘运亚:《论刑罚个别预防功能》,载《西华师范大学学报(哲学社会科学版)》1990 年第 2 期。
② 王超:《我国监禁矫正效能实证研究》,载《河北法学》2014 年第 12 期。
③ 参见丛梅:《未成年人重新犯罪实证研究》,载《河南警察学院学报》2011 年第 5 期;丛梅:《我国重新犯罪现状与发展趋势研究》,载《社会工作》2011 年第 24 期;徐如红:《2007—2011 年杭州市刑释解教人员重新犯罪情况调查研究》,电子科技大学 2012 年硕士学位论文。

P. Lab)曾考察多项关于监禁和逮捕的特别威慑效果的评估,[1]发现这些研究没有得出明确的结果,许多分析结果甚至与严厉惩罚的威慑作用相矛盾,而且上述评估很少考虑到可能存在的任何康复计划对其造成的混杂影响。似乎没有任何强有力的活动来继续研究特别威慑,这证明了评估的稀缺性。目前的知识状况并没有为这场争论提供有力的支持。

第二节 剥夺犯罪能力

简单地说,剥夺犯罪能力实现了对个体的控制,从而排除了其对社会有害的行为。从犯罪人角度来看,剥夺犯罪能力是对个体的简单控制,它消除了未来犯罪活动的物理可能性。最常讨论的剥夺犯罪能力的形式是监禁。目前,监禁仍是各国应对犯罪的主要方式,惩罚仍是刑事司法的目的之一。虽然监禁不能完全阻止个人在未来的再次犯罪,但在监禁期间,它客观上防止了犯罪主体对社会实施犯罪的可能。另一种剥夺犯罪能力的形式是对违法者进行电子监控。能力剥夺并不意味着剥夺或限制个人一旦从监禁或控制中得到释放后可以从事任何行为的能力。剥夺犯罪能力可以采取两种不同的形式——集体性的和选择性的。集体性剥夺犯罪能力指的是对具有相同行为的人给予相同的处遇,而不考虑个人的潜质。例如,所有的窃贼都接受同样的量刑,不考虑不同犯罪人的潜在能力。最终的结果是对于所有类似犯罪人的惩罚,目的是消除他们进一步的犯罪能力。集体性剥夺犯罪能力的基础是对过去罪行在法律上的干预。选择性剥夺犯罪能力之重点是确定高危罪犯,并对该群体进行干预。所有被发现犯有同样罪行的罪犯并不会受到同样的惩罚,那些被认为对社会构成更大威胁的人可能会受到更长的、更严厉的监禁,反之,被判定具有较小威胁的人在监狱里的时间也较少,或者被判处替代性惩罚。选择性剥夺犯罪能力的目的是在不使所有违法者接受长期监禁或控制的情况下,最大限度地实现能力剥夺的效果。我国有关剥夺犯罪能力的经验研究较为缺乏,因此,本节将借助国外关于监禁和电子监控干预效果评估的文献对该部分内容加以考察。[2]

---

[1] See Steven P. Lab, *Crime Prevention: Approaches, Practices, and Evaluations*, 7th edition, Matthew Bender & Company, Inc., 2010, pp. 274-279.
[2] Ibid., pp. 279-291.

一、监禁的剥夺犯罪能力

（一）监禁的集体性剥夺犯罪能力

现有研究提供了一些证据,证明了通过监禁进行集体性剥夺犯罪能力带来不同的犯罪水平变化。例如,史蒂文斯·克拉克(Stevens Clarke)使用费城同期组群数据,预估在18岁之前监禁男孩会减少白人青年5%的指标犯罪和非白人青年15%的指标犯罪。[①] 大卫·格林伯格(David Greenberg)利用官方数据来预估成年罪犯的犯罪生涯,声称将监禁时间增加一倍只会使犯罪减少0.6%—4.0%,相反,减少50%的监狱人口只会使犯罪数量增加1.2%—8.0%。[②] 马克·彼得森(Mark Peterson)和哈里特·布莱克尔(Harriet Braiker)使用自我报告数据对监禁前的犯罪程度和平均犯罪率进行计算,发现监禁只降低了6%的入室盗窃,减少了7%的汽车盗窃。他们声称监禁对持械抢劫有更大的剥夺能力效果,其中有22%的犯罪是通过监禁罪犯来避免的。[③] 上述每一项研究都假定所有违法者都有持续的犯罪可能,然而,实际的犯罪程度可能因人而异。

在不同的研究中发现,刑事司法系统政策的差异导致了不同的犯罪能力剥夺效果。例如,琼·彼得西莉亚(Joan Petersilia)和彼得·格林伍德(Peter W. Greenwood)根据美国科罗拉多州丹佛市的数据统计,如果对重罪罪犯作出5年的强制判决,那么暴力犯罪将减少31%,盗窃会减少42%。如果直到第二次重罪定罪才采用强制判决,将会削弱犯罪能力剥夺效果,暴力犯罪只减少了16%,入室盗窃案减少15%。[④] 杰奎琳·科恩(Jacqueline Cohen)在调查了5年的强制性判决后认为,对有前科记录的囚犯使用这样的惩罚将会减少指标犯罪,从华盛顿特区的逮捕人数来看,下降了13.7%。科恩的调查显示,类似于其他研究结果,在第二次犯罪之后作出的强制判决对犯罪数量的变化影响更小(犯罪减少3.8%)。[⑤]

集体性剥夺犯罪能力研究结论中的差异可能是由于分析中使用了不同的评

[①] See Stevens H. Clarke, Getting'em out of Circulation: Does Incarceration of Juvenile Offenders Reduce Crime? *Journal of Criminal Law and Criminology*, 1974(65), pp. 528-535.

[②] See David F. Greenberg, The Incapacitative Effect of Imprisonment: Some Estimates, *Law and Society Review*, 1975(9), pp. 541-580.

[③] See Mark A. Peterson, Harriet B. Braiker, *Doing Crime: A Survey of California Prison Inmates*. Santa Monica, CA: Rand Corp., 1980, p. 35.

[④] See Joan Petersilia, Peter W. Greenwood, Mandatory Prison Sentences: Their Projected Effects on Crime and Prison Populations, *Journal of Criminal Law and Criminology*, 1978(69), pp. 604-615.

[⑤] See Jacqueline Cohen, Incapacitation as a Strategy for Crime Control: Possibilities and Pitfalls, *Crime and Justice*, 1983(5), pp. 1-48.

估。尽管集体性剥夺犯罪能力项目的效益问题存在争议，但美国司法部门仍然坚持执行，甚至实施更严厉的规则，如"三振出局"规则。然而，集体性剥夺犯罪能力带来的不明显效益进一步被实施这种战略所需的成本所困扰。剥夺犯罪能力的成本可以从需要被监禁的人数和容纳这些人口的资金成本方面进行评估。根据科恩估计，①犯罪率的小幅下降要求被监禁人口的大幅增加。例如，美国加利福尼亚州的指数犯罪率降低10%，就要求相应的监狱人口增加157.2%，即使是在关联变化最小的密西西比州，也仍然需要增加33.7%的监禁人口。很明显，从那些需要被监禁的罪犯数量来看，剥夺犯罪能力的代价是很高的，会增加政府的财政负担。塞缪尔·沃克（Samuel Walker）提出了一系列与剥夺犯罪能力策略有关的数据，②认为在全美范围内，剥夺犯罪能力项目要达到减少25%犯罪数量的效果需要增加120万名新囚犯，而收纳这些新囚犯的床位和运行费用相当可观。格林伍德等指出，新监狱（20世纪90年代初）的建造费用约为每张床位9.7万美元，每名囚犯每年的运营费用超过2万美元。根据沃克预计需要增加的床位数量，仅建筑成本就需要1250亿美元，每年的运营成本将增加240亿美元。如果使用加州"三振出局法"的数据，每年需要额外支付55亿美元来监禁所有符合条件的违法者。③

由于增加监禁人数所需的成本远超剥夺犯罪能力项目所带来的收益，因此，选择性剥夺犯罪能力被提出，即只有那些对社会构成明显威胁的人才会被剥夺犯罪能力。这种选择性剥夺犯罪能力的方式可以解决因追求更低的犯罪水平而要增加监狱人口的难题。

（二）监禁的选择性剥夺犯罪能力

选择性剥夺犯罪能力区别于集体性剥夺犯罪能力，是有选择性地对少数人

---

① See Jacqueline Cohen, The Incapacitative Effect of Imprisonment: A Critical Review of the Literature, in Alfred Blumstein, Jacqueline Cohen, and Daniel Nagin (eds.), *Deterrence and Incapacitation: Estimating the Effects of Criminal Sanctions on Crime Rates*, Washington, DC: National Academy Press, 1978, pp. 187-243.

② See Samuel Walker, *Sense and Nonsense About Crime: A Policy Guide*, Monterey, CA: Brooks/Cole Pub, 1985, pp. 158-160.

③ 为了加重对累犯、再犯的处罚，美国联邦政府还于1994年通过了《暴力犯罪控制与执法条例》，俗称"三振出局法"（three strike law）。该法实际上是将美国盛行的棒球比赛规则运用到刑事法领域，它规定：对于前已犯二次重大犯罪之重犯，或者前曾犯一次以上重大犯罪之暴力重罪犯，或者一次以上重大犯罪之毒品犯，当其再犯罪时，将被处终身监禁，不得假释，如同棒球比赛中打击手在被投出三次好球后未有安打，即被"三振出局"一样。See Peter W. Greenwood, C. Peter Rydell, Allan F. Abrahmse, et al., *Three Strikes and You're Out: Estimated Benefits and Costs of California's New Mandatory Sentencing Law*, Santa Monica, CA: Rand, 1994, p. 32.

施加惩罚，重点是识别高风险罪犯。高风险指的是未来实施犯罪活动的可能性较高。那些更有可能在未来表现出反社会行为、对社会构成威胁的人，会受到更长时间的监禁。选择性剥夺犯罪能力的提倡者指出，在所有罪犯中，只有一部分人被监禁的成本较低，而且可能会减少其未来的犯罪数量。

格林伍德在其为兰德公司撰写的报告中认为，①选择性剥夺犯罪能力的理念得到了最大的推动。格林伍德在加利福尼亚州、得克萨斯州和密歇根州调查了近2200名服刑人员，试图找出一群应该被剥夺犯罪能力的人，他们曾犯下入室盗窃或抢劫罪行。在检查自我报告记录和有关过去行为、逮捕、定罪和监禁的官方文件后，作者编写了一个七因素量表，用于区分（危险性）高、中、低的罪犯。这七个因素包括：(1) 有与本次犯罪相同的前科；(2) 在最近过去的两年中，被监禁的时间超过50%；(3) 在16岁之前曾被判有罪；(4) 曾在少年监狱服刑；(5) 在最近过去的两年中曾使用毒品；(6) 未成年阶段曾使用毒品；(7) 在最近过去的两年中，工作时间少于50%。格林伍德将这一量表应用于得克萨斯州和加利福尼亚州的囚犯，以测试量表的剥夺犯罪能力效果。根据加利福尼亚州的测试结果，他建议，一方面，通过减少中、低风险囚犯的刑期，增加高危罪犯的刑期，可以减少15%的抢劫犯罪，同时可以减少5%的监狱服刑人口，而集体性剥夺犯罪能力方案中减少15%的抢劫犯罪需要增加25%的监狱人口。另一方面，即使是采取选择性剥夺犯罪能力，要减少15%的入室盗窃犯罪，也需要增加7%的囚犯数量。得克萨斯州的数据也不乐观，如果要减少10%的抢劫犯罪，入狱者数量需要增加30%；减少同等比例的入室盗窃犯罪则要求监狱人口增加15%。加利福尼亚州和得克萨斯州之间的差异可能是由于得克萨斯州犯罪率的降低影响了数据。

格林伍德的数据受到了其他研究者的严厉批评。克里斯蒂·维舍（Christy A. Visher）指出，这些数据存在严重的问题，包括一些囚犯无法准确地回忆过去的事件和时间，以及对罪犯监禁前的犯罪程度的估计问题。加利福尼亚州、得克萨斯州和密歇根州之间犯罪率的较大差异使分析复杂化，对这些数据进行重新分析后，维舍发现，在加利福尼亚州选择性剥夺犯罪能力的效果只有5%—10%，而在得克萨斯州和密歇根州，犯罪率反而上升。② 这个结论严重质疑了选择性剥夺犯罪能力的效果。

---

① See Peter W. Greenwood, *Selective Incapacitation*, Santa Monica, CA: Rand, 1982.
② See Christy A. Visher, Incapacitation and Crime Control: Does a "Lock'em up" Strategy Reduce Crime? *Justice Quarterly*, 1986(4), pp. 513-544.

此外,在选择性剥夺犯罪能力的问题上还存在许多其他困惑。第一,也是最重要的问题,选择性剥夺犯罪能力的实施立足于预测未来行为的能力,而现实的预测能力是很差的。[①] 第二,剥夺犯罪能力基于一种假设,即随着时间的推移,个体的犯罪率保持不变。如果罪犯的犯罪生涯在监狱服刑期间结束,那么监禁的价值就会消失。第三,对剥夺犯罪能力的评估中,通常对低、中、高犯罪频率的犯罪人采用持续不变的逮捕、定罪和监禁率,这很有问题。因为,高频率的罪犯面临被发现和后续刑事司法系统行动的更大可能性,仅仅是因为他或她被抓住的机会增加了。第四,监狱犯人不能代表整个犯罪群体,而基于对监狱犯人的研究得出的结果是否具有普遍性。第五,还有一个严肃的问题,即社会是否有权基于个人潜在的犯罪危险而不是实际行为来对其施加惩罚。选择性剥夺犯罪能力为了避免罪犯被释放后可能发生的事情而去判处其更长的刑期,但是由于缺乏准确预测未来行为的能力,这种方法使许多人受到了不必要的惩罚。综上所述,尽管选择性剥夺犯罪能力具有很直观的吸引力,但却没有一个坚实的经验基础来实施这一程序。

二、电子监控的剥夺犯罪能力

电子监控(Electronic Monitoring)已经被广泛用于医疗、司法、看护等领域,医学、心理学、法学等领域也对其保持着深切关注,当然,刑事司法领域也不例外,这里将重点讨论对犯罪人实行的电子监控。

(一)电子监控的出现及适用

1. 电子监控的出现

电子监控的出现使得在不采取监禁措施的情况下也可以剥夺犯罪能力。在美国,矫正机构的物理基础设施无法像监狱人口那样增长,1995年,美国监狱的囚犯人数超过监狱设计容量的62%。[②] 面对这一挑战,最初的反应是呼吁建造额外的监狱,然而,公众都不愿意为新床位支付费用(尽管他们要求对罪犯采取严厉的态度)。监狱过度拥挤、犯罪率上升和公众情绪变化等现实困境,使各种监禁替代性措施得以发展。其中,电子监控成为解决罪犯释放到社区后加强社

---

① 我国学者邱兴隆也从个别预防论总体提出类似的质疑。他认为,"个别预防论不只是一种不合理的刑罚理论,而且是一种不现实的刑罚理论。其之所以不具有现实性,是因为被其奉为刑罚的重心的人身危险性无法预测"。参见邱兴隆:《理论缺陷与实践困窘——刑罚个别预防论批判》,载《法律科学》2001年第1期。

② See Bureau of Justice Statistics, *Correctional Populations in the United States*, 1995, Washington, DC: Department of Justice,1997.

会监督和保护需要的一个方案。

使用电子设备跟踪个人的想法最初可以追溯到拉尔夫·斯维茨格贝尔(Ralph Schwitzgebel)和他的朋友们,他们描述了电子监控系统并讨论了它的潜在用途。[①] 1977年,美国新墨西哥州的法官杰克·劳夫(Jack Love)受到连环漫画《蜘蛛侠》中一种手腕发射器的启发,萌生了监控罪犯的想法,并委托开发了一种追踪装置,该装置被称为"Gosslink",于1983年在新墨西哥州的一小群罪犯身上首次使用。电子监控系统的主要目标是监测宵禁和家庭监禁的遵守情况。[②] 对这种新技术的兴趣迅速促使不同公司开发类似的设备,并在全美司法辖区采用或测试这项技术。

1986年,美国有10家知名电子监控设备制造商,但只有10个司法管辖区使用该技术。[③] 此后,电子监控程序被广泛采用,除了美国,还有超过17个国家或地区开始使用电子监控技术,如加拿大、英国、澳大利亚、新西兰、德国、阿根廷、以色列等。据估计,在美国每天有超过12.5万名罪犯处于电子监控系统的监视下。[④] 丽塔·哈弗坎普(Rita Haverkamp)等提供了欧洲每年各国电子监控案件的数量,其中英国约为2万件,瑞典为3000件。[⑤] 国外电子监控多由私人公司来提供服务,如英国的电子监控由杰富仕(G4S)和希尔科(Serco)公司提供。[⑥]

2. 我国电子监控的适用

在我国,电子监控最初是为满足2008年北京奥运会的需要。在奥运会期间,为了保障安全,政府加大了对社区服刑人员的监管力度,运用GPRS和指纹身份识别等技术,对社区服刑人员进行全天候监控。2009年,江苏省率先采取手机定位的方式对社区服刑人员实施跟踪和监督管控,后在一定范围内加以推广。目前,我国绝大部分省市仍以手机定位系统监控为主,上海开始尝试运用电

[①] See Ralph Schwitzgebel, Robert Schwitzgebel, Walter N. Pahnke, et al., A Program of Research in Behavioral Electronics, *Behavioral Science*, 1964(9), pp. 233-238.

[②] See Joseph B. Vaughn, A Survey of Juvenile Electronic Monitoring and Home Confinement Programs, *Juvenile and Family Court Journal*, 1989(40), pp. 1-36.

[③] See Annesley K. Schmidt, Electronic Monitors, *Federal Probation*, 1986(50), pp. 56-59.

[④] See Tom Stacey, Electronic Tagging of Offenders: A Global View, *International Review of Law Computers and Technology*, 2006(20), pp. 117-121.

[⑤] See Rita Haverkamp, Markus Mayer, and Rene Levy, Electronic Monitoring in Europe, *European Journal of Crime, Criminal Law and Criminal Justice*, 2004(12), pp. 36-45.

[⑥] See Anthea Hucklesby, The Working Life of Electronic Monitoring Officers, *Criminology & Criminal Justice*, 2011(11), pp. 59-76.

子脚镯技术。[①]

2020年7月1日实施的《中华人民共和国社区矫正法》第29条对在社区矫正中使用电子监控的做法作出了程序性规定,并将电子监控具体表述为电子定位装置。社区矫正对象有下列情形之一的,经县级司法行政部门负责人批准,可以使用电子定位装置,加强监督管理:(1)违反人民法院禁止令的;(2)无正当理由,未经批准离开所居住的市、县的;(3)拒不按照规定报告自己的活动情况,被给予警告的;(4)违反监督管理规定,被给予治安管理处罚的;(5)拟提请撤销缓刑、假释或者暂予监外执行收监执行的。使用电子定位装置的期限不得超过三个月。对于不需要继续使用的,应当及时解除;对于期限届满后,经评估仍有必要继续使用的,经过批准,期限可以延长,但每次不得超过三个月。社区矫正机构对于通过电子定位装置获得的信息应当严格保密,有关信息只能用于社区矫正工作,不得作其他用途。

(二)电子监控的类型及功能

目前,电子监控已经发展出两种主要的系统或类型——主动型和被动型。主动型(或连续的信号)系统用于持续跟踪犯罪人,该系统由发射机、接收机和中央处理器组成,发射机是一种比香烟盒还小的小型防干扰装置,通常绑在罪犯的脚踝上。一个恒定的信号由发射机发出,被接在家庭电话上的接收器接收,当罪犯处于接收器范围内(通常在60米左右),它就会记录下罪犯的存在信息,一旦罪犯离开特定范围,接收器就会将其违反规定的行为传导到中央计算机。缓刑监督官或其他负责人通常会来检查以确认违规信息并采取适当的行动。计算机系统的编程允许罪犯去工作、上学或参加其他活动,仅简单地记录罪犯离开和回家的时间,罪犯活动的连续记录可以通过计算机打印出来供随时评估所需。

被动型系统由上述类似的设备组成,但需要系统的周期性激活。被动型系统会随机打电话到罪犯的家里证明其确实在家中,当通话时,罪犯必须将发射机/编码器放入验证者/接收器中,个人也可能需要回答语音验证中的问题。如果电话未被接听、持续繁忙,或罪犯未正确使用设备时,系统就会记录下缺席情况。与主动型系统一样,为了适应允许缺席的情况,该系统可以设定特定的天数和时间。事实上,被动型系统通常建立在一份分级联系时间表的基础上,在监控的早期几周,系统会对罪犯进行更多的检查;如果没有违规情况,则随着时间的

[①] 参见武玉红:《电子监控在我国社区矫正管理中的运用与优化》,载《青少年犯罪问题》2013年第3期。

推移逐渐减少联系次数。① 随着技术创新,电子监控系统开始与全球定位系统(GPS)技术相结合。② GPS 技术利用卫星实现对个人及其活动的定位和监视,这种定位和监视可以连续进行,也可以间歇进行。这项技术的一个主要优点在于不需要安装家庭监控设备或使用电话线路。GPS 技术多年来一直被用于被盗车辆的定位,在电子监控程序中添加 GPS 技术将使罪犯更难以潜逃。

对罪犯使用电子监控有多种裨益。第一,电子监控系统可以缓解惩教机构的过度拥挤。第二,电子监视器的使用提高了社区对违规者进行监管的能力,同时比单纯的缓刑或假释更能有效地剥夺罪犯的犯罪能力。第三,该系统降低了社区监控罪犯的成本。第四,对于不需要被判监禁刑又不能简单地判处缓刑的罪犯,电子监控提供了一种"中级"的惩罚措施。第五,与监禁相比,电子监控更能人道地对待罪犯。第六,电子监控允许罪犯留在社区维持家庭和友谊关系,以此来协助罪犯重新融入社会。

不过,电子监控并不适用于所有的罪犯。因为,电子监控和家庭监禁最初是被用于解决监狱过度拥挤的问题,这些替代方案的目标群体通常是那些身处监狱中的罪犯,即被判入狱、监禁、审前拘留或不能获得保释的罪犯。将那些通常以附带最低或无须监督的方式释放的违规者排除在电子监控对象范围之外,避免了因使用新程序进行干预而产生的问题。

(三) 对电子监控剥夺犯罪能力的评估

拉布在总结美国、加拿大、英国的研究结果后认为,③总体上来看,电子监控有利于预防监管对象的进一步犯罪。例如,美国肯塔基州肯顿县的一个定罪后程序的评估显示,略多于 5% 的电子监控罪犯会犯下新的罪行,然而,这一累犯率明显低于预先计划的控制组(20% 累犯)。④ 美国佛罗里达州的一项关于电子监控的评估显示,尽管电子监控的对象是高犯罪风险群体,但在这个项目下违规行为更少,而且再犯率较低。⑤

---

① See Ralph Kirkland Gable, Application of Personal Telemonitoring to Current Problems in Corrections, *Journal of Criminal Justice*, 1986(14), pp. 167-176.
② See J. Robert Lilly, Issues Beyond Empirical EM Reports, *Criminology and Public Policy*, 2006(5), pp. 93-102.
③ See Steven P. Lab, *Crime Prevention: Approaches, Practices, and Evaluations*, 7th edition, Matthew Bender & Company, Inc., 2010, p. 287.
④ See J. Robert Lilly, Issues Beyond Empirical EM Reports, *Criminology and Public Policy*, 2006(5), pp. 93-102.
⑤ See Kathy G. Padgett, William D. Bailes, and Thomas G. Blomberg, Under Surveillance: An Empirical Test of the Effectiveness and Consequences of Electronic Monitoring, *Criminology and Public Policy*, 2006(5), pp. 61-92.

电子监控还被用于强制执行家庭暴力保护令和监督性犯罪者,效果显著。埃德娜·埃雷兹(Edna Erez)等实施了一项研究计划,他们要求被告佩戴脚踝手镯,并将基础监视系统安置在受害者家中。当被告接近受害者的家时,电子监控系统会即刻记录下来,并向当局和受害者发出警报。受害者也可以在离开家时携带监视器,以防受到伤害。对 600 多起使用电子监控的案例进行分析后发现,很少有违规行为。① 在美国新泽西州,使用 GPS 技术的电子监控也被用于监测被假释的性犯罪者,根据第一年的数据显示,在全球定位系统的监视下,225 名性犯罪者中只有一人重新犯罪,②这大大降低了美国性犯罪者的再犯率。

但是,由于大多数电子监控项目都是与相对较少的个人打交道,因此,使用电子监控也几乎并未缓解看守所或监狱的过度拥挤状况,即使电子监控投入运用的数量不断增长,看守所和监狱的人口也仍旧在持续增长。然而,将评估分析指标转向监狱外的天数则会呈现出更积极的结果,在罪犯人数不多的地方,监所外的每一天都是对狱内拥挤情况的改善。

(四)关于电子监控的担忧

尽管电子监控的使用数量和范围有了大幅增长,也得到了不少机构的支持,但研究者仍提出了许多问题和担忧。首先,使用该技术的机构面临的操作成本巨大。约瑟夫·沃恩(Joseph Vaughn)指出,电子监控是一个劳动密集型系统,每天 24 小时运行,③对于许多缓刑和假释部门来说,这种全天候的监控并不是常态。④持续地监测以及对违规行为作出反应会增加行政机构的人力成本,特别是当该机构以日间业务为主时。此外,许多罪犯在获得完全释放或转移到其他程序之前只在系统上短暂停留,这一巨大的流动成本意味着筛选过程、数据录入、项目连接,以及其他任务必须在新对象的持续基础上进行,这需要新的工作人员来操作电子监控系统,由此增加了主办机构的人事费用。其次,批评者指出,这项技术的潜力只是延伸了刑事司法系统的覆盖面。他们认为,大多数旨在

---

① See Edna Erez, Peter R. Ibarra, and Norman A. Lurie, Electronic Monitoring of Domestic Violence Cases—A Study of Two Bilateral Programs, *Federal Probation*, 2004(68), https://www.uscourts.gov/sites/default/files/68_1_3_0.pdf, visited on 2018-06-06.
② See New Jersey State Parole Board, *Report on New Jersey's GPS Monitoring of Sex Offenders*, Trenton, NJ: author, 2007, https://www.in.gov/idoc/files/NJ_GPS_Monitoring1.pdf, visited on 2018-07-08.
③ See Joseph B. Vaughn, A Survey of Juvenile Electronic Monitoring and Home Confinement Programs, *Juvenile and Family Court Journal*, 1989(40), pp. 1-36.
④ See Charles M. Friel, Joseph B. Vaughn, A Consumer's Guide to the Electronic Monitoring of Probationers, *Federal Probation*, 1986(50), pp. 3-14.

减少干预规模和范围的创新实际上导致更多的人受到某种形式的社会控制。由于电子监控不能消除或限制现有的制度空间,因此,这项技术有可能增加在日常刑事司法或少年司法系统监督下的个体数量。再次,使用电子监控可能会使公众面临更大的风险。电子监控程序不能保证罪犯在社区中不会或不能犯其他新的罪,没有任何东西可以在物理上控制罪犯不去犯罪或潜逃。例如,当罪犯在学校学习或工作时是不被监控的,同时,设备检测违规过程中的任何错误也会使社会处于危险之中。最后,许多人认为电子监控是一种奥威尔式的控制人们的手段,政府正在采取"老大哥"的方式——总是在监视我们,以便在我们越界时纠正我们的行为。这种能力的范围很明显,因为犯罪人 24 小时处于 GPS 技术监视下,电子监控也可以将国家干预扩展到我们的家庭和日常活动中。电子监控需要整个家庭的服从,这一事实加剧了这种被控制的感觉。虽然技术和监测可能是合法的,但也会产生一个更大的社会问题,那就是如何划定政府干预社区的界限。

第三节 罪 犯 矫 正

要想一劳永逸地避免犯罪人再犯,最理想的途径可能就是矫治罪犯使其放弃犯罪的念头,再也不去犯罪。"因为矫正的对象是人,只有在重视犯罪人的刑事实证学派那里,才能找到刑事矫正的观念。"[①]19 世纪的实证主义犯罪学派提出的对罪犯进行矫治的主张改变了古典犯罪学派通过刑罚设计控制犯罪的策略,直到 20 世纪 70 年代,面对社会经济进步和犯罪率上升的困境,这一主张经受着犯罪学家的重新审视和质疑。"矫正"是个舶来词,来自英美国家的"rehabilitation"或"correction","矫正(rehabilitation)是这样一种观念,即刑罚可以通过改善犯罪人的性格或者行为,使其在未来不可能重新犯罪,降低犯罪的发生率"[②]。日本称"矫正"为"更生"或"改善"。[③] 在引入社区矫正制度之前,我国通常把罪犯的矫正称为"改造"或"劳动改造",即一种通过强制和自愿的方法,转变罪犯的思想,矫治罪犯的恶习,消除罪犯的犯罪倾向,使之成为新人的活动。在我国的矫正活动中,通常有计划地采取强制劳动、思想教育、心理治疗等方法,通

---

① 陈兴良:《刑事矫正论》,载《中央政法管理干部学院学报》1995 年第 2 期。
② Michael Cavadino, James Dignan, *The Penal System: An introduction*, 3th edition, London: Sage Publications, 2002, p. 37.
③ 参见王云海:《监狱行刑的法理》,中国人民大学出版社 2010 年版,第 66 页。

常还伴随着职业培训、法制教育以及一些社会支持活动。但是,对于矫正是否能够有效降低再犯率,目前还没有一致的看法。本节将对矫正的相关争论进行讨论,同时介绍一些有证据证明的矫正方法。

一、关于矫正效果的争论

关于矫正是否有效的争论可以归纳为"矫正无效论"和"矫正有效论"两类鲜明对立的观点。

(一)矫正无效论

罗伯特·马丁逊(Robert Martinson)的动摇矫正理论基础的论断为同行们所熟知:"除了少数和孤立的例外,到目前为止所报告的矫正的效果对累犯没有明显的影响。"[1]这一论断的基础是他与道格拉斯·利普顿(Douglas Lipton)等人对1945—1967年出版的231项关于矫正的经验研究进行的分析。他们调查了广泛的干预技术,包括咨询、教育和职业培训、医疗、心理治疗、缓刑、假释和社区项目,认为这些项目对累犯的影响可以忽略不计。当然,这些项目在监狱适应、态度调整、教育改善等方面对罪犯有一些积极的影响,然而,这些变化相对来说并不重要,因为项目的主要目标是防止进一步的犯罪行为。[2]

类似的结论也出现在其他学者的研究报告中,例如,威廉·赖特(William Wright)和迈克尔·迪克逊(Michael Dixon)在回顾1966—1974年的96项研究后,报告说矫正对再犯几乎没有影响。[3] 另一项对纽约市18个矫正项目的调查,对比了项目前后的越轨行为和项目参加者与对照组的差异,得出了相同的结论。[4] 美国国家科学院(National Academy of Sciences)对利普顿等人的研究进行了重新分析,认为最初的研究者"在对矫正文献的评估上是合理、准确和公平的"[5]。在重新分析中唯一重要的不同点是,美国国家科学院认为早期的分析夸大了所检验项目的有效性。利亚·根舍梅尔(Leah Gensheimer)等人报告说,在

---

[1] Robert Martinson, What Works? Questions and Answers about Prison Reform, *The Public Interest*, 1974(35), pp. 22-54.
[2] See Douglas Lipton, Robert Martinson and Judith Wilks, *The Effectiveness of Correctional Treatment: A Survey of Treatment Evaluation Studies*, New York, NY: Praeger, 1975.
[3] See William E. Wright, Micheal C. Dixon, Community Prevention and Treatment of Juvenile Delinquency, *Journal of Research in Crime and Delinquency*, 1977(14), pp. 35-67.
[4] See Robert Fishman, An Evaluation of Criminal Recidivism in Projects Providing Rehabilitation and Diversion Services in New York City, *Journal of Criminal Law and Criminology*, 1977(68), pp. 283-305.
[5] Lee Sechrest, Susan O. White, and Elizabeth D. Brown (eds.), *The Rehabilitation of Criminal Offenders: Problems and Prospects*, Washington, DC: National Academy Press, 1979.

1967—1983 年的 44 项研究中，没有证据表明干预措施产生了矫正效果。① 最后，拉布和约翰·怀特赫德（John Whitehead）从 1975—1984 年的 55 份研究报告中提取数据，进行了 33 项比较，实验结果没有差异，也没有更糟的再犯，只有 15 个是有积极效果的。② 在回顾这些跨越了几十年时间和多种矫正策略的文献的基础上，他们得出"矫正在减少再犯方面并不是很有效"的结论。③

（二）矫正有效论

矫正支持论者泰德·帕尔默（Ted Palmer）声称，马丁逊的分析中忽略了各种积极的发现。帕尔默指出，某些项目在某些条件下对某些人有积极作用，重点不应该是为所有的罪犯找到一个万灵药。④ 事实上，马丁逊也认为在某些情况下矫正确实对个人的行为有积极的影响，然而总体上来看大多数项目很少或没有成功。⑤ 马丁逊在他较晚的一些文章中也试图澄清过去的一些过激观点。⑥

马克·利普西（Mark Lipsey）与合作者的论文可能是对矫正文献作出的最全面的评价，⑦在整个分析过程中，他发现了矫正的积极作用。例如，利普西和大卫·威尔逊（David Wilson）在 200 个研究中发现实验组和对照组之间的再犯率相差 6%。然而，值得注意的是，研究中存在大量的异质性，不同类型的矫治有不同的效果，那些侧重于人际交往能力、认知行为干预、多模式方法和以社区

---

① See Leah K. Gensheimer, Jeffrey P. Mayer, Rand Gottschalk, *et al.*, Diverting Youth from the Juvenile Justice System: A Meta-analysis of Intervention Efficacy, in Steven J. Apter, Arnold P. Goldstein (eds.), *Youth Violence: Programs and Prospects*, New York, NY: Pergamon, 1986(135), pp. 39-57.

② See Steven P. Lab, John T. Whitehead, An Analysis of Juvenile Correctional Treatment, *Crime and Delinquency*, 1988(34), pp. 60-85.

③ See Steven P. Lab, *Crime Prevention: Approaches, Practices, and Evaluations*, 7th edition, Matthew Bender & Company, Inc., 2010, p. 295.

④ See Ted Palmer, Martinson Revisited, *Journal of Research in Crime and Delinquency*, 1975(12), pp. 133-152.

⑤ See Robert Martinson, New Findings, New Views: A Note of Citation Regarding Sentencing Reform, *Hofstra Law Review*, 1979(7), pp. 243-258.

⑥ 参见〔美〕Curt R. Bartol, Anne M. Bartol:《犯罪心理学（第七版）》，杨波、李林等译，中国轻工业出版社 2015 年版，第 421 页。

⑦ See Mark W. Lipsey, Juvenile Delinquency Treatment: A Meta-analytic Inquiry into the Variability of Effects, Paper Presented at the American Society of Criminology Annual Meeting, Denver, 1990; Mark W. Lipsey, Can Rehabilitative Programs Reduce the Recidivism of Juvenile Offenders? An Inquiry into the Effectiveness of Practical Programs, *Virginia Journal of Social Policy and Law*, 1999(6), pp. 611-641; Mark W. Lipsey, David B. Wilson, The Efficacy of Psychological, Educational, and Behavioral Treatment, *American Psychologist*, 1993(48), pp. 1181-1209.; Mark W. Lipsey, David B. Wilson, Effective Interventions for Serious Juvenile Offenders: A Synthesis of Research, in Rolf Loeber, David P. Farrington (eds.), *Serious and Violent Juvenile Offenders: Risk Factors and Successful Interventions*, Thousand Oaks, CA: Sage, 1998, pp. 313-345.

为基础的矫治项目通常比其他干预措施有更大的影响。利普西认为,对矫正影响的研究需要考虑矫正的类型、实施的背景、评估的方法,以及评估证据时的其他因素。克里斯托弗·洛文坎普(Christopher Lowenkamp)等指出,具备高度程序完整性的干预措施(即强大的执行方案、良好的罪犯评估等)在减少累犯率方面比缺乏完整性的措施更有效。[①]

(三) 分歧原因

对矫正效果的不同观点可以归因于争论双方之间的概念差异,造成分歧的主要问题在于结果测量的选择和评价水平不同。

一是结果测量问题。评价矫正成果的传统标准是越轨行为的消除,这通常意味着再犯率的降低,然而,测量再犯是非常困难的。再犯的定义有多种,从再次被监禁(非常严格的标准)到仅仅是被转送到其他帮助机构(非常宽松的标准),每个定义都有问题。例如,对于某些类型的罪犯来说,再次被监禁是一个相对罕见的事件,因此再犯的程度可能相当低。另一种方法是,将再犯界定为与警察的简单接触,这可以极大地提高再犯测量结果。在评价和整合不同报告的结果时,再犯测量的不同选择是一个主要问题。

也许矫正文献中最常见的结果测量指标不是再犯或越轨行为,而是教育和职业成就、自尊的改变、态度转变、心理调整、社区适应和干预成本。许多矫正有效论者指出这些方面的改进证明了程序的有效性。遗憾的是,虽然在文献中发现了许多这样的结果,但这些维度的变化经常只出现在项目实施期间,在项目结束后不能持续很久。而且,这些替代性的结果测量指标与预防犯罪活动之间是间接关系,矫正要解决的主要问题是未来的越轨行为,除非可以在替代性结果和较低再犯率之间找到一个明确的联系,否则这些结果在评估矫正计划时仍然是次要的。事实上,三级犯罪预防的重点是后续的再犯水平。

二是评估水平问题。矫正无效论者和有效论者之间的争论通常取决于在分析中是否采用了适当的评价标准。对矫正效果作出负面评价的研究通常依赖于总量评价,犯罪或再犯率的变化是其衡量项目的共同标准,总犯罪率没有变化或只有一个小的变化表明了干预的失败。从本质上讲,总体型评价旨在发现行为方面的定量变化。上述认为矫正效果有限的评述文献,其得出的结论严重依赖于矫正在改变再犯率上的失败。矫正有效论者则倾向于个人层面的评价,个人

---

① See Christopher T. Lowenkamp, Edward J. Latessa, and Paula Smith, Does Correctional Program Quality Really Matter? The Impact of Adhering to the Principles of Effective Intervention, *Criminology and Public Policy*, 2006(5), pp. 575-594.

层面侧重于质的变化,而不是犯罪数量上的变化。这些定性变化可能看起来只是对犯罪类型的简单调整,例如,一个罪犯可能会从涉及身体对抗的抢劫转移到入室盗窃或盗窃之类的财产犯罪,这将会影响到个别犯罪的比率,但对整体犯罪率几乎没有影响。个人层面的分析也可以使研究者关注到其他与非犯罪相关的变化,态度上的转变、心理调整、与他人相处的能力提升,以及生活技能的提高等都是在观察个人进步时可以发现的替代性结果的例子。事实上,当成功的标准沿着这些质性维度运动的时候,几乎任何项目都可以被视为至少有些许的成功。这是个体层面的评价,促使帕尔默、马丁逊、卡罗尔·加勒特(Carol Garrett)以及其他一些学者承认某些矫正工作对某些对象是有作用的。[1]

对研究对象不使用随机分配的方式或遵循严格的方法技术的评估往往显示更好的结果,[2]如同对示范项目的评估一样,对干预措施及其实施有很大的控制。[3] 也许实现有效干预的关键是将适当的对象与适当的矫治措施相匹配。唐纳德·安德鲁斯(Donald A. Andrews)等将这个认识融入他们关于风险、需求和反应的模式中。[4] 大多数项目不知道哪些服务对象可以得到最好的矫治,即使他们知道矫治项目的不同影响,也不知道怎么确定合适的对象。总之,成功实施三级犯罪预防的路径是非常有限的。

对矫正的悲观态度持续了整个20世纪80年代,尽管许多支持者认为它从未真正消亡过,但是直到20世纪90年代,矫正才得以真正复兴。[5] 正如唐瑞和彼得西莉亚所言:"由于从马丁逊著名的论文中错误引申出'矫正无用论',导致了对矫正的悲观论调……不过这一论调已经过时了,现在,有理由对矫正在某些

---

[1] See Ted Palmer, Martinson Revisited, *Journal of Research in Crime and Delinquency*, 1975 (12), pp. 133-152; Robert Martinson, New Findings, New Views: A Note of Citation Regarding Sentencing Reform, *Hofstra Law Review*, 1979 (7), pp. 243-258.; Carol J. Garrett, Effects of Residential Treatment on Adjudicated Delinquents: A Meta-analysis, *Journal of Research in Crime and Delinquency*, 1985(22), pp. 287-308.

[2] See Carol J. Garrett, Effects of Residential Treatment on Adjudicated Delinquents: A Meta-analysis, *Journal of Research in Crime and Delinquency*, 1985(22), pp. 287-308.; Jeffrey P. Mayer, Leah K. Gensheimer, William S. Davidson II, et al., Social Learning Treatment within Juvenile Justice: A Meta-analysis of Impact in the Natural Environment, in Steven J. Apter, Arnold P. Goldstein (eds.), *Youth Violence: Programs and Prospects*, New York, NY: Pergamon, 1986(135), pp. 24-38.

[3] See Mark W. Lipsey, Gabrielle L. Chapman, and Nana A. Landenberger, Cognitive-behavioral Programs for Offenders, *The Annals of the American Academy of Political and Social Sciences*, 2002, pp. 144-157.

[4] See D. A. Andrews, Ivan Zinger, Robert D. Hoge, et al., Does Correctional Treatment Work? A Clinically Relevant and Psychologically Informed Meta-analysis, *Criminology*, 1990(28), pp. 369-404.

[5] 参见〔美〕Curt R. Bartol, Anne M. Bartol:《犯罪心理学(第七版)》,杨波、李林等译,中国轻工业出版社2015年版,第421页。

方面所取得的成效持审慎乐观的态度,包括成人监狱在一定的条件下进行的某些认知技能培训、药物治疗、职业训练、教育和其他项目。"

二、认知行为干预

弗朗西斯·卡伦(Francis Cullen)和保罗·根德罗(Paul Gendreau)概括了开展有效项目的一般原则。① 第一,干预措施应该以已知的越轨行为和再犯的预测指标为目标。第二,干预措施应该是行为的,并转变导致反社会活动的认知过程。这些干预措施将寻求改变个人的决策过程,帮助罪犯识别应对挑战的亲社会反应,并培养避免问题行为的技能和技术。第三,成功的项目将在社区环境中针对高危犯罪人群,使用训练有素的人员和干预措施,以满足违法者的矫治需求。卡伦和根德罗声称,遵循这些指导方针的干预措施将取得积极成果。多系统治疗(Multi-Systemic Therapy)和认知思维技能项目(Cognitive Thinking Skills Program,CTSP)就是遵循卡伦和根德罗建议的两个例子。

多系统治疗立足于"行为受到多种社会和环境因素影响"的理念,基于社区干预,试图解决家庭、同伴、学校、社区以及其他可能促进或导致越轨行为的影响因素。实际的干预措施会根据个人的需要而有所不同,根据对象的需求和进展情况进行动态变化,同时每个对象都会在社区中接受来自一组治疗师的密集服务,他们对项目的成功或失败负责。对多系统治疗的评估显示其减少了犯罪行为,并改善了与风险相关的行为。②

认知思维技能项目利用一系列技巧解决认知行为问题,它也是一种多模式的干预措施。认知思维技能项目侧重于识别个人的认知缺陷和不适当决策,典型问题包括冲动行为、自我中心行为、自私和无法表达自己。训练有素的员工为客户提供70小时的技能培训。认知思维技能项目被加拿大和美国的几个州以及英国采用。杰拉德·盖斯(Gerakd G. Gaes)等在回顾CTSP的证据时,指出矫正组对象再犯率比非矫正组对象低。虽然这些差异具有统计学意义,但很多

---

① See Francis T. Cullen, Paul Gendreau, Assessing Correctional Rehabilitation: Policy, Practice and Prospects, *Criminal Justice*: *Policies, Processes, and Decisions of the Criminal Justice System*, 2000(3),pp. 109-175.

② See Charles M. Borduin, Barton J. Mann, Lynn T. Cone, *et al.*, Multi-systemic Treatment of Serious Juvenile Offenders: Long-term Prevention of Criminality and Violence, *Journal of Consulting and Clinical Psychology*, 1995(63), pp. 569-578.; Tamara L. Brown, Scott W. Henggeler, Sonja K. Schoenwald, *et al.*, Multisystemic Treatment of Substance Abusing and Dependent Juvenile Delinquents: Effects on School Attendance at Posttreatment and 6-month Follow-up, *Children's Services*: *Social Policy, Research and Practice*,1999(2),pp. 81-93.

差异都比较细微,最积极的发现来自于在社区环境中实施的认知思维技能项目。①

三、强化监督

对缓刑犯和假释犯的强化监督是减少其后续越轨行为的有效路径。同时,这些项目成本较低,在矫正罪犯的同时,缓解了监狱的过度拥挤,保护了社会安全。在美国,每个州都有强化监督项目,它的形式多样,有团队监督(在对象和监督人员之间有大量的接触)、宵禁(或家庭监禁)、赔偿、就业(或上学)监督、毒品检测、社区服务、咨询、治疗等。

新泽西州的强化监督项目就是其中一个很好的例子,该项目针对的是风险相对较低、在监狱里待了较短时间的、非暴力犯罪的罪犯。一个缓刑官平均负责16个当事人,其几乎每天与每个对象开展联系(无论是面对面还是电话)。② 当发现当事人是可靠的,且没有发现任何违规行为后,联系的次数就减少了。对新泽西州项目的评估显示,强化监督对象与仍在狱中的罪犯相比有较低的再犯率(以新的逮捕率来衡量)。③ 尽管如此,仍有44%的强化监督当事人被送回监狱。较低的累犯率也可能是因为强化监督对象不是随机选择的,因此,后来的再犯数字可能表明了强化监督组和监狱组之间缺乏可比性。事实上,强化监督项目与不那么严重的违法者打交道,可以人为地提高项目的成功水平。④

其他强化监督项目的评估显示了不同的结果。比莉·欧文(Billie Erwin)利用佐治亚州2322个对象的数据,指出强化监督的对象在其随后的犯罪中没有犯严重的罪行。然而,对于强化监督对象和在监狱服刑的罪犯来说,3年和5年的再监禁率没有差别。⑤ 不过,这个项目针对的只是低风险的罪犯。加利福尼亚州的3个强化监督项目报告,被随机分配的受试者在随后被逮捕和监禁率方

---

① See Gerald G. Gaes, Timothy J. Flanagan, Lawrence T. Motiuk, *et al.*, Adult Correctional Treatment, *Crime and Justice*, 1999(26), pp. 361-426.
② See Frank S. Pearson, New Jersey's Intensive Supervision Program: A Progress Report, *Crime and Delinquency*, 1985(31), pp. 393-410.
③ See Frank S. Pearson, Evaluation of New Jersey's Intensive Supervision Program, *Crime and Delinquency*, 1988(34), pp. 437-448.; Frank S. Pearson, Alice Glasel Harper, Contingent Intermediate Sentences: New Jersey's Intensive Supervision Program, *Crime and Delinquency*, 1990(36), pp. 75-86.
④ See Todd R. Clear, Patricia L. Hardyman, The New Intensive Supervision Movement, *Crime and Delinquency*, 1990 (36), pp. 42-60.
⑤ See Billie S. Erwin, Old and New Tools for the Modern Probation Officer, *Crime and Delinquency*, 1990(36), pp. 61-74.

面没有任何差异。① 与此同时,研究报告显示加强监督的对象会有更多的暴力行为,这可能是因为其与严重违法者被随机分配到了同一组。

除了减少累犯,强化监督的提倡者认为这个项目还将缓解监狱拥挤程度和降低费用。就过度拥挤而言,没有证据表明强化监督对被监禁罪犯的数量有任何明显的影响。② 事实上,由于技术违规而导致强化监督项目的撤回率较高,参与强化监督项目的人数也相对较少,对监狱的人口数量几乎没有影响。成本节约也很难被证明。新泽西州的数据显示,与监禁相比,强化监督使每个当事人节省约 7000 美元,③佐治亚州声称每个当事人可节省 6000 美元。④ 然而,这些数字并没有考虑任何可能发生的网络扩张的影响,也没有考虑到强化监督比常规的缓刑监管更昂贵的事实。

对强化监督的研究表明,其产生的影响是多方面的,在罪犯类型、再犯测量、成本评价,以及对监狱系统过度拥挤的影响等方面各有不同。强化监督具有积极作用的证据似乎有限,但公众对它的接受可能是因为强化监督增强了公众的安全感,这也许可以解释为什么人们对这个项目持续保持着兴趣。

四、恢复性司法

(一)恢复性司法的定义

"Restorative Justice"一词由兰迪·巴内特(Randy Barnett)在 20 世纪 70 年代提出,⑤又称为"修复性司法"(日本)、"复合公义"(我国香港地区)、"修复式正义"(我国台湾地区)、⑥"复原性正义"⑦等。学术界现多以 2002 年联合国预防犯罪和刑事司法委员会在《关于在刑事事项中采用恢复性司法方案的基本原则》

---

① See Joan Petersilia, Susan Turner, Comparing Intensive and Regular Supervision for High-risk Probationers: Early Results from an Experiment in California, *Crime and Delinquency*, 1990(36), pp. 87-111.
② See Micheal Tonry, Stated and Latent Features of ISP, *Crime and Delinquency*, 1990(36), pp. 174-191.
③ See Frank S. Pearson, Evaluation of New Jersey's Intensive Supervision Program, *Crime and Delinquency*, 1988(34), pp. 437-448.
④ See Billie S. Erwin, Old and New Tools for the Modern Probation Officer, *Crime and Delinquency*, 1990(36), pp. 61-74.
⑤ See Randy Barnett, Restitution: A New Paradigm of Criminal Justice, *Ethics*, 1977(87), p. 279.
⑥ 参见〔英〕格里·约翰斯通:《恢复性司法:理念、价值与争议》,郝方昉译,中国人民公安大学出版社 2011 年版,总序第 1 页。
⑦ 〔美〕斯蒂芬·E. 巴坎:《犯罪学:社会学的理解(第四版)》,秦晨等译,上海人民出版社 2011 年版,第 277 页。

的决议草案中提及的"恢复性司法"为通用译法。该决议草案中明确,恢复性司法程序是指在调解人帮助下,被害人、犯罪人和任何其他受犯罪影响的个人或社区成员,共同积极参与解决由犯罪造成的问题的程序。所谓恢复性结果,是指作为恢复性过程的结果而达成的协议,即通过道歉、赔偿、社区服务、生活帮助等使被害人因犯罪所造成的物质损失、精神损害得到补偿,使被害人受到犯罪影响的生活恢复常态。①

这种界定显然过分注重了犯罪被害人的利益,也许正是其区别于传统刑事司法的主要特征。不过,也有人进而关注社区关系的恢复,美国刑事司法学者托马斯·奎因(Thomas Quinn)认为,恢复性司法"关注恢复社区的健康、补救(犯罪者)所造成的危害、满足受害者的需要,以及强调犯罪者能够也必须在这个补救和复原的过程中贡献自己的力量",而惩罚模式无法完成上述任何工作。尽管罪犯被投入了监狱,但这种惩罚方式几乎无助于"减少市民对犯罪的恐惧、抚慰受害者,或者增加市民对刑事司法系统的满意度"②。"恢复性司法的着眼点是'恢复',即通过一系列的司法活动来努力恢复到犯罪前正常的社会秩序和个人状态。"③本书认为,恢复性司法不仅是从犯罪被害人的利益出发,注重犯罪所损坏的人际关系和社区关系的恢复,同时也是使犯罪人通过积极的负责任的行为重新取得被害人及其家庭和社区成员的谅解,从而重新融入社区的一种方式。

(二)恢复性司法的理念

理念是行为的先导。"质言之,恢复性司法理念,尤其是基本理念是整个恢复性司法理论与实践的核心与灵魂。"④梳理现有的研究后发现,恢复性司法的理念主要有以下几个方面:(1)看待犯罪的观念。恢复性司法理念认为犯罪都是从犯罪人和被害人之间的对立和纠纷中产生的,犯罪行为不仅仅是对社会整体和政府权威的挑衅,更是对被害人和社区的侵害。⑤ 被害人、犯罪人和遭受影响的社区是司法中的主要利害关系方。(2)看待刑事司法的观念。恢复性司法理念强调刑事司法的目标是恢复,在手段选择上鼓励和解与调解,其过程必须始终兼顾被害人和犯罪人双方的利益,必须贯彻自愿和平等的原则。(3)看待被

---

① 参见王平主编:《恢复性司法论坛(2005年卷)》,群众出版社2005年版,第512页。
② Restorative Justice: An Interview with Visiting Fellow Thomas Quinn, *National Institute of Justice Journal*, 1998(235), pp.10-16.
③ 徐盛希、林春鸿:《恢复性司法的中国命运》,载《国家检察官学院学报》2006年第5期。
④ 吴立志:《恢复性司法基本理念研究》,吉林大学2008年博士学位论文,第30页。
⑤ 参见孙国祥:《刑事一体化视野下的恢复性司法》,载《南京大学学报(哲学·人文科学·社会科学)》2005年第4期。

害人的观念。恢复性司法理念以被害人利益保护为导向,兼顾保护社区和加害人的利益,实现被害人、加害人和社区利益的平衡。当然,这种平衡不是平均着墨,而是有所侧重,即侧重于保护被害人的利益,被害人对信息、证明无辜、赔偿、证言、安全和支持的需要,是司法活动的出发点。(4)看待犯罪人的观念。恢复性司法理念认为犯罪行为引起了义务和责任,动用刑罚对犯罪人予以惩罚固然重要,但最好的解决途径应该是通过宽恕以达到当事人之间的和解。(5)看待社区的观念。社区能够独立地发挥作用和作出决定,只要社区有能力作出适当的处理,就应该完全由社区拥有实体上的决定权。政府的主要作用是审查社区对犯罪案件的处理过程和处理结果,以确保社会公认的公平和正义标准得到贯彻和执行。与国家司法相比,社区司法具备有助于恢复被害人和社区的良好关系、有助于犯罪人的改造、有助于节省国家司法资源、增加社区资本等优点。

(三)恢复性司法的实践特征

考察恢复性司法实践,其主要特征包括:(1)参与主体多元。主要参加人有协调人、被害人、犯罪人、利害关系人、社区成员等。协调包括调停、调解等方式,协调人可以是国家司法机关代表,也可以是具有相当知识的专业人员、社区志愿者等。(2)平等协商。恢复性司法在协调人的主持下,通过犯罪人与被害人的面对面接触,由双方亲友、社区成员本着平等原则进行商谈,共同确定问题解决的最佳方案。(3)意思自愿。当事人对解决方案的达成、自身权益的处分等必须遵循自愿原则。当然,这种自愿受协调人的意见影响,特别是审判前司法人员就案件事实的可能性判决结果发表的指导性意见,会对犯罪人产生一定的心理强制,导致自愿的非彻底或非实质。(4)利益兼顾。恢复性司法既注重被害人权益的恢复,又重视犯罪人的悔罪和回归,更重视社区和国家秩序的和谐安定,三者兼顾。(5)内容广泛。恢复的内容是通过对话协商,犯罪人以忏悔、道歉、赔偿、社区服务、生活帮助等方式恢复被害人损失,在此基础上,受犯罪影响的人际关系、社区和国家秩序在一定程度上得以恢复,犯罪人的同情、关爱、义务感、自主权也可能得到恢复。可见,当前恢复性司法实践主要针对的是有自然人被害人的案件。这里认为,恢复性理念的运用应当不局限于此,针对一些无自然人被害人的案件,例如,一些职务侵占等侵犯企业法人利益的案件,走私、偷税等侵犯国家利益的案件,只要犯罪人自愿认罪、赎罪,对其作出的权利处分或社区服务,也应该属于恢复性司法的理念范畴。

(四) 恢复性司法的主要类型

恢复性司法的实践模式有多种,[①]这里主要概括为三种主要类型:受害人—罪犯调解(Victim-Offender Mediation)、家庭小组会议(Family Group Conferencing)和圆桌判决(Circle Sentencing)。

(1) 受害人—罪犯调解。也称为受害人—罪犯和解项目,是美国20世纪70年代初纠纷解决/纠纷调解项目的直接产物。受害人—罪犯调解通常发生在定罪后(尽管定罪前的项目也有),受害者和罪犯被聚集在一起讨论广泛的问题,受过训练的调解员也会参加会议。对于受害者来说,参与受害人—罪犯调解项目是其自愿的,但对于罪犯来说,可能会被法院作为法庭程序的一部分强制要求参加。受害人—罪犯调解程序可以是正式刑事司法系统的一部分,也可以由其他与系统没有直接关系的机构运行。在受害人—罪犯调解会议上,对于罪犯来说最重要的问题是确定犯罪行为给受害者带来的伤害类型和程度,与此同时,罪犯也有机会解释他的行为以及他行为背后的情境原因。会议的重点是修复对受害者造成的伤害,帮助受害者身体和情感上的愈合,使社区恢复到犯罪前的状态,并使罪犯重新融入社会。在这个过程中,双方都被认为是平等的参与者,并给予时间来表达自己和他们对犯罪的感受。调解的结果应该是一项双方都同意的决议,对于受害者来说可能形成的结果是罪犯通过金钱补偿或提供服务来修复其所造成的伤害。也许同样重要的是改变双方对彼此的理解以及犯罪人的行为和态度。

(2) 家庭小组会议。家庭小组会议最早出现于1989年的新西兰,是建立在新西兰毛利人的实践基础上的,专门适用于14岁到17岁青少年的恢复性司法实践模式。[②]虽然大多数会议都处理未成年人的不端行为,也处理严重的犯罪和惯犯,但它和受害人—罪犯调解项目最大的区别在于,参加者除了当事人外,还包括双方家庭成员、亲密的朋友,以及受害者和罪犯的其他支持团体,也有可能包括刑事司法系统人员、社会工作者、警察和罪犯的律师。这种参与者范围的扩大化是非常重要的,因为家庭和支持人员预计将承担一些监督罪犯的责任,并确保所有协议在会议后得到执行。与受害人—罪犯调解项目类似,家庭小组会

[①] 刘晓虎将现有的恢复性司法实践模式总结为会议模式、圈型模式、调解模式、和解模式、社区检控模式、社区服务模式、恢复性羁押模式等7种模式。参见刘晓虎:《恢复性司法研究——中国的恢复性司法之路》,法律出版社2014年版。

[②] See Leena Kurki, Restorative and Community Justice in the United States, *Crime and Justice: A Review of Research*, Chicago: University of Chicago Press, 2000(27), pp. 235-303.

议的重点是各方就发生了什么、为什么会发生以及采取何种最适当的措施来解决伤害问题等内容进行讨论。与受害人—罪犯调解不同,家庭小组会议没有正式的调解员参加,然而,家庭小组会议有一个促进者,他试图让讨论朝着积极的方向发展,直到各方达成协议。家庭小组会议既可以在审前进行,也可以在审判结束后进行,它在美国和澳大利亚已经成为警察侦查和预审程序分流的一部分。

(3) 圆桌判决。圆桌判决也被称为"调解圈",它基于北美印第安人的实践程序,邀请所有利益相关当事人参与决定对罪犯采取的适当的制裁。圆桌判决参加者通常包括出席家庭小组会议的成员,以及其他希望参加的社区成员,广泛的(潜在的)参与者使得在实际会议之前需要进行大量的计划和准备工作。[①] 虽然有些项目会考虑更严重的罪行,但大部分由圆桌判决处理的案件都是轻微犯罪。圆桌判决和其他形式的恢复性司法项目的一个主要区别在于,这种方法对成年人和青少年都经常适用。每一个圆桌判决的参与者都有机会发言,表达其对犯罪的感受,并对讨论结果提出意见和理由。圆桌判决的预期结果是协商达成关于行动计划的一致意见,其中可能包括对审判法官的明确量刑建议和/或一系列以社区为基础的干预措施,圆桌判决的建议可以包括对犯罪人的监禁时间。圆桌判决的决定通常对罪犯具有约束力(而且可能被纳入正式的法庭记录),不遵守这一决定可能会导致其接受进一步的刑事司法系统处理或被重新安排圆桌判决程序。

(五) 恢复性司法的效果

有研究认为,除了极少数例外,受害者和罪犯对他们参与的恢复性司法过程都表示满意。[②] 这种情况同时存在于上述三种形式的恢复性司法项目。对受害人—罪犯调解项目的评估显示,75%到100%的参与者对调解表示满意。家庭小组会议项目也有同样高水平的满意度,满意度的水平也反映在参与者的感受中,他们认为这个过程是公平的,并有证据表明大多数会议最后能达成协议,且大多数缔约方都能遵守协议,如90%及以上的罪犯会遵守赔偿的命令。参与项目的自愿性使得这些满意度和遵守程度在某种程度上有一定折扣。参与项目是自愿的,可能意味着只有那些对程序负责的人才会被包括在项目中,这种内在的偏向有利于产生积极的结果。

[①] See Leena Kurki, Restorative and Community Justice in the United States, *Crime and Justice*: *A Review of Research*, Chicago: University of Chicago Press, 2000(27), pp. 235-303.

[②] See John Braithwaite, Restorative Justice: Assessing Optimistic and Pessimistic Accounts, *Crime and Justice*: *A Review of Research*, Chicago: University of Chicago Press, 1999(25), pp. 1-127.

虽然减少再犯是恢复性司法程序中的犯罪预防目标,但在恢复性司法相关文献中却很少有关于这方面的研究。对再犯的评价大多出现在受害人—罪犯调解项目上。马克·昂布里特(Mark Umbreit)和罗伯特·科茨(Robert Coates)将参加受害人—罪犯调解项目的青年与通过传统少年司法处理的青年进行比较,显示受害人—罪犯调解项目样本报告明显减少了再犯率。[1] 昂布里特等提供证据表明,在美国俄勒冈州两个县完成受害人—罪犯调解项目的年轻人,与干预前一年相比,在项目参与后的一年里至少减少了 68% 的违规行为。[2] 威廉·纽金特(William Nugent)等指出,对于进入和完成受害人—罪犯调解项目的年轻人来说,再犯的程度和后续犯罪的严重性都比较低。[3] 尽管有了这些积极的结果,仍需要大量的研究来论证恢复性司法程序的影响,特别是在家庭小组会议项目、圆桌判决项目,以及针对成年人的恢复性司法项目方面,还需要确定和了解不同恢复性司法方案有效和无效的条件。

近年来,人们对恢复性司法的兴趣日益浓厚,导致其在世界各地发展。尽管恢复性司法项目越来越受欢迎,但仍有许多问题和担忧需要注意。第一,这些项目可能无法解决非常复杂的社会问题。第二,在大多数项目中存在一定程度的潜在强制,许多项目不允许(或至少不赞成)辩护律师在场,从而引出了被告的宪法权利和程序保障问题。第三,涉及如何定义"社区",以及谁可以代表社区的问题。这可能是一个非常重要的问题,因为参与者会对解决方案的结果和预期产生影响。第四,对干预措施的预防效果缺乏很好的评价。第五,在大多数恢复性司法项目中存在明显的权利不平衡。特别是当未成年犯不仅要面对受害者,还要面对受害者的支持团体、刑事司法系统成员,以及来自普通社区的陌生人时,尤其会产生这样的问题。

(六)我国恢复性司法的发展

在我国,刑事司法环节中最具恢复性的是刑事和解制度。《中华人民共和国刑事诉讼法》第 288—290 条对当事人和解的公诉案件诉讼程序进行了专门规定。按照法律规定,因民间纠纷引起,涉嫌侵犯公民人身权利、民主权利、财产

---

[1] See Mark S. Umbreit, Robert B. Coates, Cross-site Analysis of Victim Offender Mediation in Four States, *Crime and Delinquency*, 1993(39), pp. 565-585.

[2] See Mark S. Umbreit, Robert B. Coates, and Betty Vos, *Juvenile Victim Offender Mediation in Six Oregon Counties*, Salem, OR: Oregon Dispute Resolution Commission, 2001.

[3] See William R. Nugent, Mark S. Umbreit, Lizabeth Wiinamaki, et al., Participation in Victim-offender Mediation and Severity of Subsequent Delinquent Behavior: Successful Replications? *Journal of Research in Social Work Practice*, 1999(11), pp. 5-23.

的,可能判处3年有期徒刑以下刑罚的故意犯罪案件,以及除渎职犯罪以外的可能判处7年有期徒刑以下刑罚的过失犯罪案件纳入公诉案件适用和解程序的范围。但是,犯罪嫌疑人、被告人在5年以内曾经故意犯罪的,不适用这一程序。对于当事人之间达成和解协议的案件,人民法院、人民检察院和公安机关可以依法从宽处理。可见,目前我国刑事和解在诉讼阶段适用对象着眼于情节较轻的犯罪。其中,第一类比较常见,民间纠纷往往发生在熟人之间,通过犯罪人的道歉、赔偿等恢复性举动以获取受害人的谅解和较轻的刑事处罚,客观上促进邻里关系的修复。当然,这里的规定着眼于定罪量刑之前的诉讼阶段,其实,恢复性司法理念的适用应不限于审前和审判阶段,刑事执行阶段也广泛存在着恢复性活动。恢复性司法通常是建立在犯罪人认识到自己的犯罪及伤害后果并具有"修复"意愿的基础上,这与罪犯矫正过程中追求的犯罪人认罪、悔罪和赎罪目标是一致的,犯罪人只有认罪、悔罪,才有赎罪(修复)的行动。因此,应在罪犯矫正活动中引入恢复性司法理念并积极推动相关实践,创新刑事执行工作路径。①

值得注意的是,具有悠久历史的调解工作为我国恢复性司法的开展提供了重要的支撑。恢复性司法的许多模式均需要调解的介入,而且需要非常专业的调解能力,才能使犯罪人、被害人坐下来"握手言和"。近年来,全国司法系统在人民调解、行政调解、司法调解的基础上,逐步形成大调解的概念和工作格局。调解理念得到普及和应用,调解活动覆盖了民事司法、行政执法、刑事司法等各领域,这使得我国刑事司法实践具有适用恢复性司法理念得天独厚的条件。不可否认的是,在我国推行恢复性司法工作也存在着一些困难,尤其是被害人及其亲属基于仇恨的心理,很难对犯罪人宽容,接受和参与恢复性司法的难度较大。笔者调查发现,也有因纠纷、冲突引起的伤害案件处理中,犯罪人及其家属认为犯罪人被判刑是被害人导致的,所以在犯罪人服刑期间,其家属经常谩骂与其发生纠纷的邻居,邻居不堪忍受搬家躲避。这些个案说明恢复性司法理念适用局限的一个现实维度,但不能否定刑事司法中引入恢复性司法理念为被害人权益保护提供了一种机会,为犯罪人悔罪、赎罪提供了一种选择。

五、毒品法庭

毒品法庭(Drug Courts)在我国尚未设立,这里主要借用国外文献对其加以介绍。针对特定形式的违法者和犯罪行为成立的专门法庭在美国各地越来越普

---

① 参见王瑞山:《论社区矫正的恢复性选择和路径创新》,载《犯罪研究》2020年第2期。

遍,毒品法庭可能是其中最容易辨认和最普遍的(尽管可以认为少年法庭系统本身就是一个专门法庭)。20世纪80年代末和90年代初毒品犯罪大幅增加,再加上对犯罪的强硬态度和强制量刑法律,导致了过多的法庭诉讼和矫正系统的不堪重负。为了解决这些问题,美国佛罗里达州戴德县于1989年设立了美国第一个专门法庭来处理毒品罪犯,即毒品法庭。① 到2009年年底,美国有2361个毒品法庭,遍及50个州和哥伦比亚特区,其中,1281个是成人法庭,466个是未成年人法庭,304个是依托家庭戒毒法庭,余下的是针对其他涉毒群体的法庭项目。② 毒品法庭的大幅增加部分可归因于1994年通过的《暴力犯罪控制和执法法》,该法案授权毒品法庭项目以联邦资助。

毒品法庭的基本理念是利用法院的权威促进当事人参与进而成功地完成治疗,以减少毒品使用和相关犯罪行为。法院代表了检察官、警察、缓刑监督官、法官、专业治疗人员、社会服务机构和其他社区团体的联合,他们共同努力使罪犯摆脱和远离毒品。法院可以使用强制力要求罪犯进入毒品法庭并戒毒。如果他们同意进入和完成毒品法庭程序,法院可以提供撤销刑事指控或者停止对罪犯进行判决的条件。既可以在刑事司法处理的审前阶段,也可在审判后暂停判决来完成毒品法庭程序。

尽管在大多数程序中都有一组相同的核心流程,实际的毒品法庭程序也会因地点不同而有所不同。常见的环节有:经常到法庭报到,常规药物测试,治疗评估,至少参与一个治疗项目及事后安置。通常情况下,法庭程序会循序渐进,即在项目最初几周开展很多的法庭报到,随着对象展示进步的过程,报到次数就会减少。最初的报到次数有可能是每周两次,或者每月至少两到三次。报到时法官可以对违法者给予赞扬和支持,也可以警告违法者要做得更好,或者威胁违法者如果他的行为和进展没有改善就会对其进行制裁。③ 常规药物测试是毒品法庭实施干预的第二个关键部分。他们将在一个常规基础上进行一个延长期的测试,以增加整个过程的责任级别。第三个常见的环节是矫正评估,这一环节可能在进入毒品法庭程序之前开展。评估的目的是确定个别罪犯的需求,并以适

---

① See National Association of Criminal Defense Lawyers, *America's Problem-solving Drugs: The Criminal Costs of Treatment and the Case for Reform*, https://ndcrc.org/resource/layout-1/, visited on 2018-10-09.

② See Celinda Franco, *Drug Courts: Background, Effectiveness, and Policy Issues for Congress*, Congressional Research Service, 2010, pp. 5-6.

③ See Denise M. Gottfredson, Stacy S. Najaka, and Brook Kearley, Effectiveness of Drug Treatment Courts: Evidence from a Randomized Trial, *Criminology and Public Policy*, 2003(2), pp. 171-198.

当的干预措施来匹配。常见的矫正项目可能包括戒毒、美沙酮维持治疗、团体支持、咨询和其他与毒品问题直接相关的活动，矫正还可以采取教育规划、职业培训、就业援助、住房援助以及类似的日常生活经验援助。授权矫治通常会持续至少一年时间，治疗方案的具体细节也可能会在这一时期发生变化。最后是对个人的事后护理计划。大多数项目并不是简单地将个人从毒品法庭和治疗项目中释放出来，而是会提供从继续治疗到支持团体等某种形式的后续援助。

毒品法庭的支持者指出了这一项目的优势。一是能够腾出常规法庭的宝贵时间，并缓解矫正机构的过度拥挤，这两个问题都曾因毒品罪犯人数增长而恶化。现有的毒品法庭统计数据显示，毒品法庭已经处理了超过10万名罪犯，这意味着这些罪犯没有被监禁在已经拥挤不堪的拘留所和监狱里，且有相当数量的人没有受到普通的法庭审理（这只适用于审判前的程序）。遗憾的是，很难将毒品法庭的影响程度记录下来，同时，这个项目也极有可能会导致网络的扩大，也就是说，新项目在刑事司法制度中开辟了新的空间来处理新的对象。二是为罪犯提供治疗。虽然大多数矫正机构都提供了一些治疗的机会，但他们主要关心的是如何在安全的环境中安置大量的人，这通常意味着治疗并不总是可行或适当的。然而，毒品法庭的前提是需要对罪犯进行适当的治疗，不符合治疗计划标准或被认为不适合治疗的人可能被排除在外，被允许进入毒品法庭的罪犯可以保证将得到某种类型的治疗。三是让罪犯留在社区。一方面，这种做法比监禁的成本低得多，另一方面，罪犯并没有被切断同家庭、社区支持团体和机制的联系，这对于项目结束后维持长期成效是至关重要的。

对毒品法庭程序有效性的评价好坏参半，许多分析报告指出毒品法庭参与者的再犯率明显低于对照组，而其他分析发现，矫正组和比较组之间没有区别，或者毒品法庭对象具有较高再犯率。评估中的再犯包括因毒品犯罪或任何其他罪行被重新逮捕和/或重新定罪，也包括两者兼有的情况。

上述分析报告中的分歧和结果差异可能来源于以下几个问题：第一，许多研究将已经完成毒品法庭程序的当事人与未能完成该项目的当事人进行比较，这种情况形成了"成功者"和"失败者"两个不对等群体之间的比较。毫无疑问，完成了这个计划的罪犯再犯率较低，因为他们是成功的开始，而那些没有完成的罪犯在评估开始时就失败了，且预计会犯下更多的罪行。非等效控制和治疗组的问题并不仅仅出现在这种情况下，许多评估报告在项目开始时就指出，这些小组并不等同。第二，许多评估只测量罪犯项目参与期间的再犯情况，而这将引发两个潜在的问题：一是通常将技术违规行为视为再犯，因此，不参与毒品法庭项目的人不会有这种形式的再犯;二是即使无视技术违规行为,毒品法庭程序的强化监督也提高了识别违法行为并对当事人采取行动的可能性。第三,这些评估研究通常忽略了大量被终止程序的罪犯,终止的原因要么是当事人的主动选择,要么是因为当事人没有遵守规则而被迫终止。这一问题不同于上述两个问题,因为在这种情况下,研究只将那些完成程序的当事人与控制组进行比较,把最好最有前途的对象与控制组(包括那些已经终止项目的人)进行比较,然而这两者并没有真正的可比性。程序终止的比例也相当高,有分析指出,1/3 或更多的毒品法庭参与者在程序中被终止,或显示不活跃。[1] 忽略项目终止情况的做法是存在问题的,因为它们可能暗示着项目的失败,项目需要评估失败的原因(是项目、对象还是其他方面存在问题),并进行必要的改进。

评估结果尚不能宣布毒品法庭是不成功的,这种方法仍然受到关注,毒品法庭的数量也每年都在增长,并且这一理念扩展到了青少年毒品法庭和其他专门法庭。这一项目背后的驱动力来自多个方面:一是美国联邦政府和州政府的资助;二是毒品法庭支持者的呼吁;三是减少罪犯监禁的目标;四是认为将治疗与法庭制裁相结合是应对毒品犯罪的最好方式。因此,还需要对毒品法庭项目进行一个广泛的评估,以处理上面提到的问题。

【本章复习要点】

(1) 特别威慑的内容与特征;(2) 监禁的剥夺犯罪能力;(3) 电子监控的剥夺犯罪能力;(4) 关于矫正效果的争论;(5) 认知行为干预的主要措施;(6) 强化监督措施;(7) 恢复性司法的理念与措施;(8) 毒品法庭的理念、内容及其优势。

---

[1] See Denise M. Gottfredson, Stacy S. Najaka, and Brook Kearley, Effectiveness of Drug Treatment Courts: Evidence from a Randomized Trial, *Criminology and Public Policy*, 2003(2), pp. 171-198.

第八章 犯罪预测

【本章学习目标】
　　理解犯罪预测的基本内涵和特征,熟悉犯罪预测的类型和流程。了解个体犯罪预测的类型和个体犯罪的风险因素,了解犯罪的热点场所、热门产品、重复被害对犯罪预测的价值,以及它们之间的关系。

第一节　犯罪预测的特征、类型和流程

　　预测是指通过调查和分析,对事物的动态和发展趋势,事先作出估计和评价。[①] 犯罪预测就是通过犯罪规律调查和分析,对犯罪行为发生的趋势作出估计。犯罪预测指向未来要发生的犯罪行为,为犯罪预防决策提供方向性依据,是犯罪预防实施中的关键环节。随着大数据、人工智能、互联网科技的发展,犯罪风险调查和预测有了更好的基础条件。犯罪预测为预测警务的发展提供了现实的基础,重视预测是现代警务的发展方向。本节结合现有研究成果,对犯罪预测的基本原理进行梳理。

一、犯罪预测的特征

　　除了具有一般预测活动的前瞻性、导向性等固有属性外,犯罪预测还具有以下特点:
　　(一)犯罪预测的对象具有客观性
　　犯罪预测建立在对特定区域、场所、人员存在的犯罪风险因素进行客观调查的基础上。例如,一个社区的建筑设计情况、人员构成、曾经发生过的犯罪类型、曾经采取的犯罪预防措施及效果、专业的预防力量等,都是客观现实。当然,这种客观性受到预测对象复杂性的制约。一方面,犯罪原因是复杂的,而搜集资料的手段和资源是有限的,不可能穷尽所有的数据来作出预测;另一方面,人是很

---

　　① 参见《辞海(缩印本)》,上海辞书出版社 2001 年版,第 5238 页。

复杂的,其行为有很大的不确定性,有时候通过访谈、问卷等方式获得的材料可能并不全是其真实的想法,这可能会导致犯罪预测人员对特定状况的了解失真,因此,需要采用多种方法以求获取的资料具有最大客观性。

(二) 犯罪预测的方法具有科学性

犯罪预测不同于占卜、相面等迷信活动,不是直觉,也不是毫无根据的主观臆断。首先,犯罪预测是建立在科学推理的基础上的。按照马克思主义认识论的观点,世界上一切事物都是可以被认识的。犯罪作为一种特殊的社会现象,有其内在的运行规律,这些规律可以被发现和认识。经过两百多年的发展,犯罪学研究取得了丰硕的成果,一定程度上揭示了犯罪现象的规律性,为犯罪预测提供了科学依据。其次,犯罪发生原因具有连续性。从特定区域来看,犯罪现象受所处时期的社会经济条件、社会成员的思想观念等因素的影响,当这些因素相对稳定时,该区域犯罪的类型、特征、手段等也呈现出一定的稳定性。个人也是如此,特别是一些生涯犯罪人,如惯窃。最后,犯罪预测符合科学界公认的标准。科学界公认的科学标准主要有逻辑的标准、经验的标准、社会学的标准和历史的标准四类。① 其中,最重要的是逻辑的标准和经验的标准,即逻辑与实证的结合。从逻辑上看,科学理论必须是能够被"证伪"的,这是成为真科学的必要条件;从经验上看,科学理论必须可以用实验或观察加以检验,检验的结果可以被别人独立重复出来。犯罪预测可以对不同时期、不同地区和不同类型的犯罪现象进行预测,但预测的方法、依据的犯罪规律和基础资料各不相同,使用的模型和结果当然也不相同,使得犯罪预测带有较强的局限性,可以被"证伪";犯罪预测的过程可以用文字和符号进行详细记载,也可以对预测过程的正确性进行检验、验证。

(三) 犯罪预测的结果具有主观性

犯罪预测虽然一定程度上依赖于量化结果,但从资料搜集到形成最后的判断这一过程都受到相关主体主观评价的影响,特别是涉及道德观念、心理状态、法律意识、社会矛盾等定性的描述性材料,需要资料搜集者的主观判断,最后的结果更是受到预测者专业能力和经验的影响。不仅仅是预测主体,预测对象也具有意识能力和主观能动性,他能够感知预测主体的预测活动,调整其行为,使先前的预测结果落空。有些犯罪类型很难预测,更不要说被预测得准,如激情犯罪,它具有模糊性、非理性等特征,因此对其加以预测是困难的。所以,有人也称

---

① 参见苗永瑞:《从科学发展过程及研究规律看什么是真科学、伪科学》,载《科学中国人》1997年第4期。

之为犯罪现象的"测不准"特征。①

二、犯罪预测的类型

当前,研究者对犯罪预测的分类有不同的认识。例如,黄超对犯罪预测进行的多种分类是:按研究范围分为宏观预测和微观预测;按预测内容分为犯罪率预测、犯罪类型预测、犯罪主体预测和犯罪手段预测;按预测周期分为短期预测和中长期预测;按精度分为定性预测和定量预测;按预测方法分为经验预测、数理预测、评估预测和综合预测;等等。② 李春雷和靳高风对犯罪预测的分类则是:按犯罪预测的范围分为宏观预测和微观预测;按预测的期限分为长期、中期和短期预测;按犯罪现象整体和部分的关系分为综合预测、类型预测和单项预测;按预测的性质分为定性预测和定量预测;按预测的状态分为静态预测和动态预测。③ 这些分类都有一定的道理,因此,这里借鉴现有成果将犯罪预测作如下分类:

(一) 区域犯罪预测和人的犯罪预测

在犯罪预测实务中,最常见的预测对象就是特定的区域和特定的人(包括个体或群体),因此,可以把犯罪预测分为区域犯罪预测和人的犯罪预测。区域犯罪预测是对一个场所、社区、城市或国家的犯罪现象进行预测,评估其犯罪发生的趋势,为区域犯罪预防提供基础。人的犯罪预测是对特定个体有无犯罪可能或由个体构成的群体中的犯罪率高低(犯罪人数与群体总人数之间的比率)进行估测,从而对高犯罪风险的个体或群体进行针对性预防。例如,对犯罪人的再犯预测往往影响到对其的司法处遇,对于再犯风险小的罪犯,有可能对其采取管制措施较轻的处罚。

犯罪热点是一种区域预测,它是指一些具体场所,因为犯罪发生频率较高而使得其在一定时期(至少1年)内具有高度的可预测性。例如,2014年4月上海市公安局刑侦总队梳理了当年1—3月扒窃拎包案件案发较多的区域,首次推出官方版"反扒地图",该图涉及上海17个区县,囊括了市民广场、商业卖场、三甲医院、旅游景点、超市、天桥等69个"热点发案区域"。④ 与犯罪热点相关联的概

---

① 参见黄超:《犯罪预测方法及其应用》,中国人民公安大学出版社2013年版,第32页;赵军:《"先知"之惑——犯罪预测局限性研究》,载《河南公安高等专科学校学报》2010年第6期。
② 参见黄超:《犯罪预测方法及其应用》,中国人民公安大学出版社2013年版,第19—21页。
③ 参见李春雷、靳高风主编:《犯罪预防学》,中国人民大学出版社2016年版,第130—133页。
④ 参见《上海警方绘制"反扒地图"标注69个热点案发区域》,http://www.gov.cn/xinwen/2014-04/02/content_2651538.htm,2017年12月1日访问。

念还有"热门产品",它是指吸引犯罪人并容易被其作为犯罪目标的物品,"犯罪热点"往往是"热门产品"集中的地方。进一步来讲,某些"热门产品"能够帮助解释某地为何会成为"犯罪热点"。

(二)短期犯罪预测和中长期犯罪预测

从预测的时间维度来看,犯罪预测可以分为短期、中期和长期预测。对于这种分类,存在两种不同的观点。

一种观点是"期限说"。[①] 该观点根据犯罪预测的期限,将其分为长期、中期和短期预测。长期预测是对未来10年或10年以上的犯罪趋势和变化进行预测,其目的是为久远的犯罪防控计划、防控措施提供科学依据。长期犯罪预测主要适用于对宏观治安形势的判断和政策的调整,只是粗略地描画未来犯罪可能出现的发展趋向,宜粗不宜细,多与国民经济的长远规划同步。中期预测是对未来5年左右的犯罪趋势及变化作出预测,其目的在于着手制定或调整犯罪防控中心和打击重点,粗细兼顾,宏观部署与微观安排要配合适中,一般可与国家五年规划同步实施。短期预测是指对未来1—3年的犯罪趋势和变化作出预测,其目的在于依据犯罪预测结论制定、实施犯罪防控的具体方案与措施。短期预测时间短、变化小、实战性强,效果明显,尤其是在公安情报分析工作中,犯罪活动的短期预测无论是在情报研判、警力投送还是提高扁平化指挥效能方面都具有十分重要的作用。这种观点根据国家社会经济发展规划的惯例,结合我国治安治理的实际,做出总结,比较容易被理解。

另一种观点是"周期说"。该观点按照犯罪预测的周期,将其分为短期预测和中长期预测。短期犯罪预测也称静态犯罪预测,是指在政治、经济、社会、文化、教育、就业、法治观念等外部环境和社会心理因素基本稳定的前提条件下进行的犯罪预测。而中长期犯罪预测也称动态犯罪预测,是指在考虑到外因和内因的变化,引入变量因子后进行的预测。该观点认为,按具体时间间隔进行的犯罪预测分类虽然直观,"但未能区分短期和长期预测最关键的问题。短期预测的核心问题应该是是否准确,如果短期预测不准确,预测将没有任何价值。但准确的条件是各类影响犯罪的因素没有明显的变化,如果犯罪影响因素发生较大变化,那么即使是一年内的预测也不准确。因此,以具体的时间段划分短期、中长期没有意义"[②]。该观点强调影响犯罪的各类因素是否变化是能否准确预测的

[①] 参见李春雷、靳高风主编:《犯罪预防学》,中国人民大学出版社2016年版,第130—132页。
[②] 黄超:《犯罪预测方法及其应用》,中国人民公安大学出版社2013年版,第21页。

重要条件。

(三) 积极的犯罪预测和消极的犯罪预测

这是从可能的预测结果出发对犯罪预测作出的分类。积极的犯罪预测是指以犯罪会发生为结果的预测,它又可以根据实践结果分为正确的积极预测和错误的积极预测。正确的积极预测是指预测犯罪发生并确实发生,它是一个成功的预测,是犯罪预测追求的理想目标。相反,错误的积极预测是指预测犯罪发生但实际没有发生,它是一个错误的预测,错误的积极预测可能导致被预测个体因此受到不公正的限制,也可能导致被预测场所的不必要投入。

消极的犯罪预测是指以犯罪不会发生为结果的犯罪预测,它也可以根据实践结果分为正确的消极预测和错误的消极预测。正确的消极预测是指预测犯罪不会发生,也确实没有发生,它也是一个成功的预测,是犯罪预测追求的理想结果。错误的消极预测则是预测犯罪不会发生但发生了,是一个错误的预测,错误的消极预测导致应该采取的预防措施没有采取,从而导致损失。

除此之外,还有学者从预测的理论依据或算法出发对犯罪预测作出了不同分类。[①]

三、犯罪预测的流程

一般情况下,除了根据预测要求成立相应的预测队伍外,犯罪预测还包括以下几个环节:

(一) 预测目标和预测对象的设定

预测目标是指预测要达到的标准,它指向社会治理中要解决的具体犯罪问题,针对性强,目的明确。预测目标从属于犯罪预防目标,其对象是特定区域、个人或群体的未来犯罪风险,包括犯罪类型、犯罪方法、犯罪危害、变化趋势等。

预测过程中,特别是在宏观预测中,具体调查对象往往并非预测对象全部,因为预测资源有限,往往选择具有代表性的区域、个人或群体作为预测样本。

(二) 调查与信息采集、研判

预测的基础是信息的收集、研判,这与一般的犯罪风险调查类似。对于特定区域来讲,要了解其基本的自然情况,调查其历史上的犯罪数量、类型、危害程

[①] 参见李雨聪、刘硕、王方明:《基于环境犯罪学的犯罪预测模型的建立》,载《情报杂志》2018 年第 2 期;韩一士、范英盛、李国军、郑滋椀:《基于 ARIMA 模型的通讯网络诈骗犯罪增长趋势分析——以浙江省衢州市为例》,载《理论观察》2017 年第 5 期;杜益虹、刘世华:《基于 Logistic 回归的犯罪概率预测研究》,载《绍兴文理学院学报》2016 年第 8 期。

度、影响因素、已有的对策及其落实情况等内容,可以采用查阅记录、观察、走访、问卷等具体方式。对资料的来源和获得方式要详细注明,以备查验,获得调查信息后,要对信息的真实性进行研判,剔除虚假材料。

(三) 分析、运算

首先要根据预测目的、可能搜集的资料情况、对预测准确度的要求及预测对象的特点等条件,选择具体的预测方法。例如,适合专家意见的德尔菲预测法、适合相关性检验的回归分析法、适合信息较少的灰色系统理论,以及适合直观表现的树形分析法。当然,也可以根据预测对象的复杂情况,选择一种以上的分析方法,以提高预测的准确性。[1]

(四) 结果验证

分析处理的结果一般不能直接交付使用,而要进行验证,以发现和修正预测错误。验证方式通常有理论验证和实践验证两种。理论验证包括灵敏度验证、相互验证、对比验证、专家验证等。[2] 灵敏度验证是考察不同预测模型中数据的变化对运算结果的影响程度;相互验证是用相近的其他预测方法和模型实施运算或推测,比较预测结果,以验证过程和结果的可靠性;对比验证是用他人的同类结果进行对比;专家验证是邀请预测小组以外的专家利用现有数据、材料、信息进行预测,考察结果的一致性。实践验证则是通过选择其他类似地区的犯罪相关材料进行犯罪预测,考察结果的准确性。

(五) 交付使用

将预测模型和运算方法交给犯罪预防实务部门使用。如果某犯罪预防机构准备验证预测结果的正确程度,则应当在该机构的预防方式、执法力度等各种可能影响犯罪的因素保持不变的情况下,以一个完整的运行周期的结果去考察预测的效果。如果有些预测就是为了制定控制犯罪的对策,也可以通过对策实施来考察其实际效果。

第二节 个体的犯罪预测与重复被害

犯罪预测中最常见的是个体的犯罪预测。个体的犯罪预测就是个体的犯罪风险评估,是利用心理学、社会学、精神病学、犯罪学等学科知识,探求确定犯因

---

[1] 参见黄超、李继红:《犯罪预测的方法》,载《江苏警官学院学报》2011年第1期。
[2] 参见黄超:《犯罪预测方法及其应用》,中国人民公安大学出版社2013年版,第23—24页。

性因素及其对犯罪不同程度的影响，进而对特定个体是否存在犯罪风险及风险大小的估测。当然，对个体的犯罪预测也有利于认识群体的犯罪风险。这里先对个体的犯罪风险因素、犯罪预测方法加以梳理，再讨论我国犯罪预测实践中的一些做法。

一、个体的犯罪风险因素

在个体犯罪行为预测中，需要对相关风险因素进行识别。大多数涉及风险因素的讨论并没有假定具有相关风险因素的个体一定会实施犯罪或不良行为。更确切地说，风险因素是预测未来谁会变得不正常的指标，只是表明某些个体可能需要增加关注或支持。对此，发展犯罪学提供了相应的依据。识别潜在风险因素并不是一个新概念，大多数犯罪学理论都主张通过确定犯罪活动的最佳预测因素，以便制定适当的干预措施。近年来，已经有大量研究转向关注风险因素。风险因素可以分为不同的类别，纵观当前研究，主要包括家庭、同伴、社区、就学、心理（人格）和生物学等方面。

（一）家庭方面的因素

家庭因素不仅对个体的生活，而且对个体以后的行为存在广泛的影响。影响个体行为的风险因素主要包括父母的违法犯罪行为、较松的父母监管、严苛或反复无常的家庭约束、家庭虐待、家庭关系不和睦、家庭结构不完整、家庭规模大、贫困、家庭矛盾多、家庭功能不良等。

（二）同伴交往方面的因素

同伴压力和不良同伴模仿一直被认为是青少年犯罪的重要影响因素。同伴交往方面的因素主要包括个体是否参加了帮派、经常交往的伙伴或兄弟姐妹是否有违法犯罪行为等。

（三）社区方面的因素

犯罪并非仅由个体生理因素决定，还受到个体所处社区环境的影响。社会解组理论认为，在一个贫困、破败的社区中，非正式控制严重缺失导致犯罪的滋生。麦凯和肖在20世纪20年代对芝加哥社区青少年犯罪开展的调查是这方面最早的研究，以此为基础的芝加哥社区计划在许多方面取得了积极的效果。社区方面的风险因素包括经济上的贫困、失序或不文明现象、武器或毒品的易得、帮派活动、区域犯罪或暴力及其他社会解组现象。

（四）就学方面的因素

根据科恩的亚文化理论，下层阶级的青少年在中产阶级价值观主导的学校中往往表现得差劲,得不到应有的尊重,由此走向街头加入帮派寻找自尊和"他尊"。社会纽带理论也提出,对学校的依恋有利于增进社会联结,是重要的犯罪控制因素,反之,则不利于社会控制。个体就学方面的风险因素主要包括被停课或开除、逃学、消极的上学态度、成绩差、学习质量低下、辍学等。

(五) 心理(人格)方面的因素

良好的自我认知和控制能力是犯罪的内在遏制因素,反之,则不利于犯罪控制。一系列心理和性格方面的特征被认为是侵犯行为的风险因素,主要包括极度兴奋、冲动、不能集中注意力、学习障碍、低智商、焦虑、好斗等。

(六) 生物学方面的因素

随着科技的飞速发展,针对犯罪生物学的研究取得了显著进步,然而犯罪生物学方面的风险因素却并没有像上述因素那样受到重视,这主要是因为犯罪社会学占据着犯罪学主流地位。生物学方面的风险因素主要包括产前并发症、围产期并发症、出生时体重较轻、吸毒期间怀孕、营养不良、神经传递素问题、神经损伤等。

变量的选择与研究者所采取的预测方式有关。受过心理学训练的评估者一般通过诊所式的会见和心理测试来获取个人品格、人际关系、生活经历等方面的信息;社会学领域的研究者倾向于选择年龄、种族、社会经济地位、群体关系、家庭背景及其他人口学因素作为变量。个体过去的越轨行为及其与正式控制系统的接触经历对所有的研究者而言都非常重要。很少会有研究将所有变量都囊括其中,也许正是变量的挑选导致了预测的无效或适用性受限。

罪犯风险评估包括静态因素(犯罪风险)评估和动态因素(犯因性需要)评估。[①] 对罪犯的静态因素评估以罪犯人口学变量、犯罪记录、犯罪严重程度、性犯罪历史一览表、是否达到拘留标准和犯罪概况报告所陈述的其他任何风险因素为基础。静态风险因素在预测重新犯罪上已经取得了无可争议的成功,但是,静态风险因素在本质上并非因果因素,而仅仅只是指标,如原来的暴力史并不一定导致未来的暴力,仅是风险升高的标志。因果因素才是未来暴力行为的原因,识别它们并以其为目标进行干预,可以减少静态风险因素所预测的风险。因果因素主要指的就是动态风险因素,包括就业、家庭关系、同伴关系、物质滥用、亲犯罪态度、反社会行为模式等,这些因素提供了纯粹静态、成长史因素所没有包

---

① 参见杨诚等主编:《罪犯风险评估与管理:加拿大刑事司法的视角》,知识产权出版社2009年版,第16页。

括的再犯风险信息。动态风险因素本质上是变化的,能随着时间以及社会、心理、生物或背景因素的变化而变化。在风险评估背景中,动态因素常常被称为"犯因性需要",这是因为它们与犯罪行为有实证上的联系。

二、个体的犯罪预测方法

个体的犯罪预测方法主要有诊所式预测(clinical prediction)、保险式预测(actuarial prediction)[①]和犯罪生涯调查(criminal career research)三种。

(一) 诊所式预测

诊所式预测依赖于预测主体对被预测者的评价。预测主体可以使用心理测试、个体的人口学信息、家庭和个人背景信息、面谈等多种方式进行,对于预测变量和因素的决定,由于没有固定的规则要求哪些项目必须被使用,预测主体可以自主决定,这时预测主体所受训练和经验就变得尤为重要。自主决定也可能导致应该纳入预测的变量没有被纳入,加之预测对象接受预测观察的变数很大(如是否真实配合回答问题、观察时间较短等),由此导致预测结果的错误率较高。

(二) 保险式预测

保险式预测倾向于依据资料中的已知参数作出预测。例如,寿险保险费依据的是申请人所属人群的已知死亡率。相对于女性而言,男性拥有较短的寿命,因此男性的保险费要略高于女性。相似地,汽车保险费率依据的是过去的事故和索赔。因年轻男性卷入更多的事故,导致所有年轻男性需缴纳更高的保险费。保险式预测的关键在于确定合适的预测项目,经常使用的一些典型因素包括年龄、种族、性别、社会经济地位、教育状况、智商、犯罪记录、最近的犯罪、家庭背景、心理测试结果等。美国假释委员会(The U.S. Parole Commission)1975 年制定的主要评分量表就采用了保险式预测的方式,假释考察的主要变量包括:(1)之前无有罪判决记录;(2)之前无监禁记录;(3)初犯年龄不小于 18 岁;(4)汽车盗窃之外的犯罪;(5)之前无违反假释规定的记录;(6)无药物依赖;(7)不低于中学的文化水平;(8)监禁前的两年内至少被雇用 6 个月;(9)一旦释放可以和亲属或家人共同居住。

现有的研究表明,保险式预测的错误率较诊所式预测低,但尽管采用很多种技巧来改进保险式预测,也难以避免一定的错误率。保险式预测基于群体资料

[①] See Steven P. Lab, *Crime Prevention: Approaches, Practices, and Evaluations*, 7th edition, Matthew Bender & Company, Inc., 2010, p.172.

来预测个体,这是一种不正确的资料使用方式,称为生态谬误。因为保险式预测考虑的是一群具有某些特征的人,包括一定比例的"冒犯者",相同比例的人将被期望以同样的方式行事,然而确定哪些个体构成这一比例是不可能的,因此,这种方式带来的结果必然是某种程度的错误预测。

(三)犯罪生涯调查

犯罪生涯调查依据的是预测对象过去的犯罪行为。许多研究成果证明,过去的犯罪行为是未来犯罪行为的高敏预报器,因此许多研究者把调查犯罪生涯作为提高犯罪预测的手段。[1]

研究犯罪生涯的一种方式是发现个体行为的生涯特殊化,它非常适合研究设计次级预防中针对个别问题人群的干预措施。遗憾的是,特别化研究通常会发现个体在他们的一生中会有广泛的活动。特殊化主要出现在有10个及以上犯罪行为的个体中,以及部分实施毒品犯罪、盗窃、抢劫和欺诈的成年人身上。值得注意的是,虽然有些成年人的特殊化程度偶尔比预期的要高,但其在犯罪的多样性方面也更为普遍。

研究犯罪生涯的另一种方式是对活动形态展开调查,旨在发现预测对象随着时间的推移在犯罪方面发生的变化。根据这些行为模式,人们有可能去预测哪些个体将会继续他们的行为,哪些将会停止。马文·沃尔夫冈(Marvin Wolfgang)等做了一项关于犯罪模式的著名研究,他们抽样调查了3475个费城男孩,通过观察这些男孩从一个点到另一个点的行为变化,[2]发现在犯罪和这种多样性之间存在巨大的交叉,而这种多样性贯穿于研究对象的整个职业生涯。在其生涯中,任何时候都没有明确的模式或对特定类型的违规行为采取行动。这项研究的一个主要缺点是,它只会根据先前的犯罪行为来看待随后的犯罪行为。

总之,对犯罪生涯的研究往往无法达到犯罪预测的目标,那些不正常的行为往往缺乏专门化和模式化。也许大多数研究人员都会同意的一个事实是,习惯犯罪者(通常被定义为有5次及以上犯罪经历)倾向于继续犯罪。事实上,少年惯犯也更容易成为严重的成年罪犯。然而,这种信息的有用性是有限的,因为直到犯罪生涯形成之前,谁也无法预测谁将会有一个严重的犯罪生涯。

---

[1] See Steven P. Lab, *Crime Prevention: Approaches, Practices, and Evaluations*, 7th edition, Matthew Bender & Company, Inc., 2010, p.175.

[2] See Marvin E. Wolfgang, Robert M. Figlio, and Thorsten Sellin, *Delinquency in a Birth Cohort*, Chicago, IL: University of Chicago Press, 1972.

三、罪犯矫正中的犯罪预测

犯罪预测被广泛地运用到犯罪预防实践中,比如将具有某一特征的社会成员直接列入犯罪高风险人群进行管理,以吸毒人员为例,作为其中一类犯罪高风险人群,就被公安机关列为治安重点人口进行管理。除此之外,最常见的还是矫正工作中对罪犯的再犯风险评估。

(一)犯罪预防的"风险—需求—响应"模式

罪犯矫正中的犯罪预测立足于"风险—需求—响应"(Risk-Need-Responsivity,RNR)模式。该模式从20世纪80年代开始发展,到1990年正式成型,已经在加拿大和世界各地被成功地应用于评估和改造罪犯。正如名称所显示的那样,这个模式以三个原则为基础:(1)风险原则:将罪犯矫治等级与罪犯重新犯罪的风险相匹配,认为罪犯的行为可以被有效预测,而矫治应该侧重于有较高风险的罪犯;(2)需求原则:评估犯因性需求并在矫治中将其作为目标,强调设计和提供矫治过程中犯因性需求的重要性;(3)响应原则:描述应该如何进行矫治。[①]

风险原则指出,如果矫治服务的级别与罪犯的重新犯罪风险相匹配,可以降低罪犯重新犯罪的可能性。这一原则包括两个部分,即罪犯重新犯罪的风险和矫治级别。如果我们的矫治目标包括减少罪犯的重新犯罪,那就必须确保有一个可靠的方法可以将低风险和高风险的罪犯区分开来,以便使用相应级别的矫治有针对性地实施干预。风险原则要求高级别的矫治方案只能针对较高风险的罪犯。当罪犯的风险级别增加时,为防止其重新犯罪所需要的矫治级别也要相应增加,不恰当地将罪犯的风险级别与矫治强度相匹配会导致矫治资源的浪费。

需求原则要求矫治必须针对罪犯的犯因性需求。犯因性需求是与犯罪行为有直接联系的动态风险因素。罪犯有许多不当需求需要矫治,但并非所有不当需求都与其犯罪行为相关,因此确定犯因性需求是核心环节,直接决定着干预的内容。由于不同罪犯的犯罪原因具有差异性,需要相应的评估活动来加以确定,而不同的评估方法对犯因指标的设计不同,其所具备的科学性以及测量结果的准确性也不同。因此,开发科学的量表,进而研制科学的评估方法非常

---

① 参见〔加〕詹姆斯·邦塔、D. A. 安德鲁斯:《风险需求响应模式下的犯罪评估与矫正》,郭晶英译,《山东警察学院学报》2018年第6期。

重要。

响应原则包括一般响应和特别响应。一般响应指的是认知社会学习干预，这是培养新行为最为有效的方法。有效的认知社会学习干预需要遵循以下两个原则：一是关系原则，即矫治工作人员与罪犯建立一个和谐、值得尊敬和互相配合的工作伙伴关系；二是结构化原则，即通过适当的示范、强化、问题解决等方法，促使罪犯向亲社会的方向转变。特别响应强调矫治干预要针对个人的犯因性需求，根据这些因素量身制定矫治方法，因为这些因素有可能推动或阻碍矫治的进程。这个原则的精髓在于：如果矫治干预注重那些能够促进个人学习的因素，那么矫治的效果就会提高。

（二）罪犯风险评估方法

加拿大犯罪心理学家安德鲁斯和詹姆斯·邦塔（James Bonta）认为，西方的罪犯风险评估方法经历了四代发展[①]：

第一代：专业判断方法。这是一种诊所式的预测方法。在20世纪前半叶的大部分时间里，对罪犯风险的评估工作一般都是由矫正员工（即缓刑官员和监狱员工）以及临床专业人员（即心理学家、精神病学家和社会工作者）来进行。在他们各自的专业训练和经验指导下，这些人员会对谁需要增强安全和监管做出判断。

最初的罪犯风险评估依赖评估者的个体经验，因此被称为无系统的主观临床判断。这种判断的结果会随着评估者所受训练、生活背景和经验的变化而变化，容易出现误差和偏差。

第二代：精算风险评估方法。这是一种保险式预测方法。从20世纪70年代开始，越来越多的人意识到风险评估必须更多地建立在精算、循证的科学基础之上，而不是过于依赖专业判断。鉴于第一代罪犯风险评估方法存在的缺点，一些研究者开发了以绝对客观和标准化为特征的第二代罪犯风险评估方法。因项目的选择完全依据统计结果，故被称为精算评估。这种方法有量化需要，因此依据这种方法所选择的预测因素基本上都是便于量化的静态因素，如年龄、性别、种族、之前的犯罪史等。比较有代表性的精算工具包括暴力风险评估指引（Violence Risk Apporaisal Guide，VRAG）、重犯总体统计信息（General Statistical Informatin for Recidivism，GSIR）、静态99（The Static 99）等。[②]

[①] See D. A. Andrews, J. Bonta, *The Psychology of Criminal Conduct*, 5th edition, Cincinnati, OH: Anderson, 2010, pp. 210-326.

[②] 参见陈伟民：《对我国再犯预测的思考》，载《中国监狱学刊》2010年第3期。

精算风险评估方法显著提高了预测的准确性,能够有效地将低风险罪犯与高风险罪犯区分开,并且数据采集非常方便,所以应用非常广泛。但是,除了上文提到的生态谬误外,精算风险评估方法还有两个重大缺陷:一是为预测而预测,由于预测依据的是静态因素,因此不能评估随着时间和环境的变化罪犯再犯可能性的变化,也不能评估矫正的成效;二是使用这些工具所得到的结果不能告诉评估者被测者需要矫治的问题、治疗可能发展的效果、再犯原因及矫治的顽固程度、罪犯当前的功能等信息。

第三代:风险/需求评估方法。在20世纪70年代末期和80年代初期,人们认识到了第二代风险评估方法的局限性,由此着手开发包括动态风险因素在内的评估工具。第三代方法的改进主要在于增加了动态风险因素,如物质滥用、人际冲突和反社会态度等因素。由于动态风险因素又被称为"犯因性需求",因此第三代风险评估方法被称为风险/需求评估方法。

第三代风险评估方法对罪犯情况的改变相当敏感,并能为矫正人员提供相关信息,使他们知道在采取干预措施时,应该针对哪些需求,并直接进行干预和指导,进而有助于降低重新犯罪风险。虽然第三代风险评估方法并没有显著增加评估效度,但是,评估目的却发生了重要变化,即从单纯预测的取向发展为为矫正服务的取向。动态风险因素为矫正提供信息,并且能够评估矫正的成效,即矫正后罪犯再犯风险水平的变化。

第四代:系统的和全面的罪犯风险评估方法。为了完善罪犯风险评估量表,近些年发展出第四代风险评估方法。新的风险评估方法引入了系统性的干预和监测,并将范围扩大到那些尚未被测量的罪犯风险因素和一些其他对于矫治相当重要的个人因素。

准确地讲,第四代方法的核心已经不在预测,而在系统性地评估和指导矫正上。[①] 第四代方法被用来整合风险管理的过程、干预模型和目标的选择、治疗进程的评估等项目,与其说第四代方法是再犯预测方法,不如说其是降低再犯风险的指南。第四代方法有几个特点:第一,多次施测,从犯罪人接触司法系统开始,一直持续到其离开;第二,以干预和矫正为核心,致力于全面评估个体罪犯需要矫正且可以矫正的区域,并提供具有实证效度的个别化矫正建议或方案;第三,能够在司法环境中评估矫正的进展。目前,具有代表性的两个工具分别是分类改造与个案管理量表(Level of Service/Case Management Inventory,LS/CMI)

---

① 参见陈伟民:《对我国再犯预测的思考》,载《中国监狱学刊》2010年第3期。

和暴力风险评估量表(Violence Risk Scale,VRS)。

LS/CMI 为 LSI 家族量表的最新一代工具[1]，由加拿大安德鲁斯博士、邦塔博士和斯蒂芬·沃密斯博士(J. Stephen Wormith, Ph.D)共同研制，版权归加拿大多重健康系统(Multi-Health Systems)矫正服务提供机构所有。LS/CMI 以目前发达国家矫正系统的"风险—需求—响应"模式为理论指导，坚持风险、需求、响应三大原则，将反社会认知、反社会交往、反社会行为史、反社会人格、家庭/婚姻、学习/工作、休闲/娱乐领域存在问题和物质滥用等八大风险因素整合成一个综合性的风险/需求评估和干预模型。

LS/CMI 具有以下特征：题量适中，易于实施和计分；具有良好信效度的优秀心理测量工具；适用广泛，可供心理学家、社会工作者、精神病学家、犯罪学家、青年工作者、缓刑和假释官以及监狱个案管理人员使用，可用于监狱、社区等矫正机构和组织，适用于 16 岁及以上的男性和女性罪犯；具有一个完整的个案管理系统；具有一个非常大的北美成年罪犯常模样本($N=135,791$)，具有不同性别和人群(如监狱和社区的罪犯)常模；在与 LSI-R 使用者进行深度商议的基础上进行修订。

2013 年，上海市监狱管理局修订了 LS/CMI 中的核心量表，即罪犯一般风险/需求评估量表，选取 358 名服刑人员进行施测和信效度检验，并对罪犯一般风险/需求因素现状及人口学变量和犯罪学变量之间的差异性进行探讨。研究认为，修订后的 LS/CMI 之罪犯一般风险/需求评估量表（中文版）具有良好的信效度，且能够在我国罪犯中适用，量表通过了上海市心理学会统计与测量专业委员会的鉴定。[2]

第三节 犯罪热点

犯罪预测既包括预测哪些人在哪些情况下会犯罪，又包括预测犯罪/受害的地点和时间，犯罪的时间分布是犯罪学中对犯罪现象进行考察的一个维度。事实上，犯罪预防机构对其辖区内的不同地点以及对同一天内的不同时间段进行

---

[1] LSI(Level of Service Inventory,分类改造量表或服务等级量表)家族量表包括 LSI-R、LSI-R：SV、LS/CMI、YLS/CMI 等，是用于促进司法、法庭、矫正、预防和相关机构对成年和青春期的男女罪犯进行管理和制订治疗计划的工具。它是一个关于风险和需求因素的详细调查表。

[2] 参见《罪犯一般风险/需求评估量表的本土化研究》，https://www.taodocs.com/p-393206214.html，2019 年 3 月 12 日访问。

差别化的资源分配是很常见的。如今,研究人员利用新的和正在发展的技术和数据源来确定犯罪的"地点"和"时间",为进一步的犯罪预防资源分配提供依据。本节主要通过讨论犯罪热点、犯罪的"热门产品"和重复被害三个概念来考察犯罪预测。

一、犯罪热点

(一) 犯罪热点的界定

长期以来,警方通常会确定更容易发生犯罪活动的地点和时间。例如,在酒吧会比在五星级酒店大厅发生更多的侵犯和暴力行为,同样地,夜晚的攻击行为比白天更普遍。这表明许多问题在时间和地点上都是集群的。因此,如何确定这些集群并将这些信息作为实施适当干预措施的起点非常值得研究,在这类研究中最具可识别性的就是犯罪热点研究。犯罪热点通常是指存在于不同空间尺度上的犯罪聚集状态。实际上并没有一个统一的标准来规定一个区域内的犯罪数量达到多少时才能被称为犯罪热点,犯罪热点的确定是相对于要研究的区域的。换句话说,相对于整个地域空间内的犯罪分布而言,犯罪热点指向一个犯罪活动高度集中的区块。①

劳伦斯·谢尔曼(Lawrence W. Sherman)将犯罪热点界定为:"在一些具体场所,犯罪经常发生,以至于具有高度的可预测性(至少在一年内)。"②谢尔曼等人在研究美国明尼阿波利斯市的报警和犯罪记录后发现:50%的报警来自于3%的地方;所有的攻击行为来自于7%的地方;所有的入室盗窃来自于11%的地方;所有的抢劫、性犯罪、汽车盗窃来自于5%的地方。③ 相似地,威廉·斯贝尔曼(William Spelman)指出波士顿30%的报警来自于10%的地区。④

试图找出热点也有助于指出哪些类型的犯罪和地点相吻合。理查德·布洛克(Richard L. Block)和卡罗琳·布洛克(Carolyn R. Block)利用地图绘制技术对芝加哥三个社区的犯罪数据进行了调查,报告称,热点往往围绕公交车站和主

---

① 参见〔英〕Spencer Chainey、〔美〕Jerry Ratcliffe:《地理信息系统与犯罪制图》,陈鹏等译,中国人民公安大学出版社 2014 年版,第 107 页。
② L. W. Sherman, Hot Spots of Crime and Criminal Careers of Places, in J. E. Eck, D. Weisburd (eds.), *Crime and Place*, Monsey, NY: Criminal Justice Press, 1995, p. 36.
③ See L. W. Sherman, P. R. Garten, and M. E. Buerger. Hot Spots of Predatory Crime: Routine Activities and the Criminology of Place, *Criminology*, 1989(27), pp. 27-56.
④ See W. Spelman, Criminal Careers of Public Places, in J. E. Eck, D. Weisburd (eds.), *Crime and Place*, Monsey, NY: Criminal Justice Press, 1995.

要十字路口。① 这些地方既可以找到潜在的受害者,也方便罪犯逃跑。在回顾费城的汽车盗窃案后,乔治·伦格特(George F. Rengert)指出了其中的犯罪热点,同时注意到热点的位置根据白天和夜晚的不同而变化。旅游景点和教育机构可能是白天汽车盗窃的热点,而娱乐场所在晚上则成为更大的目标区域。②显然,热点可以是在任何地方——商业、学校、废弃建筑、空地、住宅小区或十字路口,也可以是在任何时候——晚上、深夜、周末、假日。

在考虑热点时,随时间变化的稳定性非常重要。也就是说,在确定热点时,应该考虑认定的犯罪集中是否只是暂时的情况,这个问题的答案对于热点能否成为干预的目标至关重要。迈克尔·汤斯利(Michael Townsley)和肯·皮斯(Ken Pease)认为,依赖于有限的时间数据确定的热点可能会导致干预目标针对的是异常犯罪集中,随着犯罪回到正常水平,这些异常犯罪集中将消失。③ 另外,谢恩·约翰逊(Shane D. Johnson)等研究的犯罪的移动,即使是在短时间内,也限制了使用传统方法确定热点的价值。④

(二)犯罪制图与犯罪热点分析

犯罪集中在特定地点或特定时间的调查结果表明,针对热点可能是预防犯罪的有效起点。对犯罪热点的识别有利于揭示哪些因素使一个地点成为犯罪的好地点,并为预防对策提供依据。

20世纪30年代,芝加哥大学(芝加哥学院)的研究人员已经开始手工绘制整个城市的青少年犯罪模式分布图,用大头针代表每个青少年罪犯在伊利诺伊州库克县的住所。而对犯罪活动的空间地理属性的研究则始于20世纪70年代,当时人们发现通过系统分析犯罪活动的空间地理数据信息能够深入地研究和解释犯罪活动的规律。随着新技术的发展,一些辅助性的分析方法和工具陆续出现,包括犯罪活动聚集性分析方法、热点识别方法、犯罪与环境和社会经济相关性分析方法、区域警务策略和犯罪预防评估方法等。最后,在这些犯罪情报

---

① See R. L. Block, C. R. Block, Space, Place and Crime: Hot Spot Areas and Hot Places of Liquor-Related Crime, in J. E. Eck, D. Weisburd (eds.), *Crime and Place*, Monsey, NY: Criminal Justice Press, 1995.

② See G. F. Rengert, Auto Theft in Central Philadelphia, in R. Homel(ed.), *Policing for Prevention: Reducing Crime, Public Intoxication and Injury*, Monsey, NY: Criminal Justice Press, 1997.

③ See M. Townsley, K. Pease, Hot Spots and Cold Comfort: The Importance of Having a Working Thermometer, in N. Tilley (ed.), *Analysis for Crime Prevention*, Monsey, NY: Criminal Justice Press, 2002.

④ See S. D. Johnson, S. P. Lab, and K. J. Bowers, Stable and Fluid Hotspots of Crime: Differentiation and Identification, *Built Environment*, 2008(34), pp. 32-45.

分析活动中逐渐衍生出了犯罪制图——一个将警务与地理信息系统(GIS)相融合的新领域。[1]

地理信息系统是一种具有信息系统空间专业形式的数据管理系统,在严格意义上,这是一个具有集中、存储、操作和显示地理参考信息功能的计算机系统。它提供了一个平台,在该平台上可以将犯罪数据和基础信息图层以及其他与犯罪相关的地理信息图层相叠加,其中,基础信息图层可以是道路网络、居民区的建筑物分布或者位于市区的开阔空间等,其他的地理信息还包括人口的统计数据、自动提款机的分布或者当地的土地利用数据等。这些数据可以分别用独立的图层来显示,然后以不同的空间实体进行叠加、分析和展示,或者整合到一起进行展示,或者通过综合集成来为它们所代表的区域提供一种新的属性,随后通过属性之间的互相比较以揭示新的特定的空间关联关系。地图和热点研究不仅可以提供犯罪信息,还可以提供活动发生时有关社区、地点或时间的信息。

犯罪制图是犯罪预防规划的一个重要辅助工具,尤其是通过犯罪热点的确认,为犯罪预防资源的分配提供科学、直观的依据。

二、犯罪的"热门产品"

犯罪的"热门产品"是指对犯罪人有吸引力并被其作为犯罪目标的物品,这些物品也许可以帮助解释犯罪热点的存在和分布。热门产品符合费尔森和罗纳德·克拉克的"VIVA"理念:价值(value)、轻便(inertia)、可见性(visibility)和可接近性(accessibility)。价值是由潜在的违法者决定的,不一定是物品本身的价值,违法者今天认为有价值的东西,明天可能就认为没价值了,这是由违法者的"口味"变化、社会上物品的饱和度或其他因素造成的。轻便是指物品的重量要轻,具有可携带性。此外,目标只有在潜在的违法者看得见的情况下才处于危险之中。最后,犯罪者必须能够接近目标。[2] 符合这些标准的目标将影响犯罪发生的可能性。

此后,罗纳德·克拉克扩展了"VIVA",提出了"CRAVED"概念,认为物品具有可隐藏(concealable)、可移动(removable)、易得到(available)、有价值(valuable)、可享受(enjoyable)和可处理(disposable)六个方面的特征,会成为盗窃的

---

[1] 参见〔英〕Spencer Chainey、〔美〕Jerry Ratcliffe:《地理信息系统与犯罪制图》,陈鹏等译,中国人民公安大学出版社 2014 年版,第 1 页。

[2] See M. Felson, R. V. Clarke, *Opportunity Makes the Thief*, Police Research Paper 98. London: Home Office, 1998.

"热门产品"。罗纳德·克拉克认为,识别并承认"热门产品"的影响可以促进实施一些潜在的预防措施,如电子标签、位置发送器、条形码以及类似的运用物理设计理念的属性识别方法,这些都是预防"热门产品"被盗的主要方法。

三、重复被害

如同少数犯罪人实施大部分犯罪一样,少数被害人也遭受了大部分犯罪,因此,在犯罪学研究犯罪为什么发生的同时,还有被害人学专门研究被害人为什么被害。人的犯罪预测中,既包括预测犯罪风险较高的个人和群体,也包括预测高被害风险的个人和群体。某种意义上来说,重复受害的被害人是人群中的犯罪发生热点,重复被害人所在的地方往往也是犯罪高发的场所,因此,对重复被害的识别有利于对犯罪热点的识别。在一定时期内,两次以上的犯罪发生在少数的被害人身上或相同的场所中,这种现象被称为重复被害。丹·埃林沃斯(Dan Ellingworth)等根据1982年到1992年的英国犯罪调查数据,指出大约1/4到1/3的财产犯罪是针对一年内受害五次以上的人。同样,大约50%的个人犯罪针对的都是重复的受害者。[1] 格雷厄姆·法雷尔(Graham Farrell)等根据2000年国际犯罪受害者调查数据发现,大约40%的犯罪是重复犯罪,重复受害的程度从43%的性犯罪到9%的汽车盗窃不等,超过1/3的攻击和威胁也是重复的。[2]

（一）重复被害的类型

重复被害的类型多样,法雷尔从犯罪要素的角度出发将其分为目标重复、策略重复、时间重复、空间重复、犯罪类型重复和犯罪人重复六种类型(见表8-1)。识别重复被害的一个问题在于时间框架的影响,在这个时间段内犯罪会发生重复,不同的时间框架内重复被害的频率不同。

（二）对重复被害现象的解释

对于重复被害的现象有不同的解释[3]:一种解释被称为"风险异质性"(risk

---

[1] See Dan G. Ellingworth, Graham Farrell, and Ken Pease, A Victim Is a Victim Is a Victim? Chronic Victimization in Four Sweeps of the British Crime Survey, *British Journal of Criminology*, 1995(35), pp. 360-365.

[2] See Graham Farrell, Andromachi Tseloni, and Ken Pease, Repeat Victimization in the ICVS and the NCVS, *Crime Prevention and Community Safety*, 2005(7), pp. 7-18.

[3] See Martin Gill, Ken Pease, Repeat Robbers: Are They Different? in Martin Gill(ed.), *Crime at Work: Increasing the Risk for Offenders*, Leicester, UK: Perpetuity Press, 1998, pp. 143-153.

表 8-1　法雷尔 2005 年提出的重复被害的六种类型

重复类型	特征	说明
目标重复	犯罪指向同一个目标	针对同一个人、同一幢建筑、同一个家庭、同一辆车的多次犯罪
策略重复	需要同样技能的犯罪，惯技	有着特定安全类型的网站重复被作为犯罪目标；同型号汽车的盗窃；对相同方式放置的财物的盗窃
时间重复	犯罪热衷的时间	同一个晚上多次盗窃
空间重复	在相似的临近地方犯罪	犯罪高发区域；犯罪热点场所
犯罪类型重复	被不同类型犯罪侵犯的同一个目标	同一个目标在不同的时间被盗窃、攻击、抢劫
犯罪人重复	被不同犯罪人侵犯的同一个受害人	一个财产吸引了不同的犯罪人；任何容易和回报丰厚的目标

资料来源：See Graham Farrell, Progress and Prospects in the Prevention of Repeat Victimization, in Nick Tilley(ed.), *Handbook of Crime Prevention and Community Safety*, Portland, OR: Willan Publishing, 2005, pp. 143-170。

heterogeneity)或"标示"(a flag)，指先前的被害或某些其他因素使某个被害目标或位置被认为是可以进一步侵害的合适目标。用在酒吧经常打架的例子来分析风险异质性，在那里，人们寻找打架的快感，意图在冲突中建立名声，因此，那些酒吧及其员工将会有更高的风险遭受重复被害。另一种解释被称为"事件依赖"(event dependence)或"促进"(boost)，指同一个犯罪人根据其曾经对某个受害人或在某个犯罪地点实施犯罪的经历再次实施犯罪。同样，一名新罪犯也会因罪犯之间的信息共享而犯后续的罪行，在这种情况下，基于过去犯罪所获取的特定目标的具体信息是后续行动的关键。

【本章复习要点】

　　(1)犯罪预测的特征、类型和流程；(2)个体犯罪预测的方法；(3)个体的犯罪风险因素；(4)犯罪热点与犯罪制图；(5)犯罪的"热门产品"；(6)重复被害的类型与解释。

第九章 犯罪预防的评估

【本章学习目标】

理解犯罪预防评估的价值,掌握犯罪预防评估的类型和方法,了解犯罪预防评估的常见问题。理解犯罪转移和预防利益扩散的内涵,了解犯罪转移的形式和影响,了解犯罪预防利益扩散的影响因素。

第一节 犯罪预防评估的类型与方法

一般来讲,评估是指对一些训练或现象的有效性所展开的调查活动。因此,犯罪预防评估是指对预防技术或干预措施实施后的犯罪、恐惧或其他预期结果的程度进行的调查。[①] 犯罪预防的效果如何需要专门的评估活动来说明,对预防活动进行科学评价是实施理性预防的逻辑要求。评估是对已实施的犯罪预防措施有效性的测算,同时也是新的犯罪预防决策的基础,是犯罪预防循环圈上承前继后的节点。犯罪预防评估是一项实证性活动,回应了现代犯罪学理论发展中的实证传统,这也是建构以证据为基础的犯罪预防的必然要求。在现实生活中,预防活动的倡导者和支持者通常对实施预防活动寄予极大的热情和希望,但却往往忽视了对预防活动效果的评估,[②]国内关于犯罪预防评估的理论研究和实践探索都亟待加强。本节讨论犯罪预防评估的类型、方法以及值得注意的一些问题。

一、犯罪预防评估的类型

从犯罪预防评估的内容和侧重点来看,可以将其分为结果评估、过程评估和成本效益评估三种类型。

---

① See Steven P. Lab, *Crime Prevention: Approaches, Practices, and Evaluations*, 7th edition, Matthew Bender & Company, Inc, 2010, p.34.
② 参见张远煌:《犯罪学原理(第二版)》,法律出版社2008年版,第453页。

(一) 结果评估

结果评估,又称为影响评估,其关注点是在引入犯罪预防的政策、干预措施或项目之后发生的变化上(如犯罪率)。在犯罪预防实践中有许多结果评估的例子,如矫正机构使用的治疗项目是以其减少罪犯再犯或吸毒的效率来进行评价的;警察巡逻措施的完善旨在降低一个地区的毒品销售水平,对其效果的评价则是依据随后的销售数量;学校教导学生不要以暴制暴,这一干预措施的有效性,是根据学校未来发生的身体对抗的类型或数量来评估的;对邻里守望项目有效性的评估是以该项目对社区犯罪水平的影响及居民对犯罪的恐惧程度为依据的;交通模式、步道、建筑设计和住宅小区等物理设施布局变化对犯罪的影响,主要通过后续的犯罪变化进行评估;对新闻媒介促进预防活动的有效性的评估,不仅需要考察其能否改变公民的行为,还要考察其能否改变公民的受害程度。上述只是众多犯罪预防文献中可以找到的一小部分评估活动。

对犯罪预防进行结果评估会面临一些问题,第一个障碍是,犯罪预防项目很少依赖单一的干预措施,通常会同时包含多种不同的活动。例如,邻里预防项目通常包含邻里守望计划、财产标识、社区清理、定期会议和某种形式的预防通信。很少存在与其他犯罪干预措施完全脱离的预防活动。评估人员面临的问题是,究竟哪些预防活动导致了所观察到的变化(如果有的话),可能每一项干预措施都对最后产生的积极变化起着至关重要的作用,也可能正是干预措施的混合抵消了项目对犯罪和犯罪恐惧的积极影响。犯罪预防评估的第二个障碍是,预防措施通常在邻里或其他类似的地理区域内实施(评估的分析对象),评估时会受到多种因素的影响:一是邻里并不是孤立的、封闭的,这意味着本社区可能受到来自周围社区或相近邻里对其犯罪水平的影响。二是许多干预措施可能无法适用于整个社区或被所有居民采纳,当那些采纳或参与干预措施的居民减少犯罪和犯罪恐惧时,并非意味着整个社区都是如此,因此,结果评估需要特别注意在居民没有完全合作或采取干预措施的情况下,预防措施的有效性会受到影响。对犯罪预防项目进行结果评估所面临的第三个障碍涉及有关犯罪转移和利益扩散的问题,即预防活动可能影响到那些没有实施预防活动社区的犯罪水平和居民恐惧程度。

(二) 过程评估

过程评估考虑的是程序或计划的实现,同时涉及确定用于实施特定计划的过程,这一评估方式还审查了项目或倡议运作的社会背景。一般来说,过程评估提供项目及其实施的详细描述,着眼于从项目初始目标开始的广泛变量和主题,并将其继续贯穿于程序的当前操作直至结束。要考虑的典型因素包括：项目任务/目标；项目人员的水平和质量；项目的资金和其他资源；在实施和维护计划中面临的障碍；项目按计划进行的程度；项目的受支持程度；当事人遵守干预的程度；所收集数据的质量；实施过程中对项目的任何更改。所有这些信息都用于评估干预措施成功实施的程度。过程评估的提倡者指出，所得到的信息对于回答"干预的背景和实际发生情况如何"这一问题非常关键。

遗憾的是，许多评估只着眼于过程，而没有进一步尝试进行结果评估，这导致对一项干预措施的了解仅限于其本身的设计质量及其实施过程，而无法确切地知道它对犯罪和犯罪恐惧产生的影响。英美等国家虽然开展了更为广泛的过程评估，具体包括综合社区项目、社区安全倡议的战略方法、入室防盗倡议、犯罪和失序项目等，但几乎无一例外，美国的评估活动都是专门面向过程的，即使在计划中有结果评估，也往往在资金投入或项目完成之前就被放弃了。

对预防计划或其他措施的过程评估通常不是以其是否达到项目的结果目标为衡量标准，而是以会议召开次数、参加会议的不同机构、项目运作时间、客户处理数量、资金投入数额或运营计划的发展来衡量的，缺少关于项目对犯罪、犯罪恐惧、生活质量及其他目标影响的评估。就项目对犯罪产生的影响而言，过程评估本身对其并未提供任何见解。

那么，为什么过程评估如此流行？主要有三个理由：首先，过程评估可以表明干预或预防倡议是否正确实施，以及目标是否得到实现预期变化所必需的干预量，从而为结果研究奠定了基础。其次，过程评估可以为洞察干预操作的环境提供机会。了解问题的背景、项目的运行、发生的情况、出现的问题以及其他因素，可以为干预是否能够在其他地方适用的问题，也即干预的潜在普遍性问题提供参考。因此，在这个意义上，过程评估是项目整体评估的重要部分。最后，过程评估有其不可能失败的明显优势。每一个过程评估都能说明发生了什么、发生了多少、有多少人参与，以及其他因素。

与结果评估相结合，过程评估可以提供关于不同背景的信息、干预的实施，以及可能对结果产生影响的其他因素。过程评估应该附加一个结果评估，来考察干预实施得如何，是否保持了完成项目所需的水平，实验组是否接受了干预，有哪些因素可能阻止了项目的成功，以及类似的问题。显然，有一些独特的社会、生理和情境因素会影响预防项目的干预能力。

（三）成本效益评估

成本效益评估（或成本—收益分析）试图评估干预的成本与它所产生的结果

或利益之间的关系是否合理。评估预防计划的成本和效益是对任何项目进行全面评估的重要组成部分。因为资源有限,刑事司法系统(以及任何政府或私营企业)需要实施可以用最低成本带来所需改变的项目。成本效益评估是在进行过程评估的同时完成结果评估的一种形式,这是因为如果我们不能衡量项目实现预期变化的能力,我们就不能确定成本是否合理,因此,成本效益评估需要过程和结果评估。

在犯罪预防和刑事司法领域进行成本效益评估,面临着在其他专业领域中并不常见的问题。第一个问题是如何在不容易计算的因素上设定货币价值。例如,要设定一个未发生的入室盗窃行为的损失价值,可以通过计算过去入室盗窃案导致的平均损失价值,并假设此后每一起被阻止的入室盗窃案都节省了这个数目。然而,如何用金钱来衡量诸如犯罪恐惧、受害创伤以及因人身攻击或杀人而造成的心理、情感上的损失?如何解释与工作无关的时间损失?在社会科学评价中,许多因素在价值设定上普遍存在问题。第二个问题是如何确保程序中涉及的所有费用(包括与程序操作相关的)都被计算在内。计算完成的副本和办公时间量是比较容易做到的,但要计算花费在其他活动上的时间、工作量和其他因素的价值就困难了。尽管这些问题确实使成本效益评估更具挑战性,然而并不能说成本效益评估就因此变得不可能实现。

二、犯罪预防评估的方法

(一)实验设计(experimental design)

犯罪预防领域中被视为黄金标准的评估方法就是实验性方法(experimental method),尤其是"随机性对照实验"(randomized control trials)。[①] 为什么实验设计是许多评估者首选的方法?从纯方法论的角度来看,它有许多优势。一是随机对照实验将事例随机分配到实验组和控制组中,增加两组被比较的可能性。二是对评估有足够的控制,以确保实验组接受治疗或干预,而控制组则不接受,除此之外,所有其他可能影响结果的潜在因素都被控制,使其不能影响两组中的任何一组。从本质上讲,实验设计解决了内部效度(internal validity)的各种威胁,即明确了确实是所推行的预防措施导致了结果的出现,而不是其他因素。如果在实验组观察到的改变不能在控制组中发现,则这项改变就可以归因于干预

---

① 参见〔澳〕亚当·苏通等:《犯罪预防:原理、观点与实践》,赵赤译,中国政法大学出版社 2012 年版,第 113 页。

措施,通过这种方式,研究者才对他们观察到的引起改变的原因(预防措施)有把握。①

在预防犯罪的实验设计中,存在各种各样的问题,其中最重要的问题是,结果是否适用于其他地方、设置和时间,即实验结果的外部效度(external validity)问题。许多干预措施针对的是社区和更大的集体,而不是个人,然而社区很难被分配到实验组和控制组,在缺乏随机化的情况下,最好的方法是尝试识别出可以作为控制组的邻里或社区,这些控制组与实验组有尽可能多的匹配特征。然而,匹配不能保证这些区域之间具有可比性,即使随机分配是可能的,或者完成了很好的匹配,也没有办法将实验和控制的社区从所有其他影响中分离出来。比如,在社区内实施的干预措施和倡议会被社区内部成员知晓,进而可能导致控制组或实验组的个人和团体采取行动阻止正在实施的干预措施。

在犯罪预防的实施过程中还有一些因素会影响到预防的外部效度。不同地区犯罪预防所涉及的个人/团体会有很大的不同,这可能会影响到项目的质量或项目执行的程度。不同地方或不同时间的犯罪、受害者和罪犯(如果有的话)完全相同的可能性很小,这会影响干预的结果,即使一项评估表明犯罪预防措施在某地是有效的,也不能保证它在其他地方同样有效。外部效度的根本问题在于实验设计往往没有考虑犯罪预防措施实施的具体情境,这意味着预防项目可能在一个地方成功,而在另一个地点或时间失败。对于那些不容易从简单的人口统计学、犯罪或社会信息中加以区分的社区,简单的随机分配或匹配不能消除上述影响因素,因此需要在对预防结果进行分析的同时开展彻底的过程评估。

过度依赖实验设计的另一个缺陷是,人们很容易就会得出结论,认为某些东西确实有效或不可行。当一个项目在分析过程中被认为没有任何预防效果时,研究人员可能会据此声称该预防项目失败,并建议放弃进一步使用该预防措施。然而,之所以出现这些分析结果可能是由项目执行不力、漏掉适当目标或原因机制的规范、目标的阻力等因素造成的,在这种情况下,实验设计可能会发现其没有达到计划的效果,并因此宣称干预是失败的,而事实上,如果在其他环境或对其进行适当的推行,它也可以发挥作用。

遗憾的是,许多采取严格实验设计的评估,在驱动一个项目时过度关注方法的合理性,而忽略了方法所依据的理论,这导致评估在最开始就是偏离轨道的。

---

① See Steven P. Lab, *Crime Prevention: Approaches, Practices, and Evaluations*, 7th edition, Matthew Bender & Company, Inc, 2010, p. 42.

换言之,一个很好的实验设计没有发现一个好的效果可能是因为它没有一个正确的理论基础。一个很好的例子是,美国学者对青少年宵禁立法进行评估,评估的设计科学严谨,但忽略了该方法背后存在的理论缺陷,即青少年犯罪的高发时间是在傍晚而不是夜间,从理论上说即使青少年在夜间犯罪率低也不能说明是宵禁法产生了预防效果。可见,在理论就能证明干预是行不通的情况下,评估已没有必要,方法再科学也没有意义。

还有一种方法叫半实验性评估,它与实验性评估方法相似,也运用实验组和控制组进行实验,但是这两个组的选择并不是随机的,而是根据相同的特征按照彼此匹配的原则进行选择的。例如,评估改善街灯照明对犯罪以及犯罪恐惧的影响,选择两个相邻的公共住宅区作为实验区和控制区,就实验区的街道灯光照明改善前后的犯罪和犯罪恐惧进行评估,以及就实验区的街道灯光照明没有改善前后的犯罪和犯罪恐惧进行评估,这种评估就是采取了半实验性的方法。具体涉及两个相似的地点,在其中一个公共住宅区安置灯光,另一个则不安置,然后就两地的犯罪以及犯罪恐惧情况进行比较,这两个地点的选择不是随机性的,而是因为他们具有相似的特征。"相似"意味着实验组和控制组之间也可能存在差异,由此引出一个问题,即预防项目所产生的效果究竟是源于干预措施,还是源于两组之间存在的差异,如年龄、社会经济地位、家庭支持等。这种可能性会影响到半实验性评估结果的有效性。因此,应当努力使实验组和控制组的特征保持一致,以减少上述问题出现的可能,同时评价结果指标也应该在干预前后的一段时间内进行测量。

对一些地区特征比较明显的预防项目而言,半实验性评估方法可能更为合适,因为这种情况下找到可以区分为实验组和控制组的彼此相当的两个地点比较容易;而对人员特征较为明显的预防项目而言,找到两个特征相近的特定人群或危险人群则相对困难。此外,半实验性评估远没有实验性评估那样需要周到、细致的评估设计,它只需要依赖大致收集的数据资料。半实验性评估也更容易整合到主流项目当中,因为它与实验性评估不同,对评估的管理和控制工作要求不高。

(二)现实评估(realistic evaluation)

过分强调"正确"的方法,将使其他方法建构犯罪预防知识的价值边缘化。犯罪预防的基本知识已经从各种各样的研究工作中产生,如人类学和定性的方法论等。一个典型的例子就是我们对窃贼的了解,以及他们对目标的选择,对不同窃贼团伙的广泛人类学研究已经在不同的背景下、在不同的国家使用不同的方法完成了,在研究过程中,窃贼的行为是一致的,这些研究提供了许多关于这方面的见解,①对于理解防止住宅盗窃的有效措施非常有帮助。针对抢劫、其他财产犯罪和罪犯的类似研究也已经完成,虽然这些研究甚至都没有接近实验设计的标准,但我们不应该简单地忽略这些信息。的确,认识到"黄金标准"并不适用于所有的调查,这一点很重要。

在现实的评估中,评估需要整体地观察现象,而不是完全依赖于实验的方法。现实评估有两个核心关键——机制和环境。这里的机制是指"犯罪预防项目是如何产生作用的?"换句话说,犯罪预防项目是通过什么样的过程对犯罪率或犯罪恐惧等指标产生影响的?虽然最严格的实验设计可以指出一个项目是否是造成实验组变化的原因,但它并没有说明为什么这个项目会产生这样的变化。为了建构基本的知识,也为了使项目在不同环境的移植中增加成功率,了解这一变化机制是至关重要的。除研究预防措施的作用机理之外,还应考察预防工作的具体运行环境,一个预防项目的效果可能会随着实施环境的变化而变化,忽视被评估项目实施的环境,寻找一个单一的、最好的评估方法是短视的,②独特的环境可能直接影响到干预措施实现其预防目标的能力。因此,我们需要的不仅仅是一个符合"黄金标准"的表面效果评估,更要认识到预防措施导致犯罪指标发生变化的机制,并了解具体的犯罪预防项目是在什么环境中实施的。

因此,选择合适的有效评估方法,需要认识到犯罪预防要解决的具体问题、相关理论和项目实施环境,一个单一的标准不适合所有的问题。正如莱科克(Gloria Laycock)所指出的那样,"'黄金标准'不应该是一个特定的方法,而是一种明智的决策过程,在此过程中选择合适的方法"③。

(三)系统性评价(systematic reviews)

系统性评价是结果评估的一种形式,它不需要研究人员亲自进行评估的协

---

① See Trevor Bennett, Situational Crime Prevention from the Offender's Perspective, in Kevin Heal and Gloria Laycock(eds.), *Situational Crime Prevention: From Theory into Practice*, London: Her Majesty's Stationery Office, 1986; Trevor Bennett, Richard Wright, *Burglars on Burglary*, Brookfield, Vt.: Gower, 1984; Paul F. Cromwell, James N. Olson, and D'Aunn W. Avary, *Breaking and Entering: An Ethnographic Analysis of Burglary*, Newbury Park, CA: Sage, 1991; Thomas A. Reppetto, Crime Prevention and the Displacement Phenomenon, *Crime and Delinquency*, 1976(22), pp. 166-177; Richard T. Wright, Scott H. Decker, *Burglars on the Job: Streetlife and Residential Break-Ins*, Boston: Northeastern University Press, 1994.

② See Paul Ekblom, Ken Pease, Evaluating Crime Prevention, *Crime and Justice, Building a Safer Society: Strategic Approaches to Crime Prevention*, 1995(19), pp. 585-662.

③ Gloria Laycock, Methodological Issues in Working with Policy Advisers and Practitioners, in Nick Tilley (ed.), *Analysis for Crime Prevention*. Monsey, NY: Criminal Justice Press, 2002, p. 234.

调和管理工作,而是一种对现有评估进行再次分析的评估方法。它主要有元分析(meta-analysis)和叙述性评论(narrative reviews)两种形式。[①]

(1) 元分析关注的焦点是"什么办法是有效的"这个问题,通过收集权威、可靠的关于某一特定类型的干预措施的实际效果的一手研究资料,在全面权衡的基础上得出关于该干预措施是否确实有效的统计结论。元分析方法常用于对整个系列项目(如热点地区的治安警务、基于地域的犯罪预防、青少年意识提高计划或者街区毒品执法)进行的评估考察,它对现有的关于犯罪预防方法(如警察打击犯罪、情境预防、监狱访问或问题解决警务的项目)的评估及研究成果进行综合分析,然后在此基础上推断出每个具体预防方法的相对效果。通过对系列项目中每个子项目所起到的平均作用进行比较,就能发现其中最为有效的预防方法,元分析由此被认为是政策制定者以及实践工作者寻找最佳方法的简明路径。元分析的主要内容涉及一定统计方法的运用,这些统计方法使我们能够对不同采样规模的研究项目进行比较分析,从而得出最有价值的结论。

(2) 叙述性评论与元分析在总体目标上是相似的,然而,两者在从原始研究中调取数据的类型、获得研究成果的质量,以及在不同干预类型之间所进行的比较分析等方面存在差异。叙述性评论的描述性更加突出,同时该综述还可以成为元分析的组成部分,尤其是在元分析缺乏严谨评估的情况下。叙述性评论旨在揭示研究项目的目标、内容、实施过程,以及所取得的全部效果,但它并不采用元分析所使用的统计方法。叙述性评论能对各种犯罪预防方法进行述评并指出哪种方法最值得预防项目采用。同时,由于叙述性评论主要关注项目的实施过程并描述项目的构成要素,因而它能够就特定项目配置的有效性提供深入独到的分析。然而,其因过于注重描述而缺乏严密性也受到了批评,就项目描述而言,由于叙述性评论方法未能强调示范性项目在另一环境复制时可能出现的问题,被认为是过于简单地看待具体项目的复杂实施过程。叙述性评论要想成为有用的方法,必须阐明项目的原理,因为项目原理有助于创建一个普遍的项目推广理论,这样就能对具体犯罪预防项目或努力探索的犯罪预防机制进行深刻的揭示,从而有助于相关政策的制定。这不但能帮助其理解如何缓解一个具体的犯罪问题,还能使其理解为什么干预措施能缓解犯罪问题。只有当这种认识与有关预防项目有效性的经验实施相结合时,决策者才能就采用某个预防方法的

[①] 参见〔澳〕亚当·苏通等:《犯罪预防:原理、观点与实践》,赵赤译,中国政法大学出版社2012年版,第114页。

可行性作出更好的、有根据的决策。

三、犯罪预防评估常见的问题

评估的价值以及评估的能力,很大程度上取决于基础理论的基本因素和关键概念的测量,然而很多评估较少关注理论,且不加批判地使用不适合回答相关问题的变量;除此之外,还有一项常见的评估缺陷是未能在项目上进行后续行动。

(一)理论问题

犯罪预防项目经常被实施,也经常被评估,但在这些过程中都缺乏对理论的关注。那些实施和评估干预措施的人没有注意到预防项目背后的理论假设,一些基本的问题经常被忽视,比如,为什么重新设计室内停车场会对汽车盗窃产生影响?为什么一个伙伴关系可以减少社区中的药物滥用?为什么一个教育项目会减少攻击性行为?虽然没有必要为每一种干预措施确定一种正式的理论,但有必要充分解释干预措施为什么及如何带来改变。

尽管有理由认为评估应以干预的理论为指导,但大量成功的评估都是在理论真空中进行的。这些评估可能仍然能够回答项目是否产生预期影响,但它们不能解释为什么一个项目是成功的或者是不成功的,对于项目能否在其他地方或其他时间实施也只能提供有限的见解。除此之外,如果提前对干预的基础理论进行考察,许多评估调查可能就是不必要的,对项目背后基础理论的检验将会对干预的效力提出疑问。例如,上文提及的对宵禁的研究中,预设让青少年离开街头会让他们难以实施犯罪,所以设置宵禁来进行干预,然而现实是,宵禁的时间段通常是从深夜到凌晨,而大多数青少年犯下罪行的时间是下午放学后,因此宵禁对青少年犯罪的数量没有影响。很明显,对宵禁背后理论知识的了解不仅可以消除对宵禁措施进行评估的需求,甚至可以为宵禁的终止提出建议。可以说,没有理论基础的项目评估就是"在真空中作研究",因为它没有上下文来帮助理解被评估的预防项目、厘定要评估的问题、设计评估方法或路径。

不断强调进行理论性评估的理由有两点:第一,"结果近视"(outcome myopia)对许多评估都有影响,即项目实施者和评估者只关心程序是否起作用,而忽略了它起作用的方式或原因。结果评估假设一个积极的结果足以证明干预是有效的。这是一个看似合理的推断,但是它仍然无法排除其他因素在项目中可能存在的作用,而且也没有解释为什么一个项目(不)能起作用。第二,许多项目管理人员仅仅只是"知道"项目的工作原理。对于他们来说,"这只是常识而已",因此,他们不愿花费时间、金钱和努力去证明他们已经知道的东西。没有确切的原因去解释一个项目是如何工作的,或者是如何进行评估的——仅仅只是知道"它就是这么做的"。这种对项目的盲目信仰在许多预防倡议中都很明显,包括能为项目提供立法和资金支持的政治家。此外,许多项目都是基层小团体努力的结果,这些团体只是乐于做这些事情,而并不总是对评估或项目如何运作感兴趣。评估这些项目的具体工作由外部研究人员承担,他们在项目启动很久之后才加入,没有足够的资源用于评估,甚至可能还没有收集项目的数据,最终就只看结果的评估,忽略了项目为什么会确实起到作用。评估者在相对较短的时间内介入项目、完成评估并退出。

真正有效的评估需要了解被评估项目的基本理论基础,仅仅知道一个项目是否产生效果是不够的,重要的是要理解为什么干预是有效的,这也可以使得对一个项目是否可以在另一个时间、另一个地方得到实现有更深入的了解。基础理论提供了大量的信息,而这些信息在理论缺失的评估中被丢失了。

(二)测量问题

关键概念的测量在所有形式的研究中都是一个问题,尤其是在评价研究中。在犯罪预防中,不同的干预类型呈现出一些有趣的测量问题,其中一个问题是:当干预基于地理位置时,如何测量关键的结果变量?虽然一些调查城市范围内的犯罪水平的研究可以使用官方数据,但许多犯罪预防项目针对的是社区或其他小范围的地理区域,无法与特定的官方报告区域相吻合。因此,如果要使用官方犯罪记录,就需要进行大量的数据操作,地理信息系统和犯罪地点测绘的出现部分地解决了这一问题。事实上,许多预防评估都将受害者调查和官方犯罪数据结合在一起。受害者调查有许多优点,包括收集特定区域被害数据的能力,能够获得未曾报告给警方的犯罪数据,而且可以收集犯罪恐惧、个人看法等方面信息,这些都不是在官方记录中能找到的。当然,受害者调查数据并不总是有用的,且这些数据的收集过程既耗时又昂贵,当评估还需要来自比较组或区域的数据时,这种缺乏数据的情况会更加复杂。同时,受害者调查收集关键概念(如犯罪恐惧)数据的能力也并非没有问题,对犯罪恐惧的测量操作并不简单,不同的测量方法会使研究结果很难比较,如果对犯罪恐惧的测量方法不适合这种类型的干预,也会出现问题。例如,如果干预措施涉及社区照明情况的改善问题,预期照明改善会增加居民夜晚外出的可能,在这种情况下直接询问居民有关犯罪改变的看法也许是不恰当的,相反,询问居民晚上是否会上街散步则是符合评估测量技术的。因此,犯罪预防措施及其基础理论在某种程度上决定了预防评估实施路径的选择,包括预防项目变量和测量方式的选择。

另一个测量问题是:如何揭示项目中掩盖结果的竞争性影响?预防犯罪活动中一个有趣的难题是,有些项目往往试图在降低犯罪水平的同时增加向警察报告犯罪的数量。例如,邻里守望项目中通常采取一些措施,如财产标识、监视邻居的财产,以及鼓励向警察报告犯罪等,在多项措施的作用下,可能出现这样一种现象,即在预防项目降低了该地区的实际犯罪水平的同时,居民报告了更大比例的实际犯罪,在这种情况下,虽然犯罪率有了下降,但官方的数据可能没有改变。预防评估需要考虑到这种类型的问题,并采取改进措施(如项目前后的受害者调查)。

(三)跟进时期

衡量干预措施与变化之间是否有密切相关性涉及项目评估介入的适当时间。评估时间实际上包括两个方面:一是项目实施或干预后多久才会出现犯罪改变或其他结果;二是最初产生的变化是否有可能随着时间的推移而消失。最常见的情况是以一个相对较短的跟进期(通常为6个月)来进行评估,一方面是因为人们迫切地想知道项目是否有效,另一方面是评估的成本随着介入时间的延长也会增加。一个很短的评估跟进时期意味着任何需要很长时间来产生影响的项目都将被视为无效,或者,一项具有直接影响的干预措施将被宣布为成功,即使这种影响可能随着时间的推移而减少。虽然没有就适当的评估介入时间设置固定的规则,但评估应该寻找基础理论的指导,理想的情况是在不同的时间间隔收集后续数据,比如3个月、6个月、12个月和18个月,使用多个时间点来阐明干预的影响速度(如果有的话)以及干预影响随着时间的推移而产生的变化。

第二节 犯罪转移和预防利益扩散

犯罪预防的结果评估聚焦在目标犯罪、犯罪空间或公民行为的变化上。事实上,大多数犯罪预防项目针对的都是特定地方,这意味着预防评估一般只集中在特定目标、邻里和社区内。但是,犯罪预防项目产生的影响可能会超出原有的特定目标地区,超出部分的变化有可能是积极的也有可能是消极的,一个地区的犯罪预防措施可能会无意中导致另一个地区、其他犯罪类型或不同时期的犯罪增加或减少。犯罪和犯罪恐惧的水平可能会因为预防措施的实施而发生简单的变动,这种在犯罪水平方面的变动被称为犯罪转移;当特定地区或特定问题的犯罪预防措施对其他地区或其他犯罪产生积极的影响时,这种情况被称为犯罪预防利益的扩散。遗憾的是,预防评估中经常忽略犯罪转移和利益扩散的可能,值得庆幸的是,在评估中测量犯罪转移和利益扩散的必要性也逐渐为人所知。长期以来,我国学术界对犯罪转移和利益扩散现象的研究不多[1],近几年开始出现对犯罪预防实践中犯罪转移和利益扩散的评估性研究[2]。这里仅对犯罪转移和利益扩散这两个概念做简要梳理,以期引起犯罪预防实践者在犯罪预防决策和评估中对它们的重视。

一、犯罪转移

(一)犯罪转移的概念及理论假设

犯罪转移是指因个人或社会的预防活动而发生的犯罪变化。许多关于犯罪转移的讨论聚焦在犯罪从一个地方到另一个地方的转变(通常叫犯罪溢出),即在一个环境中减少或阻止犯罪的活动,结果仅是改变了犯罪的发生方式、目标或时空,犯罪的总体数量却没有改变。例如,一个地区可能因警察力量的增加而使犯罪减少,但是却导致了另一个相邻地区的犯罪增加。犯罪转移理论包括许多有关潜在犯罪人和犯罪目标的假设。

首先,犯罪转移理论假定犯罪是非弹性的,也就是说,犯罪人在特定时间段内被迫完成一定数量的犯罪。如果犯罪是非弹性的,那就不能通过犯罪预防活动来消除它,而仅仅是使其在犯罪转移的某个维度上移动。非弹性的理念假定犯罪的发生是因为犯罪人产生了犯罪动机并寻求机会实施犯罪,因此如果犯罪机会被(或者可能被)限制,可能会导致犯罪转移。

其次,犯罪转移理论假定犯罪人具有流动性,这种流动性体现在时间、场所、策略或其他任何维度上。然而,并不是所有潜在犯罪人都有同样的流动水平。例如,年轻的犯罪人可能就不会转移(限制了区域转移),或者说,他们可能总是与学校或者宵禁(限制了时间转移)联系在一起;有的犯罪人可能由于心理原因不能从一种犯罪转移到其他犯罪(功能转移)。这些因素可能限制了部分潜在犯罪人的犯罪转移,但是它们不能消除所有潜在犯罪人的犯罪转移。

流动性也有可能受到周围环境的制约。一个犯罪人是否可以转移到其他地方、时间或犯罪类型,可能受到可供其利用的条件的影响。例如,在一个独立的

---

[1] 参见杜强:《犯罪转移》,载《社会》1991年第6期;王勉:《犯罪转移与对策》,载《河南警察学院学报》1992年第1期。

[2] 参见柳林、李璐、周翰林等:《警用视频监控的犯罪转移和效益扩散》,载《地理科学》2020年第10期。

小社区可能没有区域转移的条件,因为它附近没有替代社区;在大城市里,因为有较多的障碍物环绕四周(如河流在一侧,高速公路在另外一侧),一个邻里在某种程度上可能也是孤立的,因此在市镇这样有边界的区域中,犯罪人寻找替代性区域实施犯罪的机会是有限的。当然,边界也并非使转移完全不可能,只是限制了犯罪人转移的方向,当流动性受到场所限制时(朝外转移的可能受限),该场所内部的部分区域可能就会增加犯罪(内部转移)。一个潜在犯罪人的住处附近(如居住、商业和娱乐等多功能混合使用的区域)可能就有着许多犯罪目标,在那里他可以获得较多的犯罪机会,限制入室盗窃的预防措施可能仅仅只是迫使他转移到当地商业街去实施盗窃或抢劫。实质上,物理环境的改变在消除一些犯罪机会的同时,也为其他犯罪的实施提供了机会。

再次,犯罪转移理论假定潜在犯罪人具有一定的意志水平,这是非常重要的。理性选择理论成为犯罪研究的一个焦点,它假定犯罪人在决定实施某项犯罪时会考虑回报、付出、同伴的支持、风险及其他类似的因素。犯罪转移把犯罪人视为一个理性个体,预设其有能力在接收较为全面的消息后作出自主选择。犯罪人会作出明智的选择是犯罪转移发生的必要条件,因为即使犯罪预防措施存在,如果犯罪人没有能力作出理性的决定,犯罪转移也不会发生。这一假设和前面的"犯罪非弹性"假设看似矛盾,但无论如何,实施犯罪的需求、选择哪种犯罪以及在哪里实施都不是彼此唯一的,非常可能的是,一个犯罪人没有发现替代性犯罪,只能寻找机会重复原来的犯罪。

最后,犯罪转移理论假定替代性目标和选择可为犯罪人所利用。从犯罪预防的角度看,这一假设较能为人所接受,因为犯罪预防项目的完善是无止境的,可能存在某些居民决定不参与社区里的犯罪预防项目,一些可能成为财产犯罪目标的物品没有加固,一些目标行动没有产生影响,或者一些理念没有很好地解决给定的问题等情况,甚至犯罪预防项目集中在限定的区域或犯罪类型上开展,也为潜在犯罪人选择替代性目标提供了机会。

(二)犯罪转移的形式

托马斯·里佩托(Thomas Reppetto)提出了犯罪转移的五种形式,[1]即区域的(territorial)、时间的(temporal)、策略的(tactical)、目标的(target)和功能的(functional)转移。区域的(也被称为空间的)转移,即犯罪从一地到另一地的移

---

[1] See Thomas Reppetto, Crime Prevention and the Displacement Phenomenon, *Crime and Delinquency*, 1976(22), pp. 166-177.

动情况,是最常被讨论的,如邻里守望项目的实施导致入室盗窃转移到临近社区。时间的转移是犯罪活动在同一地区内不同时间段的移动,如盗窃从深夜转移到黎明。策略的转移是指犯罪人利用新的手段去实施同样的犯罪,如入室盗窃中,因户主加装了防盗锁而导致窃贼从原来的入门转变为破窗。目标的转移包括在同一地区选择不同的受害人,如因店主持枪增加而迫使抢劫者选择年老的路人作为下手的对象。功能的转移是指犯罪人改变犯罪种类,如当入室盗窃因目标加固措施而变得困难时,犯罪人转而实施抢劫。上述每一种犯罪转移形式都是犯罪行为的改变,而罗伯特·巴尔(Robert Barr)和皮斯提出的第六种犯罪转移形式则指向犯罪人转移,[①]如当犯罪预防措施阻止了某人的犯罪时,可能会有另一人看到机会实施犯罪。犯罪预防策略在逻辑上可以成为任何一种犯罪转移的原因。

(三) 犯罪转移的评估

虽然犯罪转移是犯罪预防的一个可能结果,但它很少在评估中被直接测量。现有的犯罪预防研究倾向于忽略犯罪转移问题,或者认为犯罪转移仅仅是研究的再思考,声称犯罪转移是否发生也许并没有分别。在一些研究中,虽然最初包括了对犯罪转移的分析,但是调查中最简单的瑕疵却限制了弄清楚犯罪转移的能力。

对犯罪转移的评估需要考虑许多因素。第一,所有形式的转移都应在考虑之列,大部分分析只考虑区域转移而忽略了其他形式。第二,作为犯罪预防活动解决目标的每一项问题都应被详细检验,并回答:谁最有可能是违法者?犯罪行为什么时间发生?犯罪是怎样实施的?犯罪在哪里发生?犯罪实现了犯罪人的什么目的?(也就是说,它为什么发生)这些问题的答案对选择犯罪预防策略和研究潜在的犯罪转移都很重要。有趣的是,许多犯罪预防项目在设计干预措施时回答了这些问题,但通常在讨论犯罪转移的时候又忽视了它们,显然,这不利于预设可能发生的犯罪转移类型和范围。以入室盗窃的犯罪预防为例,犯罪资料表明:发生在工作日早晨的中、后时间段的入室盗窃呈上升趋势;犯罪人多从未上锁的门或通过破坏门锁而进入被盗家庭;被盗物品主要为珠宝、银器和高端电子产品;警察怀疑犯罪人为成年职业窃贼。基于上述信息,一个犯罪预防计划启动,它包括:安装更坚固的门锁,进行财产标识,增加白天的警察巡逻,启动邻

---

① See Robert Barr, Ken Pease, Crime Placement, Displacement, and Deflection, *Crime and Justice*, 1990(12), pp. 277-318.

里守望组织,以及组织公民巡逻。同样的犯罪信息为洞察可能出现的犯罪转移类型提供了便利:鉴于犯罪人是成年职业窃贼,可以假定具有区域转移的可能;因为巡逻还不够普遍,所以犯罪也有在时间上转移的可能(可能转移到下午或夜间);犯罪人也可能改变目标,选择尚未换锁的家庭下手。预防活动的任何评估都可以运用这一洞察去建立对不同形式的犯罪转移的评价,遗憾的是,许多犯罪预防评估者仅在毗邻社区寻找区域转移,而缺乏对其他转移形式的关注。

评估犯罪转移需要明确地考虑潜在的犯罪人、犯罪类型、地点、被害对象,以及现有犯罪活动的其他因素,若要进行更深层次的考虑,犯罪预防策划者和评估者还应模仿潜在的犯罪转移,在此基础上建立合适的干预措施或评估方法。

(四)良性转移还是恶性转移

一想到犯罪预防仅仅是让犯罪沿着某个维度转移而不是使其减少,大部分关于犯罪转移的论调就是失望的或灰心的。然而,转移也有可能是积极的,巴尔和皮斯把犯罪转移分为两种类型,即"良性的"(benign)和"恶性的"(malign)。[1]良性转移是指犯罪转移可能有益于社会,犯罪人实施的新犯罪或所采取的新策略相较之前的犯罪或策略而言变得不那么严重,对潜在被害人的危险也更小。如抢劫变为盗窃,带有致命武器的攻击变为简单的攻击,入室盗窃变为小偷小摸等,犯罪转移可以减少犯罪恐惧,一定程度上抵消了实际的犯罪问题。而恶性转移是指犯罪预防出现了不尽如人意的结果,例如,旨在减少入室盗窃的犯罪预防结果反而导致抢劫犯罪的增加并伴有不同程度的人身攻击,或者一个犯罪人需要通过增加犯罪次数来补偿每一次犯罪中被减少的犯罪回报,这样的恶性转移是社会所难以接受的。

与其假定所有的犯罪转移都是恶性的,不如解决这样一个主要问题,即如何使用犯罪转移来实现被认为是"公平"的犯罪扩散。因为实际上社会范围内的犯罪扩散不是平均的,部分地区承担了犯罪和犯罪恐惧方面的不平等负担。巴尔和皮斯建议,社会应有意识或无意识地允许特定的地区或邻里成为犯罪保险丝(crime fuses)。这一概念来源于电流保险丝,电流保险丝通过物理熔断机制来预警问题,以防止问题传递到系统的其他部分,而犯罪保险丝也遵循同样的原理,成为犯罪保险丝的地区被当作社会其他地区的安全阀,在这里,犯罪被允许存在,直到犯罪激增导致该地区不堪重负,而在犯罪问题对该社区造成严重损害

---

[1] See Robert Barr, Ken Pease, Crime Placement, Displacement, and Deflection, *Crime and Justice*, 1990(12), pp. 277-318.

之前,可以瞄准问题的临界点加以解决。如果犯罪移动到了保险丝地区,这样的犯罪转移被视为是良性的,但是对于居住在犯罪保险丝地区的人来说,这种犯罪转移却绝不是良性的。一个真正的良性转移应该提供更加平均或平等的被害风险扩散。对于巴尔和皮斯来说,犯罪转移解决了社会中犯罪和被害的再分配问题。

二、犯罪预防利益扩散

(一) 犯罪预防利益扩散的内涵

犯罪预防项目的另一个可能效果是利益扩散。罗纳德·克拉克和大卫·威斯布德(David Weisburd)把利益扩散界定为:一个干预措施的有益影响传播超出其直接指向的区域、控制的个体、聚焦的犯罪或实施的时间段。[①] 不同于犯罪转移,利益扩散假定犯罪预防将有益于目标外的个体或地区。犯罪预防的利益扩散在讨论中也被称为"光圈效应"(halo effect)[②]和"免费奖券效应"(free bonus effect)。[③]

利益扩散是如何形成的?罗纳德·克拉克和威斯布德提出了扩散的两种潜在根源——威慑(deterrence)和沮丧(discouragement)。[④] 威慑可以通过多种方式产生影响,许多预防项目虽然实施周期较短,但其对犯罪产生的影响却超出了干预周期,或者虽然预防目标指向特定地点或特定商品,但最终结果可能保护了其他目标。此外,在所有案例中都存在一个假设,即当被逮捕的概率增加时,部分潜在犯罪人会因这些风险而放弃犯罪,当犯罪回报减少或实施犯罪需要更多成本时,犯罪人容易灰心。

国内关于犯罪预防利益扩散的研究比较少,但近些年在国际上,转移和扩散均受到了更多的关注,许多评估认为转移和扩散都是明显的。然而,对转移和扩散进行评估的难度较大,导致其往往不是许多评估的核心目标。

(二) 犯罪预防利益扩散的影响因素

犯罪人实施犯罪行为不是完全随意的,他们不是简单地在沿街散步过程中

---

① See Ronald V. Clarke, David Weisburd, Diffusion of Crime Control Benefits: Observations on the Reverse of Displacement, in Ronald V. Clarke(ed.), *Crime Prevention Studies*, 1994(2), pp. 165-183.

② See Mary Jane Scherdin, The Halo Effect: Psychological Deterrence of Electronic Security Systems, *Information Technology and Libraries*, 1986(5), pp. 232-235.

③ See Lawrence W. Sherman, Police Crackdowns: Initial and Residual Deterrence, *Crime and Justice*, 1990(12), pp. 1-48.

④ See Ronald V. Clarke, David Weisburd, Diffusion of Crime Control Benefits: Observations on the Reverse of Displacement, in Ronald V. Clarke (ed.), *Crime Prevention Studies*, 1994(2), pp. 165-183.

袭击人群、实施抢劫、破门而入或无缘无故地实施其他犯罪行为。如果犯罪人的行为是完全随意的,会在没有任何计划的情况下随时随地实施犯罪,那么我们的社会将时时刻刻都充斥着犯罪,任何人都将对犯罪无计可施。正是因为犯罪人的犯罪行为不是完全随意的,所以我们可以知道在有些地方和时间犯罪不会发生,采取有些措施可以预防犯罪,而犯罪人对犯罪行为的计划和决定(做什么、何时、何地,以及怎么做)为我们采取有效的犯罪预防措施提供指引,犯罪预防的关键就在于弄清影响犯罪决策的因素。

费尔森和罗纳德·克拉克认为,机会是所有犯罪行为的基石。虽然,"个体行为是一个人和环境交互作用的结果",徒有机会不足以导致犯罪发生,但它确实是完成犯罪所必需的。[1] 他们列出10个原则,试图详细说明机会是如何形塑犯罪行为的,这些原则包括:机会在所有犯罪中起着重要作用;犯罪机会是非常具体的;犯罪机会集中在特定的时空;犯罪机会产生于日常活动中;一个犯罪活动会为另一个犯罪活动制造机会;许多产品提供了更具诱惑的犯罪机会;社会或技术的改变会产生新的犯罪机会;犯罪机会可以被减少;减少犯罪机会并不都伴随着犯罪转移;聚焦机会减少可以使犯罪下降明显。[2] 其中一些原则可以解释不同时间、空间和环境下机会的变化。他们还认为,机会的减少可以确切地减少犯罪而几乎不产生犯罪转移。

三、犯罪转移和犯罪预防利益扩散的影响

如前所述,犯罪转移和犯罪预防利益扩散很少被作为研究的主要问题,在许多犯罪预防项目评估中也处于次要地位,评估过程中很少被考虑到。

(一)犯罪转移的影响

现有研究表明,犯罪转移并不是犯罪预防不可避免的一个结果,转移确实会发生,但不是百分之百地发生,而假定犯罪转移的发生可以成为讨论犯罪预防时的一个切实可行的关注点,转移应被作为一个可能的消极因素加以考虑,预测潜在转移的类型和范围需要基于犯罪和犯罪预防的事实。此外,非常重要的是,转移的犯罪与犯罪预防所减少的犯罪相比,明显是很小的一部分。因此,犯罪转移在一定程度上可以证明犯罪预防确实产生了影响,而不能因为它的存在就否定犯罪预防带来的积极结果。这些发现表明,犯罪预防计划能够改变犯罪人的行

---

[1] See Marcus Felson, Ronald V. Clarke, *Opportunity Makes the Thief: Practical Theory for Crime Prevention*, London, ENG: Home Office Police and Reducing Crime Unit, 1998, p. 9.

[2] Ibid., pp. 23-28.

为,犯罪人会对预防措施作出反应,从而限制其针对不同目标的犯罪行为。然而,揭露犯罪转移现象是很困难的,事实上,真正能弄清楚犯罪是否转移的唯一途径就是会见犯罪人并询问他们犯罪预防措施是否改变了他们的行为。

（二）犯罪预防利益扩散的影响

如前所述,利益的扩散意味着一些没有被犯罪预防项目所覆盖的区域、物品或个人也从干预措施的影响中受益。例如,邻里中一半的家庭参加了邻里守望、财产标识及监控活动,为此邻里中每个人都减少了被害风险和犯罪恐惧,可见,参加者的犯罪预防活动对非参加者产生积极影响也是可能的,这就是犯罪预防利益的扩散。然而,测量扩散是非常困难的,最典型的方式应该是检查目标邻近区域中犯罪和犯罪恐惧的变化,邻近区域犯罪的减少能够归因于扩散的影响。当然,目标区域和邻近区域的犯罪和犯罪恐惧同时降低,也有可能是整个社会犯罪和犯罪恐惧整体降低的结果,在这种情况下,与其说是得益于扩散的影响,不如说犯罪预防根本没有产生作用。确定是否有改变或者改变是否是因为扩散的影响,还需要进一步对地区(或目标)间进行比较。

确定是否存在犯罪预防利益扩散影响的另一个问题是,当转移和扩散同时发生时,未参与预防项目的地区,其犯罪水平可能没有明显的变化。换言之,犯罪预防项目在目标地区减少了犯罪或犯罪恐惧,减少的这一部分犯罪转移到了其他地区,使其出现犯罪或犯罪恐惧增加的情况,但如果存在相同程度的利益扩散影响作用于该地区时,增加部分的犯罪或犯罪恐惧被抵消,犯罪水平最后呈现的是没有改变。

除了上述如何确定利益扩散产生的影响这一问题,预防评估者也开始在他们的设计和分析中对扩散出现的可能性给予了更多关注。洛林·格林(Lorraine Green)分析了应对邻里药物(毒品)问题项目的影响,报告称扩散的影响出现在了目标地的周围区域,目标地周围的两个街区均显示了越轨行为的减少,尽管在幅度上小于实验区域(目标地)。[①] 米阿斯(Terance Miethe)指出,美国西雅图的邻里守望项目在相同地区的非参与地区上出现了扩散影响。[②] 凯特·派特尔(Kate Painter)和法林顿在一个关于街灯项目的分析中,发现目标区域(重新

[①] See Lorraine Green, Cleaning up Drug Hot Spots in Oakland, California: The Displacement and Diffusion Effect, *Justice Quarterly*, 1995(12), pp. 737-754.

[②] See Terance D. Miethe, Citizen-based Crime Control Activity and Victimization Risks: An Examination of Displacement and Free-rider Effects, *Criminology*, 1991(29), pp. 419-440.

点亮地区)的白天犯罪减少,这体现了时间维度上的利益扩散。[①] 英国的安全城市项目(safer cities program)也出现了明显的利益扩散现象,特别在犯罪预防措施实施密集地区。

费尔森等的报告称[②],在实践中扩散现象可能向相反的方向发展。也就是说,其他区域的变化也可能对目标区域产生影响,导致预防项目效果的出现。在他们关于纽约市公交终点站项目的研究中,目标地以外的地区犯罪的减少,可以追溯到公交终点站项目之前,并且(之前周围的低犯罪率)对公交终点站内犯罪的减少产生影响。公交终点站内犯罪下降的幅度较大,这揭示了一个项目的影响超出了任何可能的扩散。

相对于犯罪转移,犯罪预防利益扩散是一个较新的话题。扩散应被作为一种犯罪转移的平衡力加以考虑,如果两种因素同时在一个项目中产生作用,设计项目时就应该考虑揭示每一种可能出现的因素,在一个项目效果的不完全分析中是不能确定转移和扩散的。

转移和扩散是犯罪预防的两种可能结果,在任何犯罪预防项目中都应被加以考虑。许多研究适当地诠释了犯罪转移是犯罪预防项目的一个貌似真实的结果,但是,将某地所有的犯罪减少都简单地归因于犯罪转移,或者认为预防项目在目标之外没有一个更大范围的影响都是错误的。未来的研究需要对犯罪转移和犯罪预防利益扩散加以特别的注意,以保证对它们作用于犯罪预防项目的影响有个充分的判断。

【本章复习要点】

(1)犯罪预防评估的类型和方法;(2)犯罪转移的定义及理论假设;(3)犯罪转移的形式;(4)对犯罪转移的评估;(5)犯罪预防利益扩散的内涵;(6)犯罪预防利益扩散的影响因素。

[①] See Kate Painter, David P. Farrington, Improved Street Lighting: Crime Reducing Effects and Cost-benefit Analysis, *Security Journal*, 1999(12), pp. 17-32.

[②] See Marcus Felson, Mathieu E. Belanger, Gisela M. Bichler, *et al.*, Redesigning Hell: Preventing Crime and Disorder at the Port Authority Bus Terminal, in Ronald V. Clarke (ed.), *Preventing Mass Transit Crime*, Monsey, NY: Criminal Justice Press, 1996, pp. 5-92.

主要参考文献

一、中文著作

1. 《白居易集》，顾学颉校点，中华书局 1979 年版。
2. 《曹操集》，中华书局 1959 年版。
3. 《陈亮集》，邓广铭点校，中华书局 1974 年版。
4. 《大明会典（影印本）》，上海古籍出版社 1996 年版。
5. 《大清律例》，田涛、郑秦点校，法律出版社 1999 年版。
6. 《大元通制条格》，郭成伟点校，法律出版社 2000 年版。
7. 《二程集（第 2 版）》，王孝鱼点校，中华书局 2004 年版。
8. 《国语（上、下）》，上海师范大学古籍整理组校点，上海古籍出版社 1978 年版。
9. 《海瑞集》，陈义钟编校，中华书局 1962 年版。
10. 《韩昌黎文集校注》，马其昶校注，马茂元整理，上海古籍出版社 1986 年版。
11. 《今古文尚书全译》，江灏、钱宗武译注，周秉钧点校，贵州人民出版社 1990 年版。
12. 《礼记全译》，吕友仁、吕咏梅译注，贵州人民出版社 1998 年版。
13. 《李觏集》，王国轩点校，中华书局 1981 年版。
14. 《历代刑法志》，群众出版社 1988 年版。
15. 《临川先生文集》，中华书局 1959 年版。
16. 《柳河东集》，上海人民出版社 1974 年版。
17. 《陆九渊集》，钟哲点校，中华书局 1980 年版。
18. 《陆游集》，中华书局 1976 年版。
19. 《明实录（影印本）》，台湾"中央研究院"历史语言研究所考订 1962 年版。
20. 《欧阳修全集（影印本）》，世界书局 1936 年版。
21. 《史记》等二十四史（不包括新元史和清史稿），中华书局 2013 年版。
22. 《宋刑统》，薛梅卿点校，法律出版社 1999 年版。
23. 《苏轼文集》，孔凡礼点校，中华书局 1986 年版。
24. 《唐六典》，中华书局 1992 年版。
25. 《庭训格言》，陈生玺、贾乃谦校注，中州古籍出版社 2010 年版。
26. 《通典》《通志》《文献通考》等"十通"，新兴书局 1965 年版。
27. 《王阳明全集（全 4 册）》，红旗出版社 1996 年版。

28. 《续修四库全书》(第 804 册),上海古籍出版社 1995 年版。
29. 《叶适集(全三册)》,刘公纯等点校,中华书局 1961 年版。
30. 《战国策全译》,王守谦等译注,贵州人民出版社 1992 年版。
31. 《张太岳集》,上海古籍出版社 1984 年版。
32. 《张载集》,章锡琛点校,中华书局 1978 年版。
33. 《朱子全书(全 27 册)》,上海古籍出版社 2002 年版。
34. 《诸葛亮集》,段熙仲、闻旭初编校,中华书局 1960 年版。
35. 《资治通鉴》,邬国义校点,上海古籍出版社 1997 年版。
36. 〔美〕Kenneth J. Peak、Ronald W. Glensor:《社区警务战略与实践(第五版)》,刘宏斌等译,中国人民公安大学出版社 2011 年版。
37. 〔英〕Spencer Chainey、Lisa Tompson:《犯罪制图案例分析:实践与研究》,陈鹏等译,中国人民公安大学出版社 2014 年版。
38. 〔美〕Timothy D. Crowe:《环境设计预防犯罪(第 3 版)》,陈鹏等编译,中国人民公安大学出版社 2015 年版。
39. 〔美〕埃德温·萨瑟兰等:《犯罪学原理》,吴宗宪等译,中国人民公安大学出版社 2009 年版。
40. 〔法〕埃米尔·迪尔凯姆:《自杀论:社会学研究》,冯韵文译,商务印书馆 2009 年版。
41. 〔意〕贝卡里亚:《论犯罪与刑罚》,黄风译,中国大百科全书出版社 1993 年版。
42. 〔美〕布兰登·C.韦尔什、〔英〕戴维·P.法林顿:《牛津犯罪预防指南》,秦英等译,中国人民公安大学出版社 2015 年版。
43. 蔡应明:《犯罪预防学》,上海三联书店 2010 年版。
44. (明)陈邦瞻:《宋史纪事本末》,中华书局 1977 年版。
45. 陈鸿彝主编:《中国治安史》,中国人民公安大学出版社 2002 年版。
46. 陈智勇:《中国古代社会治安管理史》,郑州大学出版社 2003 年版。
47. 邓庆尧:《环境艺术设计》,山东美术出版社 1995 年版。
48. 董建辉:《明清乡约:理论演进与实践发展》,厦门大学出版社 2008 年版。
49. 〔意〕恩里科·菲利:《犯罪社会学》,郭建安译,中国人民公安大学出版社 1990 年版。
50. 〔意〕恩里科·菲利:《实证派犯罪学》,郭建安译,中国人民公安大学出版社 2004 年版。
51. 冯树梁:《论预防犯罪》,法律出版社 2008 年版。
52. 冯树梁主编:《中国犯罪预防方略》,法律出版社 1994 年版。
53. 〔英〕戈登·休斯:《解读犯罪预防:社会控制、风险与后现代》,刘晓梅、刘志松译,中国人民公安大学出版社 2009 年版。
54. 〔英〕格里·约翰斯通:《恢复性司法:理念、价值与争议》,郝方昉译,中国人民公安大学出版社 2011 年版。
55. (清)顾炎武:《菰中随笔》,丛书集成初编本,王云五主编,商务印书馆 1935 年版。

56. (清)顾炎武:《日知录集释》,(清)黄汝成集释,花山文艺出版社 1990 年版。
57. 郭成伟:《社会犯罪与综合治理》,中国政法大学出版社 1994 年版。
58. 郭成伟:《社会控制:以礼为主导的综合治理》,中国政法大学出版社 2008 年版。
59. (清)贺长龄、魏源等编:《清经世文编(影印本)》,中华书局 1992 年版。
60. 黄超:《犯罪预测方法及其应用》,中国人民公安大学出版社 2013 年版。
61. 黄富源、范国勇、张平吾:《犯罪学新论》,三民书局 2012 年版。
62. 黄富源、张平吾:《被害者学新论》,台湾铭传大学出版社 2008 年版。
63. (宋)黄干:《黄勉斋先生文集》,中华书局 1985 年版。
64. 黄晖撰:《论衡校释(全 4 册)》,中华书局 1990 年版。
65. 〔意〕加罗法洛:《犯罪学》,耿伟、王新译,中国大百科全书出版社 1996 年版。
66. (汉)贾谊撰:《新书》,阎振益、钟夏校注,中华书局 2000 年版。
67. 蒋礼鸿撰:《商君书锥指》,中华书局 1986 年版。
68. (清)蒋良琪:《东华录》,林树惠、傅贵九点校,中华书局 1980 年版。
69. 焦俊峰:《犯罪控制模式研究》,中国人民公安大学出版社 2012 年版。
70. (清)焦循:《孟子正义》,沈文倬点校,中华书局 1983 年版。
71. 金其高:《大治安韬略精要》,法律出版社 2012 年版。
72. 金其高:《社会治安防控经略》,群众出版社 2004 年版。
73. 金其高主编:《犯罪学》,中国方正出版社 2004 年版。
74. 孔一:《犯罪预防实证研究》,群众出版社 2006 年版。
75. 寇学军:《人性塑造与犯罪预防》,浙江大学出版社 2008 年版。
76. 〔法〕雷蒙·阿隆:《社会学主要思潮》,葛智强等译,上海译文出版社 1988 年版。
77. (明)雷梦麟:《读律琐言》,怀效锋、李俊点校,法律出版社 2000 年版。
78. 〔美〕雷切尔·博巴·桑托斯:《犯罪制度与犯罪分析》,金诚、郑滋椀译,人民出版社 2014 年版。
79. 黎翔凤撰:《管子校注》,梁运华整理,中华书局 2004 年版。
80. 李春雷、靳高风主编:《犯罪预防学》,中国人民大学出版社 2016 年版。
81. 李大欣、张杰:《职务犯罪预防方法论》,法律出版社 2017 年版。
82. (宋)李昉等编:《太平广记》,中华书局 1961 年版。
83. (宋)李昉等撰:《太平御览(影印本)》,中华书局 1965 年版。
84. 李梦苏主编:《中华藏典(二)名家藏书(十九)》,内蒙古人民出版社 2003 年版。
85. (宋)李焘撰:《续资治通鉴长编》,中华书局 1979 年版。
86. 李洵:《明史食货志校注》,中华书局 1982 年版。
87. 梁漱溟:《中国文化要义》,上海人民出版社 2005 年版。
88. 林山田:《刑罚学》,台湾商务印书馆 1983 年版。
89. 刘岱主编:《吾土与吾民》,生活·读书·新知三联书店 1992 年版。

90. (明)刘基:《诚意伯文集:外三种》,上海古籍出版社 1991 年版。
91. 刘建宏主编:《国际犯罪学大师论犯罪控制科学(共 2 册)》,人民出版社 2012 年版。
92. 刘文典撰:《淮南鸿烈集解(上、下册)》,冯逸、乔华点校,中华书局 1989 年版。
93. 刘晓虎:《恢复性司法研究——中国的恢复性司法之路》,法律出版社 2014 年版。
94. (南朝)刘义庆撰:《世说新语(影印本)》,上海古籍出版社 1982 年版。
95. 刘择昌、张平吾:《地理资讯系统与执法》,三民书局 2014 年版。
96. 〔英〕麦克·马圭尔等:《牛津犯罪学指南(第四版)》,刘仁文、李瑞生等译,中国人民公安大学出版社 2012 年版。
97. (宋)孟元老等:《东京梦华录 都城纪胜 西湖老人繁胜录 梦粱录 武林旧事》,中国商业出版社 1982 年版。
98. 彭浩、陈伟、〔日〕工藤元男主编:《二年律令与奏谳书:张家山二四七号汉墓出土法律文献释读》,上海古籍出版社 2007 年版。
99. 钱伯城等主编:《全明文》,上海古籍出版社 1992 年版。
100. 钱穆:《中国历代政治得失》,生活·读书·新知三联书店 2005 年版。
101. (明)邱濬:《大学衍义补》,林冠群、周济夫点校,京华出版社 1999 年版。
102. 〔日〕仁井田升:《唐令拾遗·狱官令第三十》,栗劲编译,长春出版社 1989 年版。
103. 舒炳麟:《元典章研究》,黄山书社 1995 年版。
104. 睡虎地秦墓竹简整理小组编:《睡虎地秦墓竹简》,文物出版社 1990 年版。
105. 〔美〕斯蒂芬·E. 巴坎:《犯罪学:社会学的理解》,秦晨等译,上海人民出版社 2011 年版。
106. (宋)宋敏求编:《唐大诏令集》,洪丕谟等点校,学林出版社 1992 年版。
107. (宋)苏颂:《苏魏公文集(上下册)》,王同策点校,中华书局 2004 年版。
108. (清)孙诒让:《周礼正义》,王文锦、陈玉霞点校,中华书局 1987 年版。
109. (清)孙诒让撰:《墨子闲诂》,孙启治点校,中华书局 2001 年版。
110. (五代)谭峭:《化书》,丁祯彦、李似珍点校,中华书局 1996 年版。
111. (清)唐甄:《潜书注》,四川人民出版社 1984 年版。
112. 汪荣宝撰:《法言义疏》,陈仲夫点校,中华书局 1987 年版。
113. 王处辉:《中国社会思想早熟轨迹》,人民出版社 1996 年版。
114. (清)王夫之:《船山全书》,岳麓书社 1988 年版。
115. (东汉)王符撰、(清)汪继培笺:《潜夫论笺校正》,彭铎校正,中华书局 1985 年版。
116. 王利器撰:《新语校注》,中华书局 1986 年版。
117. 王牧主编:《新犯罪学》,高等教育出版社 2005 年版。
118. (清)王聘珍:《大戴礼记解诂》,王文锦点校,中华书局 1983 年版。
119. 王平主编:《恢复性司法论坛》,群众出版社 2005 年版。
120. (宋)王溥撰:《唐会要》,中华书局 1955 年版。

121. 王瑞山：《中国传统治安思想史》，法律出版社 2012 年版。
122. 王瑞山：《中国传统治安思想研究》，法律出版社 2016 年版。
123. 王瑞山：《法治视野下的治安防控研究》，法律出版社 2017 年版。
124. 王瑞山：《犯罪预防原理》，法律出版社 2019 年版。
125. （隋）王通：《文中子中说译注》，郑春颖译注，黑龙江人民出版社 2003 年版。
126. （清）王先谦、刘武撰：《庄子集解·庄子集解内篇补正》，沈啸寰点校，中华书局 1987 年版。
127. 王先谦：《荀子集解》，沈啸寰、王星贤点校，中华书局 1988 年版。
128. （清）王先慎撰：《韩非子集解》，钟哲点校，中华书局 1998 年版。
129. （宋）王质：《雪山集》，丛书集成初编本，王云五主编，商务印书馆 1935 年版。
130. 闻钧天：《中国保甲制度》，直学轩 1933 年版。
131. 吴慧：《中国古代六大经济改革家》，上海人民出版社 1984 年版。
132. （唐）吴兢撰：《贞观政要》，（元）戈直集注，上海古籍出版社 2008 年版。
133. 吴宗宪：《西方犯罪学（第二版）》，法律出版社 2006 年版。
134. 吴宗宪：《西方犯罪学史（第二版）（第一、二、三、四卷）》，中国人民公安大学出版社 2010 年版。
135. 肖剑鸣、皮艺军主编：《罪之鉴（上）》，群众出版社 2000 年版。
136. 熊一新等主编：《治安管理学概论（修订本）》，中国人民公安大学出版社 2007 年版。
137. （清）徐栋辑：《保甲书（影印本）》，上海古籍出版社 1996 年版。
138. 徐少锦、陈延斌：《中国家训史》，陕西人民出版社 2003 年版。
139. （清）徐松辑：《宋会要辑稿（全 8 册）》，中华书局 1957 年版。
140. 许春金：《犯罪预防与犯罪分析》，三民书局 2008 年版。
141. 许春金编著：《犯罪预防与私人保全》，三民书局 2004 年版。
142. 许福生：《刑事政策学》，中国民主法制出版社 2006 年版。
143. 许章润主编：《犯罪学（第四版）》，法律出版社 2016 年版。
144. （清）薛允升撰：《唐明律合编》，怀效锋、李鸣点校，法律出版社 1999 年版。
145. 〔澳〕亚当·苏通等：《犯罪预防：原理、观点与实践》，赵赤译，中国政法大学出版社 2012 年版。
146. 杨伯峻译注：《论语译注》，中华书局 1980 年版。
147. 杨伯峻编著：《春秋左传注（第 3 版）》，中华书局 2009 年版。
148. 杨世隆、何明洲、傅美惠编著：《保全概论》，五南图书出版有限公司 2005 年版。
149. 杨希等：《青少年犯罪与预防》，河北人民出版社 2014 年版。
150. 应培礼主编：《犯罪学通论》，法律出版社 2016 年版。
151. 余嘉锡：《世说新语笺疏》，上海古籍出版社 1993 年版。
152. 俞雷主编：《中国现阶段犯罪问题研究（总卷）》，中国人民公安大学出版社 1993 年版。

153. 〔英〕约翰·格拉海姆、特雷弗·白男德:《欧美预防犯罪方略》,王大伟译,群众出版社 1998 年版。
154. 张弘主编:《犯罪预防学》,中国人民公安大学出版社 2004 年版。
155. 张晋藩:《中华法制文明的演进》,中国政法大学出版社 1999 年版。
156. 张远煌:《犯罪学原理(第二版)》,法律出版社 2008 年版。
157. 张远煌主编:《犯罪学(第 2 版)》,中国人民大学出版社 2011 年版。
158. (唐)长孙无忌:《唐律疏议》,刘俊文点校,中华书局 1983 年版。
159. 赵秀玲:《中国乡里制度》,社会科学文献出版社 1998 年版。
160. (清)赵翼:《廿二史劄记》,曹光甫点校,凤凰出版社 2008 年版。
161. 中国第一历史档案馆整理:《康熙起居注》,中华书局 1984 年版。
162. 中央社会治安综合治理委员会办公室编著:《社会治安综合治理工作读本》,中国长安出版社 2009 年版。
163. 周路主编:《犯罪调查十年——统计与分析》,天津社会科学院出版社 2001 年版。
164. 朱红林:《张家山汉简〈二年律令〉集释》,社会科学文献出版社 2005 年版。
165. 朱谦之撰:《老子校释》,中华书局 1984 年版。
166. 朱绍侯主编:《中国治安制度史》,河南大学出版社 1994 年版。

二、中文论文

1. 贝史伟、张红:《工厂企业空间环境犯罪学初探》,载《上海大学学报(社会科学版)》1988 年第 6 期。
2. 本刊评论员:《要同步地落实社会治安的综合治理》,载《中国法学》1985 年第 1 期。
3. 陈宝树、陈泽宪:《论社会治安综合治理的基本原则》,载《法学研究》1992 年第 1 期。
4. 陈兴良:《刑事矫正论》,载《中央政法管理干部学院学报》1995 年第 2 期。
5. 陈兴良:《刑罚目的新论》,载《华东政法学院学报》2001 年第 3 期。
6. 单勇、阮重骏:《城市街面犯罪的聚集分布与空间防控——基于地理信息系统的犯罪制图分析》,载《法制与社会发展》2013 年第 6 期。
7. 单勇、阮重骏:《犯罪制图:城市犯罪风险分析的新技术与新挑战》,载《山东警察学院学报》2014 年第 6 期。
8. 单勇:《犯罪热点成因:基于空间相关性的解释》,载《中国法学》2016 年第 2 期。
9. 单勇:《基于热点稳定性的犯罪空间分布规律再认识》,载《法制与社会发展》2016 年第 5 期。
10. 丁长境:《论改造罪犯工作在社会治安综合治理中的地位和作用》,载《中国法学》1990 年第 1 期。
11. 杜强:《犯罪转移》,载《社会》1991 年第 6 期。
12. 杜益虹、刘世华:《基于 Logistic 回归的犯罪概率预测研究》,载《绍兴文理学院学报》2016

年第 8 期。
13. 冯树梁:《中国现阶段犯罪问题研究综述》,载《中国人民公安大学学报(社会科学版)》1989 年第 1 期。
14. 冯树梁:《中国现阶段犯罪问题研究综述(二)》,载《中国人民公安大学学报(社会科学版)》1990 年第 1 期。
15. 高科:《旅游犯罪成因及防控对策研究——基于日常活动理论和责任相关者视角》,载《四川师范大学学报(社会科学版)》2010 年第 1 期。
16. 韩一士、范英盛、李国军、郑滋桅:《基于 ARIMA 模型的通讯网络诈骗犯罪增长趋势分析——以浙江省衢州市为例》,载《理论观察》2017 年第 5 期。
17. 韩轶:《刑罚预防新论》,载《法律科学》2004 年第 5 期。
18. 郝宏奎:《评英国犯罪预防的理论、政策与实践》,载《中国人民公安大学学报(社会科学版)》1997 年第 5 期。
19. 郝宏奎:《评英国犯罪预防的理论、政策与实践(二)》,载《中国人民公安大学学报(社会科学版)》1997 年第 6 期。
20. 郝宏奎:《评英国犯罪预防的理论、政策与实践》,载《中国人民公安大学学报(社会科学版)》1998 年第 1 期。
21. 郝宏奎:《评英国犯罪预防的理论、政策与实践》,载《中国人民公安大学学报(社会科学版)》1998 年第 2 期。
22. 郝宏奎:《评英国犯罪预防的理论、政策与实践》,载《中国人民公安大学学报(社会科学版)》1998 年第 3 期。
23. 胡石友:《搞好社会治安的"综合治理"》,载《法学杂志》1981 年第 4 期。
24. 滑晓伟、胡大路:《情境预防视角下的军队预防犯罪工作》,载《四川警察学院学报》2017 年第 6 期。
25. 黄超、李继红:《犯罪预测的方法》,载《江苏警官学院学报》2011 年第 1 期。
26. 贾银生、张丽萍:《"盲井案"之犯罪防控——以情境预防理论为视角》,载《犯罪研究》2017 年第 4 期。
27. 姜文赟:《论社会治安综合治理的概念》,载《政法论坛(中国政法大学学报)》1988 年第 4 期。
28. 靳高风、白朋辉:《2015 年中国犯罪形势分析及 2016 年预测》,载《中国人民公安大学学报(社会科学版)》2016 年第 3 期。
29. 靳高风、王玥、李易尚:《2016 年中国犯罪形势分析及 2017 年预测》,载《中国人民公安大学学报(社会科学版)》2017 年第 2 期。
30. 靳高风、朱双洋、林晞楠:《中国犯罪形势分析与预测(2017—2018)》,载《中国人民公安大学学报(社会科学版)》2014 年第 2 期。
31. 靳高风:《2010 年中国犯罪形势与刑事政策分析》,载《中国人民公安大学学报(社会科学版)》2011年第2期。
32. 靳高风:《2011年中国犯罪形势与刑事政策分析》,载《中国人民公安大学学报(社会科学版)》2012年第2期。
33. 靳高风:《2012年中国犯罪形势与刑事政策分析》,载《中国人民公安大学学报(社会科学版)》2013年第2期。
34. 靳高风:《2013年中国犯罪形势分析及2014年预测》,载《中国人民公安大学学报(社会科学版)》2014年第2期。
35. 靳高风:《2014年中国犯罪形势分析与2015年预测》,载《中国人民公安大学学报(社会科学版)》2015年第2期。
36. 康大民:《综合治理社会治安是公安工作群众路线的发展》,载《公安大学学报》1986年第3期。
37. 雷连莉:《论女性被害原因及预防——以日常活动理论为视角》,载《湖南科技大学学报(社会科学版)》2016年第5期。
38. 李春雷、庞焱:《情境预防理论在暴恐犯罪防控中的应用探析》,载《中国人民公安大学学报(社会科学版)》2014年第6期。
39. 李清龙:《论社会治安综合治理的指导方针》,载《中国法学》1991年第6期。
40. 李德先:《社会治安综合治理的内涵及必要性》,载《山东法学》1992年第3期。
41. 李雨聪、刘硕、王方明:《基于环境犯罪学的犯罪预测模型的建立》,载《情报杂志》2018年第2期。
42. 刘广三:《犯罪控制宏论》,载《法学评论》2008年第5期。
43. 刘立霞、马向:《域外循证犯罪预防的发展及其启示》,载《法学杂志》2017年第1期。
44. 刘涛:《表现型犯罪的情境预防——一个西方犯罪学视角的观察》,载《犯罪研究》2012年第2期。
45. 刘晓梅、张智宇:《日本更生保护制度及其对中国的启示》,载《社会工作(下半月)》2010年第14期。
46. 刘晓梅:《20世纪90年代以来英国犯罪预防理论与实践》,载《犯罪研究》2009年第6期。
47. 娄政文:《关于建立"社会治安综合治理学"的理论探讨》,载《法学研究》1990年第3期。
48. 梅建明:《论环境犯罪学的起源、发展与贡献》,载《中国人民公安大学学报(社会科学版)》2006年第5期。
49. 亓伟伟:《问题导向警务视域下的可防性案件应对思路》,载《山东警察学院学报》2015年第6期。
50. 邱兴隆,《个别预防论的源流》,载《法学论坛》2001年第1期。
51. 邱兴隆:《理论缺陷与实践困窘——刑罚个别预防论批判》,载《法律科学》2001年第1期。
52. 佘孟孝:《十年磨一剑 光辉照千秋——社会治安综合治理的成功探索和实践》,载《中国法学》2001年第4期。

53. 宋英辉、许身健:《恢复性司法程序之思考》,载《现代法学》2004年第3期。
54. 孙国祥:《刑事一体化视野下的恢复性司法》,载《南京大学学报(哲学、人文科学、社会科学版)》2005年第4期。
55. 谭志君、沈志民:《论犯罪预防的哲学基础》,载《国家检察官学院学报》2005年第2期。
56. 王超:《我国监禁矫正效能实证研究》,载《河北法学》2014年第12期。
57. 王东海:《我国校园欺凌的情境预防》,载《青少年犯罪问题》2018年第2期。
58. 王茂祯:《预防犯罪是社会治安综合治理的中心环节》,载《山东社会科学》2000年第2期。
59. 王勉:《犯罪转移与对策》,载《河南警察学院学报》1992年第1期。
60. 王瑞山:《当前我国城市流动未成年人犯罪特征及发展式预防——以2013—2017年S市未成年人检察案件为例》,载《中国人民公安大学学报(社会科学版)》2018年第5期。
61. 王瑞山:《试论特殊人群的制度化排斥及其应对》,载《华东师范大学学报(哲学社会科学版)》2013年第3期。
62. 王仲方:《论社会治安综合治理》,载《中国法学》1989年第4期。
63. 邬庆祥:《日本、美国和我国上海地区初中生不良行为现状和青少年犯罪原因的调查比较》,载《青少年犯罪问题》1986年第4期。
64. 吴立志:《恢复性司法基本理念研究》,吉林大学2008年博士学位论文。
65. 武玉红:《电子监控在我国社区矫正管理中的运用与优化》,载《青少年犯罪问题》2013年第3期。
66. 辛科:《社会治安综合治理:问题与对策》,载《中国政法大学学报》2011年第3期。
67. 徐盛希、林春鸿:《恢复性司法的中国命运》,载《国家检察官学院学报》2006年第5期。
68. 徐显明、刘远:《理念与模式——"入世"对社会治安工作的启示》,载《法学论坛》2000年第6期。
69. 薛向君:《从社区警务到问题导向的警务》,载《河南警察学院学报》2016年第4期。
70. 杨讷:《元代农村社制研究》,载《历史研究》1965年第4期。
71. 余涛:《旅游犯罪发生机理及其情境预防——以理性选择和生活方式暴露理论为视角》,载《铁道警察学院学报》2014年第6期。
72. 张森:《夜禁的张弛与城市的文学记忆》,载《江淮论坛》2008年第4期。
73. 张明楷:《论预防刑的裁量》,载《现代法学》2015年第1期。
74. 张远煌、邵超:《民营企业家犯罪及其情境预防》,载《江西社会科学》2016年第4期。
75. 张振藩:《社会治安综合治理中的改造工作》,载《法学杂志》1984年第6期。
76. 赵军:《"先知"之惑——犯罪预测局限性研究》,载《河南公安高等专科学校学报》2010年第6期。
77. 赵军:《我国犯罪预测及其研究的现状、问题与发展趋势—对"中国知网"的内容分析》,载《湖南大学学报(社会科学版)》2011年第3期。
78. 赵可:《预防犯罪活动的主体及其特征》,载《兰州学刊》1986年第3期。

79. 郑显文：《敦煌吐鲁番文书中所见的唐代交通管理的法律规定》，载《西南大学学报（社会科学版）》2005年第6期。
80. 周东平：《西方环境犯罪学：理论、实践及借鉴意义》，载《厦门大学学报（哲学社会科学版）》2014年第3期。
81. 周光权：《行为无价值论与积极一般预防》，载《南京师大学报（社会科学版）》2015年第1期。

三、英文著作

1. Adam Crawford, *Crime Prevention and Community Safety: Politics, Policies and Practices*, Addison Wesley Longman Limited, 1998.
2. Alex R. Piquero, Stephen G. Tibbetts (eds.), *Rational Choice and Criminal Behavior: Recent Research and Future Challenges*, New York: Routledge, 2002.
3. Alfred Blumstein, Jacqueline Cohen, and Daniel Nagin (eds.), *Deterrence and Incapacitation: Estimating the Effects of Criminal Sanctions on Crime Rates*, Washington, DC: National Academy Press, 1978.
4. Austin T. Turk, *Criminality and Legal Order*, Chicago: Rand McNally, 1969.
5. Borge Bakken (ed.), *Crime, Punishment, and Policing in China*, Lanham, MD: Rowman & Littlefield, 2005.
6. Bureau of Justice Statistics, *Correctional Populations in the United States, 1995*, Washington, DC: Department of Justice, 1997.
7. Carl A. Roper, *Risk Management for Security Professionals*, Boston: Butterworth－Heinemann, 1999.
8. Celinda Franco, *Drug Courts: Background, Effectiveness, and Policy Issues for Congress*, Congressional Research Service, 2010.
9. Clifford R. Shaw, Henry D. McKay, *Juvenile Delinquency and Urban Areas*, Chicago: University of Chicago Press, 1969.
10. Daniel E. Georges－Abeyie, Keith D. Harries (eds.), *Crime: A Spatial Perspective*, New York: Columbia University Press, 1980.
11. Derek B. Cornish, Ronald V. Clarke, *The Reasoning Criminal: Rational Choice Perspectives on Offending*, New York: Springer－Verlag, 1986.
12. Donald James West, David P. Farrington, *Who Becomes Delinquent?* London: Heinemann, 1973.
13. Douglas Lipton, Robert Martinson, and Judith Wilks, *The Effectiveness of Correctional Treatment: A Survey of Treatment Evaluation Studies*, New York, NY: Praeger, 1975.

14. Francis T. Cullen, John Paul Wright, and Kristie R. Blevins (eds.), *Taking Stock: The Status of Criminological Theory*, New Brunswick, NJ: Transaction Publishers, 2006.
15. Frank Tannenbaum, *Crime and the Community*, Boston: Ginn, 1938.
16. George B. Vold, Thomas J. Bernard, and Jeffrey B. Snipes, *Theoretical Criminology*, 4th edition, Oxford University Press, 1998.
17. Herman Goldstein, *Problem-Oriented Policing*, New York: McGraw Hill, 1990.
18. Howard M. Kaplan, et al., *Crime Prevention Through Environmental Design: Final Report on Commercial Demonstration*, Portland, Oregon, Arlington, VA: Westinghouse Electric Corp., 1978.
19. Howard S. Becker, *Outsiders: Studies in the Sociology of Deviance*, New York: Free Press, 1963.
20. J. J. Fay, *Contemporary Security Management*, 2nd edition, Elsevier Butterworth—Heinemann, 2006.
21. Jack Tizard, Ian Sinclair, and Ronald V. Clarke (eds.), *Varieties of Residential Experience*, London: Routledge and Kegan Paul, 1975.
22. James Garofalo, Maureen McLeod, *Improving the Use and Effectiveness of Neighborhood Watch Programs*, Washington, DC: National Institute of Justice, 1988.
23. Jane Jacobs, *The Death and Life of Great American Cities*, New York: Random House, 1961.
24. John E. Eck, *Drug Markets and Drug Places: A Case—control Study of the Spatial Structure of Illicit Drug Dealing*, Doctoral dissertation, College Park, MD: University of Maryland, 1994.
25. John Gunn and David P. Farrington (eds.), *Abnormal offenders, Delinquency, and the Criminal Justice System*, Chichester: Wiley, 1982.
26. John Hagan, *Modern Criminology: Crime, Criminal Behavior, and Its Control*, New York: McGraw—Hill, 1985.
27. John R. Weisz, Alan E. Kazdin (eds.), *Evidence—based Psychotherapies for Children and Adolescents*, 2nd edition, New York: Guilford Press, 2010.
28. Karen M. Hess, *Introduction to Private Security*, 5th edition, Wadsworth, 2009.
29. Ken Pease, Gloria Laycock, *Revictimization: Reducing the Heat on Hot Victims*, Washington, DC: National Institute of Justice, 1996.
30. Kevin Heal, Gloria Laycock (eds.), *Situational Crime Prevention: From Theory into Practice*, London: Her Majesty's Stationery Office, 1986.
31. Lee Sechrest, Susan O. White, and Elizabeth D. Brown (eds.), *The Rehabilitation of Criminal Offenders: Problems and Prospects*, Washington, DC: National Academy

Press, 1979.

32. M. E. J. Wadsworth, *Roots of Delinquency: Infancy, Adolescence and Crime*, London: Martin Robertson, 1979.
33. Marcus Felson, *Crime and Everyday Life*, 3rd edition, Thousand, Oaks, CA: Sage and Pine Forge Press, 2002.
34. Marcus Felson, Ronald V. Clarke, *Opportunity Makes the Thief: Practical Theory for Crime Prevention*, London, ENG: Home Office Police and Reducing Crime Unit, 1998.
35. Maren M. Hess, *Introduction to Private Security*, Wadsworth, Cengage Learning, 2009.
36. Mark A. Peterson, Harriet B. Braiker, *Doing Crime: A Survey of California Prison Inmates*, Santa Monica, CA: Rand Corp., 1980.
37. Mark S. Umbreit, Robert B. Coates, and Betty Vos, *Juvenile Victim Offender Mediation in Six Oregon Counties*, Salem, OR: Oregon Dispute Resolution Commission, 2001.
38. Martin Gill (ed.), *Crime at Work: Increasing the Risk for Offenders*, Leicester, UK: Perpetuity Press, 1998.
39. Marvin E. Wolfgang, Robert M. Figlio, and Thorsten Sellin, *Delinquency in a Birth Cohort*, Chicago, IL: University of Chicago Press, 1972.
40. Michael Cavadino, James Dignan, *The Penal System: An Introduction*, 3th edition, London: Sage Publications, 2002.
41. Michael Hindelang, Michael Gottfredson, and James Garofalo, *Victims of Personal Crime: An Empirical Foundation for a Theory of Personal Victimization*, Cambridge, MA: Ballinger, 1978.
42. Michael R. Gottfredson, Travis Hirschi (eds.), *Positive Criminology*, California: Sage Publications, Inc., 1987.
43. Monica Den Boer (ed.), *Comparative Policing from A Legal Perspective*, Cheltenham, UK/Northampton, Mass.: Edward Elgar Publishing, 2018.
44. Nick Tilley (ed.), *Analysis for Crime Prevention*, Monsey, NY: Criminal Justice Press, 2002.
45. Nick Tilley (ed.), *Handbook of Crime Prevention and Community Safety*, Portland, OR: Willan Publishing, 2005.
46. Oscar Newman, *Creating Defensible Space*, U. S. Department of Housing and Urban Development Office of Policy Development and Research, Washington, D. C. 20410-6000, 1996.
47. Paul Ekblom (ed.), *Design Against Crime: Crime Proofing Everyday Products*, Lynne Rienner Publishers, 2012.

48. Paul F. Cromwell, James N. Olson, and D'Aunn W. Avary, *Breaking and Entering: An Ethnographic Analysis of Burglary*, Newbury Park, CA: Sage, 1991.
49. Peter W. Greenwood, C. Peter Rydell, Allan F. Abrahmse, et al., *Three Strikes and You're Out: Estimated Benefits and Costs of California's New Mandatory Sentencing Law*, Santa Monica, CA: Rand, 1994.
50. Peter W. Greenwood, *Selective Incapacitation*, Santa Monica, CA: Rand Corp., August, 1982.
51. Ray C. Jeffery, *Crime Prevention Through Environmental Design*, 2nd edition, Beverly Hills, CA: Sage, 1977.
52. Richard T. Wright, Paul J. Brantingham, and Patricia L. Brantingham (eds.), *Environmental Criminology*, 2nd edition, Prospect Heights, Waveland Press, 1991.
53. Richard Wortley, Lorraine Mazerolle (eds.), *Environmental Criminology and Crime Analysis*, Devon: Willan Publishing, 2008.
54. Robert E. Park, Ernest W. Burgess, and Roderick D. McKenzie (eds.), *The City*, Chicago, University of Chicago Press, 1925.
55. Robert J. Fischer, Edward Halibozek, and Gion Green, *Introduction to Security*, 8th edition, Butterworth—Heinemann, 2008.
56. Robert L. O'Block, Joseph F. Donnermeyer, and Stephen E. Doeren, *Security and Crime Prevention*, 2nd edition, Butterworth—Heinemann, 1991.
57. Rolf Loeber, David P. Farrington (eds.), *Serious and Violent Juvenile Offenders: Risk Factors and Successful Interventions*, Thousand Oaks, CA: Sage, 1998.
58. Ronald V. Clarke (ed.), *Preventing Mass Transit Crime*, Monsey, NY: Criminal Justice Press, 1996.
59. Ronald V. Clarke (ed.), *Situational Crime Prevention: Successful Case Studies*, 2nd edition, Albany, NY: Harrow and Heston, 1997.
60. Ronald V. Clarke, Derek B. Cornish (eds.), *Crime Control in Britain*, Albany, NY: State University of New York Press, 1983.
61. Ronald V. Clarke, *Hot Products: Understanding, Anticipating and Reducing Demand for Stolen Goods*, London, UK: Home Office Policing and Reducing Crime Unit, 1999.
62. Ronald V. Clarke, Marcus Felson (eds.), *Routine Activities and Rational Choice*, New Brunswick, NJ: Transaction Pub, 1993.
63. Ross Homel (ed.), *The Politics and Practice of Situational Crime Prevention*, Monsey, NY: Criminal Justice Press, 1996.
64. Samuel Walker, *Sense and Nonsense About Crime: A Policy Guide*, Monterey, CA: Brooks/Cole Pub, 1985.

65. Scott H. Decker, *Burglars on the Job: Streetlife and Residential Break-Ins*, Boston: Northeastern University Press, 1994.
66. Steven J. Apter, Arnold P. Goldstein (eds.), *Youth Violence: Programs and Prospects*, New York, NY: Pergamon, 1986.
67. Steven P. Lab, *Crime Prevention: Approaches, Practices, and Evaluations*, 7th edition, Matthew Bender & Company, Inc., 2010.
68. Tim McSweeney, Paul J. Turnbull, and Mike Hough, *Tackling Drug Markets and Distribution Networks in the UK: A Review of the Recent Literature*, London: Institute for Criminal Policy Research, 2008.
69. Trevor Bennett, Richard Wright, *Burglars on Burglary*, Brookfield, Vt.: Gower, 1984.
70. Ugljesa Zvekic, Anna Alvazzi del Frate (eds.), *Criminal Victimization in the Developing World*, Rome: United Nations Interregional Crime and Justice Research Institute, Publication No. 55, 1995.
71. Walter Mischel, *Personality and Assessment*, New York, NY: Wiley, 1968.

四、英文论文

1. Annesley K. Schmidt, Electronic Monitors, *Federal Probation*, 1986(50).
2. Anthea Hucklesby, The Working Life of Electronic Monitoring Officers, *Criminology & Criminal Justice*, 2011(11).
3. Billie S. Erwin, Old and New Tools for the Modern Probation Officer, *Crime and Delinquency*, 1990(36).
4. Carol J. Garrett, Effects of Residential Treatment on Adjudicated Delinquents: A Meta-analysis, *Journal of Research in Crime and Delinquency*, 1985(22).
5. Charles M. Friel, Joseph B. Vaughn, A Consumer's Guide to the Electronic Monitoring of Probationers, *Federal Probation*, 1986(50).
6. Charisse T. M. Coston, Lee E. Ross, Criminal Victimization of Prostitutions: Empirical Support for the Lifestyle/Exposure Model, *Journal of Crime and Justice*, 1998(21).
7. Charles M. Borduin, Barton J. Mann, Lynn T. Cone, et al., Multisystemic Treatment of Serious Juvenile Offenders: Long-term Prevention of Criminality and Violence, *Journal of Consulting and Clinical Psychology*, 1995(63).
8. Christopher T. Lowenkamp, Edward J. Latessa, and Paula Smith, Does Correctional Program Quality Really Matter? The Impact of Adhering to the Principles of Effective Intervention, *Criminology and Public Policy*, 2006(5).
9. Christy A. Visher, Incapacitation and Crime Control: Does a "Lock'em up" Strategy Re-

duce Crime? *Justice Quarterly*, 1986(4).

10. Claire Nee, Max Taylor, Residential Burglary in the Republic of Ireland: A Situational Perspective, *Howard Journal of Criminal Justice*, 1988(27).

11. D. A. Andrews, Ivan Zinger, Robert D. Hoge, et al., Does Correctional Treatment Work? A Clinically Relevant and Psychologically Informed Meta-analysis, *Criminology*, 1990(28).

12. Dan G. Ellingworth, Graham Farrell, and Ken Pease, A Victim Is a Victim Is a Victim? Chronic Victimization in Four Sweeps of the British Crime Survey, *British Journal of Criminology*, 1995(35).

13. Darrick Jolliffe, David P. Farrington, Development and Validation of the Basic Empathy Scale, *Journal of Adolescence*, 2006(29).

14. Darrick Jolliffe, David P. Farrington, Empathy and Offending: A Systematic Review and Meta-analysis, *Aggression and Violent Behaviour*, 2004(9).

15. David F. Greenberg, The Incapacitative Effect of Imprisonment: Some Estimates, *Law and Society Review*, 1975(9).

16. David L. Olds, Charles R. Henderson, Robert Chamberlin, et al., Preventing Child Abuse and Neglect: A Randomized Trial of Nurse Home Visitation, Pediatrics, 1986(1).

17. Denise M. Gottfredson, Stacy S. Najaka, Brook Kearley, Effectiveness of Drug Treatment Courts: Evidence from a Randomized Trial, *Criminology and Public Policy*, 2003(2).

18. Derek B. Cornish, The Procedural Analysis of Offending and its Relevance for Situational Prevention, *Crime Prevention Studies*, 1994(3).

19. Edna Erez, Peter R. Ibarra, and Norman A. Lurie, Electronic Monitoring of Domestic Violence Cases—A Study of Two Bilateral Programs, *Federal Probation*, 2004(68).

20. Edward E. Jones, The Rocky Road from Acts to Dispositions, *American Psychologist*, 1979(34).

21. Elizabeth E. Mustaine, Richard Tewksbury, Predicting Risks of Larceny Theft Victimization: A Routine Activity Analysis Using Refined Lifestyle Measures, *Criminology*, 1998(36).

22. Francis T. Cullen, Paul Gendreau, Assessing Correctional Rehabilitation: Policy, Practice and Prospects, *Criminal Justice: Policies, Processes, and Decisions of the Criminal Justice System*, 2000(3).

23. Frank S. Pearson, Alice Glasel Harper, Contingent Intermediate Sentences: New Jersey's Intensive Supervision Program, *Crime and Delinquency*, 1990(36).

24. Frank S. Pearson, Evaluation of New Jersey's Intensive Supervision Program, *Crime and*

Delinquency, 1988(34).

25. Frank S. Pearson, New Jersey's Intensive Supervision Program: A Progress Report, *Crime and Delinquency*, 1985(31).
26. Gerald G. Gaes, Timothy J. Flanagan, Lawrence T. Motiuk, et al., Adult Correctional Treatment, *Crime and Justice*, 1999(26).
27. Graham Farrell, Andromachi Tseloni, and Ken Pease, Repeat Victimization in the ICVS and the NCVS, *Crime Prevention and Community Safety*, 2005(7).
28. I. Kolvin, F. J. Miller, M. Fleeting, et al., Social and Parenting Factors Affecting Criminal-offence Rates: Findings from the Newcastle Thousand Family Study (1947-1980), *British Journal of Psychiatry*, 1988(152).
29. J. David Hawkins, Elizabeth Von Cleve, and Richard F. Catalano, Reducing Early Childhood Aggression: Results of A Primary Prevention Programme, *Journal of the American Academy of Child and Adolescent Psychiatry*, 1991(2).
30. J. Robert Lilly, Issues Beyond Empirical EM Reports, *Criminology and Public Policy*, 2006(5).
31. Jacqueline Cohen, Incapacitation as a Strategy for Crime Control: Possibilities and Pitfalls, *Crime and Justice*, 1983(5).
32. James Q. Wilson, George Kelling, Broken Windows: The Police and Neighborhood Safety, *The Atlantic Monthly*, 1982.
33. Janet Currie, Duncan Thomas, Does Head Start Make a Difference? *The American Economic Review*, 1995(85).
34. Jianhong Liu, Crime Patterns During the Market Transition in China, *British Journal of Criminology*, 2005(45).
35. Jianhua Xu, Legitimization Imperative: The Production of Crime Statistics in Guangzhou, China, *British Journal of Criminology*, 2018(58).
36. Joan Petersilia, Peter W. Greenwood, Mandatory Prison Sentences: Their Projected Effects on Crime and Prison Populations, *Journal of Criminal Law and Criminology*, 1978(69).
37. Joan Petersilia, Susan Turner, Comparing Intensive and Regular Supervision for High-risk Probationers: Early Results from an Experiment in California, *Crime and Delinquency*, 1990(36).
38. John Braithwaite, Restorative Justice: Assessing Optimistic and Pessimistic Accounts, *Crime and Justice: A Review of Research*, Chicago: University of Chicago Press, 1999(25).
39. Joseph B. Vaughn, A Survey of Juvenile Electronic Monitoring and Home Confinement

Programs, *Juvenile and Family Court Journal*, 1989(40).

40. Kate Painter, David P. Farrington, Improved Street Lighting: Crime Reducing Effects and Cost—benefit Analysis, *Security Journal*, 1999(12).
41. Kathy G. Padgett, William D. Bailes, and Thomas G. Blomberg, Under Surveillance: An Empirical Test of the Effectiveness and Consequences of Electronic Monitoring, *Criminology and Public Policy*, 2006(5).
42. Lawrence E. Cohen, Marcus Felson, Social Change and Crime Rate Trends: A Routine Activities Approach, *American Sociological Review*, 1979(44).
43. Lawrence W. Sherman, Patrick R. Gartin, and Michael E. Buerger, Hot spots of Predatory Crime: Routine Activities and the Criminology of Place, *Criminology*, 1989(27).
44. Lawrence W. Sherman, Police Crackdowns: Initial and Residual Deterrence, *Crime and Justice*, 1990(12).
45. Lee Ross, The Intuitive Psychologist and His Shortcomings: Distortions in the Attribution Process, *Advances in Experimental Psychology*, 1977(10).
46. Leena Kurki, Restorative and Community Justice in the United States, *Crime and Justice: A Review of Research*, 2000(27).
47. Lening Zhang, Steven F. Messner, and Jianhong Liu, A Multilevel Analysis of the Risk of Household Burglary in the City of Tianjin, China, *British Journal of Criminology*, 2007(47).
48. Lorraine Green, Cleaning up Drug Hot Spots in Oakland, California: The Displacement and Diffusion Effect, *Justice Quarterly*, 1995(12).
49. Lynn Newhart Smith, Gary D. Hill, Victimization and Fear of Crime, *Criminal Justice and Behavior*, 1991(18).
50. Mark S. Umbreit, Robert B. Coates, Cross—site Analysis of Victim Offender Mediation in Four States, *Crime and Delinquency*, 1993(39).
51. Mark W. Lipsey, Can Rehabilitative Programs Reduce the Recidivism of Juvenile Offenders? An Inquiry into the Effectiveness of Practical Programs, *Virginia Journal of Social Policy and Law*, 1999(6).
52. Mark W. Lipsey, David B. Wilson, The Efficacy of Psychological, Educational, and Behavioral Treatment, *American Psychologist*, 1993(48).
53. Mark W. Lipsey, Gabrielle L. Chapman, and Nana A. Landenberger, Cognitive—behavioral Programs for Offenders, *The Annals of the American Academy of Political and Social Sciences*, 2002.
54. Mark W. Lipsey, Juvenile Delinquency Treatment: A Meta—analytic Inquiry into the Variability of Effects, Paper Presented at the American Society of Criminology Annual

Meeting, Denver, 1990.
55. Mary Jane Scherdin, The Halo Effect: Psychological Deterrence of Electronic Security Systems, *Information Technology and Libraries*, 1986(5).
56. Michael Tonry, David Farrington, What Works in Evaluation Research, *British Journal of Criminology*, 1995(34).
57. Michael Tonry, Stated and latent features of ISP, *Crime and Delinquency*, 1990(36).
58. Paul Brantingham, Frederic Faust, A Conceptual Model of Crime Prevention, *Crime and Delinquency*, 1976(22).
59. Paul Ekblom, Ken Pease, Evaluating Crime Prevention, *Crime and Justice*, 1995(19).
60. Paula Kautt, Ken Pease, The Division of Labour in Crime Prevention: Crime Science, Criminology and Criminal Justice, *The Howard Journal of Criminal Justice*, 2013(1).
61. Ralph Kirkland Gable, Application of Personal Telemonitoring to Current Problems in Corrections, *Journal of Criminal Justice*, 1986(14).
62. Ralph Schwitzgebel, Robert Schwitzgebel, Walter N. Pahnke, et al., A Program of Research in Behavioral Electronics, *Behavioral Science*, 1964(9).
63. Randy Barnett, Restitution: A New Paradigm of Criminal Justice, *Ethics*, 1977(87).
64. Restorative Justice: An Interview with Visiting Fellow Thomas Quinn, *National Institute of Justice Journal*, 1998(235).
65. Rita Haverkamp, Markus Mayer, and Rene Levy, Electronic Monitoring in Europe, *European Journal of Crime, Criminal Law and Criminal Justice*, 2004(12).
66. Robert Barr, Ken Pease, Crime Placement, Displacement, and Deflection, *Crime and Justice*, 1990(12).
67. Robert F. Meier, Terance D. Mieth, Understanding Theories of Criminal Victimization, *Crime and Justice*, 1993(17).
68. Robert Fishman, An Evaluation of Criminal Recidivism in Projects Providing Rehabilitation and Diversion Services in New York City, *Journal of Criminal Law and Criminology*, 1977(68).
69. Robert K. Merton, Social Structure and Anomie, *American Sociological Review*, 1938(3).
70. Robert Martinson, New Findings, New Views: A Note of Citation Regarding Sentencing Reform, *Hofstra Law Review*, 1979(7).
71. Robert Martinson, What Works? Questions and Answers about Prison Reform, *The Public Interest*, 1974(35).
72. Robert R. Ross, Bambi D. Ross, Delinquency Prevention Through Cognitive Training, *Educational Horizons*, 1989(4).

73. Ronald V. Clarke, David Weisburd, Diffusion of Crime Control Benefits: Observations on the Reverse of Displacement, *Crime Prevention Studies*, 1994(2).
74. Ronald V. Clarke, Situational Crime Prevention: Its Theoretical Basis and Practical Scope, *Crime and Justice*, 1983(4).
75. Steven P. Lab, John T. Whitehead, An Analysis of Juvenile Correctional Treatment, *Crime and Delinquency*, 1988(34).
76. Stevens H. Clarke, Getting'em out of Circulation: Does Incarceration of Juvenile Offenders Reduce Crime? *Journal of Criminal Law and Criminology*, 1974 (65).
77. Tamara L. Brown, Scott W. Henggeler, Sonja K. Schoenwald, et al., Multisystemic Treatment of Substance Abusing and Dependent Juvenile Delinquents: Effects on School Attendance at Posttreatment and 6-month Follow-up, *Children's Services: Social Policy, Research and Practice*, 1999(2).
78. Ted Palmer, Martinson Revisited, *Journal of Research in Crime and Delinquency*, 1975 (12).
79. Terance D. Miethe, Citizen-based Crime Control Activity and Victimization Risks: An Examination of Displacement and Free-rider Effects, *Criminology*, 1991(29).
80. Thomas Reppetto, Crime Prevention and the Displacement Phenomenon, *Crime and Delinquency*, 1976(22).
81. Todd R. Clear, Patricia L. Hardyman, The New Intensive Supervision Movement, *Crime and Delinquency*, 1990 (36).
82. Tom Stacey, Electronic Tagging of Offenders: A Global View, *International Review of Law Computers and Technology*, 2006(20).
83. William E. Wright, Micheal C. Dixon, Community Prevention and Treatment of Juvenile Delinquency, *Journal of Research in Crime and Delinquency*, 1977(14).
84. William R. Nugent, Mark S. Umbreit, Lizabeth Wiinamaki, et al., Participation in Victim-offender Mediation and Severity of Subsequent Delinquent Behavior: Successful Replications? *Journal of Research in Social Work Practice*, 1999(11).

后　　记

本书是在拙著《犯罪预防原理》的基础上修改而来。主要修改体现在两大方面：一是形式上，每章首尾分别增加"本章学习目标"和"本章复习要点"，以便学生学习。二是内容上，删去了导言部分，其他各章也不同程度地进行了精简，并根据最新研究成果适当更新和增加了相关内容。

值本书即将出版之际，感谢各位师友的指导和帮助。感谢出版社编辑、校对老师的辛苦付出。感谢华东政法大学的资助！

本书肯定有诸多不足之处，敬请阅者批评指正。

王瑞山

2022 年 3 月 31 日